JN320329

認知行動療法と構成主義心理療法

理論・研究そして実践

マイケル・J・マホーニー 編
根建金男　菅村玄二　勝倉りえこ 監訳

Cognitive and Constructive Psychotherapies

Theory, Research, and Practice

Michael J. Mahoney　Editor

Donald Meichenbaum ☞ Aaron T. Beck ☞ Clive J. Robins ☞
Adele M. Hayes ☞ Albert Ellis ☞ David A. F. Haaga ☞
Gerald C. Davison ☞ Vittorio F. Guidano ☞ Michael J. Mahoney ☞
H. Martin Miller ☞ Giampiero Arciero ☞ Kenneth W. Sewell ☞
Óscar F. Gonçalves ☞ Robert A. Neimeyer　- Contributors

金剛出版

Cognitive and
Constructive
Psychotherapies
Theory, Research, and Practice

by

Michael J. Mahoney PhD

Copyright © 1995 by Springer Publishing Company, Inc., New York 10012
Japanese translation rights arranged with Springer Publishing Company, Inc.,
through Japan UNI Agency, Inc., Tokyo.

序　文

マイケル・J・マホーニー

　心理療法は変化している。このことは，今日，ほとんど説明を要さないように思われる。われわれは変化の時代に生きているのである。われわれの大多数は，現代の生活上のさまざまな問題で手一杯であるため，生活の変化の早さとその広がりについて，立ち止まって考えることはほとんどない。驚くべき具体例がある。19世紀の平均的な人は，生を受け，およそ60年の一生を過ごし，半径約13km以内で死んだ。13kmといえば，今日では，通勤するにも短い距離であるように思える。さらに，21世紀の平均的な人は，その人のいかなる先祖よりも移動する範囲が増えるだけでなく，地球上にいる他の仲間との交流が格段に増加する，と予測されている。コミュニケーション技術の急速な発展をみると，われわれの子孫が1日に交流する人数が，かつて先祖が一生涯のうちに出会った人数よりも多くなると考えても差し支えないだろう。今日の世界の変化の早さや，その世界の中での個人のアイデンティティと社会参加がみせる複雑な様相は，人類史において未曾有のことである。

　心理療法もまた，未曾有の変化の中にある。20世紀の前半では，メンタルヘルスへのアプローチは比較的少なかった。20世紀の終わりが近づくと，数百種類の心理療法ができた。しかしながら，このような心理療法の分化と並行して，統合の兆しも現れてきた。従来は対立してきた学派の心理療法家が，それぞれの相違点だけでなく共通点についても建設的な対話を始めた。人生のカウンセリングに関して，どの学派が唯一の正しいアプローチであるか，あるいは最も優れているかといった思想上の論争が，理解と実践のための真の協力と改善に向けた作業へと変わった。注目すべき発展の時代である。

　本書は，認知行動療法や構成主義心理療法と呼ばれるようになったアプローチの近年の発展に焦点を当てたものである。これらの心理療法の概念および実践のルーツは，19世紀（あるいは古典哲学）までさかのぼることができるが，それが思想的体系として認識され，普及したのは1950年代以降である。1955

年前後に起こった認知革命は，過去への回帰以上のものであった。しかし，諸学説の発展に触発され，当時の科学界（心理学に限らず）で広がり始めたものは，まだまだ今日とは似ても似つかないものに過ぎなかった。

1969年，大学院生だった私は，心理学におけるさまざまな分野の発展の現状を調べるセミナーを受講した。受講生は，現代の心理学において認められているトピックについての期末レポートを書かなければならなかった。そこで私は，「行動変容についての情報処理論的分析」という題目の研究計画書を提出した。だが，その計画書は却下され，愕然とした。その分析がどのようなものであれ，それを「支持」する十分な情報がないというのが理由だった。レポートは，何か他のもう忘れたテーマで書いたが，そのもともと書きたかった方向性への興味は捨てなかった。その5年後，『認知と行動変容』いう本を出版した。それから20年経った現在（訳者注：1995年当時），認知と心理療法との関係についての情報量は，個人レベルでは理解できないほどに膨れ上がり，いうまでもなく，報告書などで書けるものではなくなっている。今日では，認知科学と臨床実践とは，それぞれのさらなる発展のためにも，なくてはならないパートナーとして認識されている。

1991年に，ラリー・E・ビュートラー（Larry E. Beutler）博士から私に，**Journal of Consulting and Clinical Psychology**で，「認知的心理療法と構成主義心理療法における近年の発展」というテーマの特集号を組んでくれないかという依頼がきた。それは，同領域の他の研究者と協力して，このようなアプローチの過去・現在・未来を展望できる，ありがたい申し出であった。本書は，そのプロジェクトから生まれた創造的な成果である。本書のうちの7章は，もともと，その雑誌の特集号に収録された論考である。残りの5章は，本書のために書かれたものであり，再録ではない。

第1部は，認知行動療法と構成主義心理療法の理論的発展に関する私自身の見方で幕を開ける（第1章）。次の六つの主要なテーマが議論されている。①認識における合理主義と構成主義の理論の相違，②セラピーにおける社会的・生物的・身体的プロセスについての近年の評価，③無意識的プロセスの役割の重要性に関する認識の高まり，④生涯のパーソナリティ発達における自己組織化プロセスへの関心の高まり，⑤セラピーにおける情動性への着目と体験的技法の利用に転換する近年の動向，⑥心理療法の統合の動向における認知行動療法家と構成主義心理療法家の関わり。

第2章では，ドナルド・マイケンバウム（Donald Meichenbaum）が認知行動変容の過去と未来を分析している。行動変容における認知の役割を説明するために用いられてきた，①条件づけ，②情報処理，③ナラティヴの構築，という三つのメタファーが探究されている。マイケンバウムは，この分野のさらなる発展のため，ナラティヴのメタファーがもつ重要な理論的・実践的示唆を展望して締めくくっている。

　第2部が扱っているのは，認知療法である。アーロン・T・ベック（Aaron T. Beck）は，このアプローチの原点を振り返り，その発展の軌跡と心理療法の一体系としての円熟を綴っている（第3章）。認知療法の臨床的・実践的な効用についての幅広いデータが多く引用されている。このような認知療法の臨床応用とそのメカニズムに関して，クリーヴ・J・ロビンス（Clive J. Robins）とエイデル・M・ヘイズ（Adele M. Hayes）が批判的に検討している（第4章）。認知療法の近年の発展では，①「中核」と「周辺」のスキーマの区別，②スキーマに関係する事柄を回避する防衛プロセスへの評価，③治療関係と対人関係一般の強調，④認知スキーマの同定と変容のための情動的喚起の役割の強調，⑤不適応なスキーマの発現に影響を与えるような発達上の経験の探索の強調，がなされている。

　第3部が扱っているのは，論理情動療法（RET）である。アルバート・エリス（Albert Ellis）は，確かに，「不可能な課題を行うこと，すなわち，数ページでRETの発展を展望し，RETの今日について意見を述べ，その将来的な方向性について言及すること」から始めている（第5章）。彼は，1955年の段階の初期のRETが，「きわめて認知的であり，主に実証主義的であり，非常に積極的－指示的」であったと説明している。また，その分野の後の発展によって，エリスがより構成主義的で感情重視の方向に向かい，一般的RETと「選択的」RETという区別を設けたことに言及している。第6章では，デービッド・A・F・ハーガ（David A. F. Haaga）とジェラルド・C・デビソン（Gerald C. Davison）が，RETの理論的・実証的な基盤を細かく検討している。メタ分析を用いた展望は，RETが全般的に有用であることを支持しているが，質的分析による展望を行うと，公刊されているほとんどの研究の内的および外的妥当性が疑問視されると述べている。今後は，総合的な治療パッケージとしてのRETの長所を研究するよりも，特定の状況における限定的な治療方略を検討することによって，さらなる進展がみられるであろう，と結論づけてい

る。

　第4部は，構成主義心理療法を扱っている。ヴィットリオ・F・グイダーノ (Vittorio F. Guidano) は，人間の認識プロセスに関して構成主義的な概説を行っている（第7章）。構成主義の観点からすると，認識とは進化的なプロセスであり，そこでは能動的で，大部分は暗黙的な自己組織化プロセスが広範囲にわたって作用していると考えられる。彼は，ジョン・ボウルビィ (John Bowlby) のアタッチメント理論が，ダイナミックで再組織化される自己認識の発達を理解し，促進するための統合的なパラダイムになると提案している。このようなテーマは，私自身とH・マーティン・ミラー (H. Martin Miller) およびジャンピエロ・アルシエロ (Giampiero Arciero) も強調し，また詳細に論じている（第8章）。そこでは，構成主義の見方について，次の三つの特徴が挙げられている。①認識における能動的プロセスの強調，②中核を形成するシステム構造（「深層」構造と「表層」構造）の評価，③システムの維持と発達における自己組織化プロセスの広範な役割。記憶と心的表象を表す貯蔵のメタファーについて議論し，構成主義的なアプローチが情報処理論的モデルよりも，将来性があることが主張されている。

　ケネス・W・スーウェル (Kenneth W. Sewell) は，ジョージ・ケリー (George Kelly) のパーソナル・コンストラクト理論の主な論点を要約し，認知と感情との区別に関するケリーの見方について議論している（第9章）。彼は，感情障害と診断された成人とそうでない成人のコンストラクト・システムの違いを示す研究から，臨床実践上の示唆を導き出している。第10章では，オスカー・F・ゴンサルベス (Óscar F. Gonçalves) が，人間の認識プロセスのナラティヴ・モデルを案出し，認知的ナラティヴセラピーの概観をしている。彼は事例を用いて，そのようなセラピーにおける5段階を説明している。つまり，①個人的な物語の想起，②プロセスの客観視，③プロセスの主観視，④物語の隠喩化，⑤物語を思い描くこと，である。第4部は，ロバート・A・ニーマイアー (Robert A. Neimeyer) による構成主義心理療法の評価によって締めくくられている（第11章）。彼は，構成主義的なアプローチに適合する最近の心理療法の研究動向を展望し，それが心理療法における理論と技法の双方の洗練化と多様化，また拡大化を表していると結論している。第12章では，認知行動療法と構成主義心理療法に関する背景や課題についての，私個人の意見を述べて，本書を締めくくっている。

謝　　辞

　いうまでもなく，本書のような企画は関係者全員が一丸となって努力しないことには成しえないものである。執筆者全員が個々人の立場からも，全体的な立場からも貢献してくださったことに感謝している。各々の執筆者はいずれも，本領域における最近の発展に対して非常に重要な問いを投げかけ，各章には認知行動療法や構成主義心理療法の視点の現実的妥当性に関する，誠実で内省的な思索が反映されている。このような問いは，すべての人間探求において最も重要なものであり，こういった探求はすべての心理科学，心理療法の中核に位置するものである。本書の企画のすべての段階で，計りしれないサポートをしてくださったSpringer社のBill Tucker氏とBob Kowkabany氏にも御礼を申し上げる。

目　次

序　文 …………………………………………………………… 3
謝　辞 …………………………………………………………… 7

第Ⅰ部　序　説

第1章　認知行動療法と構成主義心理療法の理論的発展
　　　　マイケル・J・マホーニー ……………………………13

第2章　認知行動変容の変わりゆく概念──回顧と展望──
　　　　ドナルド・マイケンバウム ……………………………31

第Ⅱ部　認知療法

第3章　認知療法──過去・現在・未来──
　　　　アーロン・T・ベック …………………………………41

第4章　認知療法の評価
　　　　クリーブ・J・ロビンス，エイデル・M・ヘイズ ……54

第Ⅲ部　論理情動療法

第5章　論理情動療法再考
　　　　アルバート・エリス ……………………………………83

第6章　論理情動療法の評価
　　　　デービッド・A・F・ハーガ，ジェラルド・C・デビソン …89

第Ⅳ部　構成主義心理療法

第7章　人間の認識プロセスに関する構成主義的な一考察
　　　　ヴィットリオ・F・グイダーノ ………………………107

第8章　構成主義的メタ理論と心的表象の性質
　　　　マイケル・J・マホーニー，H・マーチン・ミラー，
　　　　ジャンピエロ・アルシエロ ……………………………121
第9章　パーソナル・コンストラクト療法における認知と感情
　　　　ケネス・W・スーウェル ………………………………141
第10章　認知的ナラティヴ・セラピー
　　　　──代わりの意味の解釈学的構成──
　　　　オスカー・F・ゴンサルベス …………………………161
第11章　構成主義心理療法の評価
　　　　ロバート・A・ニーマイアー …………………………188
第12章　認知行動療法と構成主義心理療法──背景と課題──
　　　　マイケル・J・マホーニー ………………………………222

監訳者あとがき ………………………………………………………237
事項索引 ………………………………………………………………241
人名索引 ………………………………………………………………244

第Ⅰ部
序　説

第1章

認知行動療法と構成主義心理療法の理論的発展

マイケル・J・マホーニー

　記述された歴史は，常に，そして必然的に解釈的になる。つまり，認知を扱う心理療法の発展の跡をたどろうとする者は，いくつもの多様な史書を参照するのが賢明である（Arnkoff & Glass, 1992; Dobson, 1988; Mahoney & Arnkoff, 1978; Vallis, Howes, & Miller, 1991）。多少の解釈上の自由を認めるならば，それらの伝統は古典の哲学者に端を発しているということが容易に判明する。古代と現代の実践にみられるいくつかの類似点はまさに特筆すべきものである。

　ピタゴラス派，プラトン派，アリストテレス派，ストア派やエピクロス派は「哲学体系」の支持者というだけではなく，特定の訓練の方法や生き方を強調した「学派」や「分派」と呼ばれる組織の一員でもあった……ピタゴラス派は厳しい食事制限とセルフコントロールの実践……記憶再生や暗唱のための記憶の訓練……といった厳しい規律と「主君」への服従によって結びついている共同体であった。プラトン派は，教師と弟子の対話にあらわれると考えられる真実をともに探し求めた。アリストテレス派はいわば百科事典のような視野の広さをもったある種の研究所のようであった。ストア派とエピクロス派は，心理的訓練を重視した。ストア派は情動のコントロールのしかたを学習し，注意集中と瞑想に関連した筆記や言葉の訓練を実践した（Ellenberger, 1970, pp.41-42）。

　ストア派とエピクロス派は用語を広めるのに成功し，初期の臨床の方法に与えた影響は強大であった。たとえば，ガレノス（Galen）の主な教義は，自己の情念を統御することであった。自己の最も激しい感情の衝動をまず抑えた後に，「第二のステップは，よき師，つまり自己の欠点を指摘し，助言してくれる聡明で年長の相談役をみつけることであった。ガレノスはそのような男性の師の存在が最も重要であり，また一方でみつけることが難しいことを強調している」（Ellenberger, 1970, p.43）。現代版への追補として，「あるいは女性の師」

でもよいが，みつけるのは「実に［難しい］」ということが付け加えられるであろう。

　後の数世紀にわたって，哲学と宗教の発展は臨床実践に広範に反映され続けた。デカルト（Descartes）による合理主義の復興と二元論の定式化は，身体に対して精神を，そして感情に対して理性を対抗させることになった知的啓蒙に寄与した。ベーコン（Bacon），ホッブス（Hobbes）そしてロック（Locke）の支持した経験論は，実験と経験を重視していたため，理性を至上とする教義に対して部分的な解毒剤となった。その後，ヴィーコ（Vico）の構成主義とカント（Kant）の観念論がより能動的で参加的な精神の概念に貢献した。しかしながら，これらの発展の大部分は，実際的な効果に限定されたものであった。最初に幅広く応用された比較的近代の哲学は，「精神治癒運動（mind cure movement）」であり，18世紀後期と19世紀初頭のヨーロッパと北米の一部に急速に広まった。ときに「健全な精神性心理学（psychology of healthy mindedness）」と呼ばれたこのムーブメントは，ポジティヴ思考の重要性を強調し，また，キリスト教の教義と実際的な訓練を統合した。このことは非常に有名になり（現在もそうであり続けている），その事実はウィリアム・ジェームズ（William James, 1902）によって認められた。20世紀にデイル・カーネギー（Dale Carnegie）とノーマン・ヴィンセント・ピール（Norman Vincent Peale）によってポジティヴ思考のメリットが世に喧伝されてきたが，彼らがこのアプローチの創始者や唯一の提唱者であるわけではない（表1.1）。現代の書店の自己啓発関連のコーナーをぶらっと歩いてみると，精神治癒運動は過去の遺物でも瀕死の状態にあるわけでもないという事実が了解される。

　ポジティヴで精神的に健康な考え方と認知的心理療法の関連性は継続的に確証されてきているにもかかわらず（Kendall, 1992），認知的な立場の現在の見解は，認知科学の純粋な応用として自らを分類する傾向にある。一方認知科学は，1955年から1965年の間に登場したといわれており，心理学における認知革命は1970年代になるまでは認められなかった。この点で，主な認知的心理療法が認知心理学よりも以前あるいはそれと同時期に出現したことは特筆すべきことである。たとえば，ジョージ・ケリー（George Kelly）自身は認知主義者であることを否定しているが，彼の著書『**パーソナル・コンストラクトの心理学（The Psychology of Personal Constructs）**』（1955）は多くの認知療法家たちに影響を与えた。また，アルバート・エリス（Albert Ellis, 1962, 1992）

第1章 認知行動療法と構成主義心理療法の理論的発展　15

表1.1　1860年から1960年のポジティヴ思考のムーブメントに関連するできごとおよび人物の抜粋

年	できごと
1860年代	Phineas P. Quimbyが「精神の治療者（mental healer）」として名声を博す。『クインビー草稿集（The Quimby Manuscripts）』が1921年に発行。
1869年	Quimbyの患者のWarren Evansが『精神の治癒（The Mental Cure）』を発行し、1870年代の形而上学の「ボストン大流行（Boston Craze）」と精神療法に寄与。
1875年	Mary Baker Eddyが『科学と健康（Science and Health）』を発行し、キリスト教科学（Christian Science）というムーブメントを起こす。
1889年	キリスト教ユニティ派（the Unity School of Christianity）はEddyのキリスト教科学の影響を受ける。
1892年	Annie Payson Callが『安息の力（The Power of Repose）』を発行。
1892年	国際神聖科学協会（The International Divine Science Association）の設立。
1893年	Henry Wood：『精神的写真撮影を通しての理想的示唆（Ideal Suggestion Through Mental Photography）』。
1898年	Ralph Waldo Trine：『無限との調和（In Tune With the Infinite）』
1905年	Paul Dubois：『神経障害の精神治療（The Psychic Treatment of Nervous Disorders）』
1906年	新思考同盟（New Thought Alliance）がQuimbyの「応用治療的宗教（applied therapeutic religion）」の伝統を受け継いで結成。
1907年	Frank Haddock：『意志の力（Power of Will）』
1910年	Orestes S. Marden：『正しい思考の奇跡（The Miracle of Right Thinking）』
1922年	Emile Coue：『意識の自己暗示による自制（Self-Mastery Through Conscious Auto-Suggestion）』
1936年	Henry Link：『宗教への回帰（The Return to Religion）』
1936年	Dale Carnegie：『友人に勝ち、人に影響を与える方法（How to Win Friends and Influence People）』
1943年	Harry Emerson Fosdickの『真実の人であること（On Being a Real Person）』が現代の牧師によるカウンセリングの草分けとなる。
1946年	Joshua Loth Liebman：『心の平和（Peace of Mind）』
1948年	Claude Bristol：『信念の奇跡（The Magic of Believing）』
1952年	Norman Vincent Peale：『肯定的思考の力（The Power of Positive Thinking）』
1956年	Smiley Blanton：『愛か死か（Love or Perish）』
1960年	Maxwell Maltz：『精神－人工頭脳学（Psycho-Cybernetics）』

注）この情報の大部分の初期出典はMeyer（1965）。

の論理情動療法は，認知心理学の主要な発展に先立っており，さらにはアーロン・T・ベック（Aaron T. Beck, 1963, 1991）の認知療法が，うつに関する彼の初期の研究においてすでに明らかに示されていた。このように，認知的な観点を臨床に適用するのは，認知心理学と関連した正式な理論と研究におおむね先行していた。

1980年には，5，6種類の基本的な認知的心理療法があった。それらは，ケリーのパーソナル・コンストラクトアプローチ，エリスの論理情動療法，ベックの認知療法，問題解決アプローチ，「認知行動変容（cognitive behavior modification）」と関連した「コーピング・スキル」技法群である。六つめの可能性として，個人の適応における意味の重要性を中心に扱うヴィクトール・フランクル（Viktor Frankl, 1959）のロゴセラピーが挙げられるが，これは実存的あるいは人間性アプローチに分類されることが多い。1990年までに，20種類以上の認知的心理療法が存在し，その本来の形式の少なくとも一部に大きな変化があった（Haaga & Davison, 1991）。

多くの点で，認知的心理療法における概念的発展は，認知領域の研究の大部分に先行していた。いいかえると，これらの概念的発展は，実務家の実践的な経験から生じたように思われ，これまでもこういった現象は心理療法の歴史の中でしばしば繰り返されてきた（Freedheim, 1992; Lazarus & Davison, 1971）。本章の内容の予告も含めて述べておくが，過去30年にわたる認知的心理療法の主要な概念的発展は以下の6点であったと考える。すなわち，（a）合理主義と構成主義の認知へのアプローチの相違，（b）社会的，生物的，身体性の問題の認識，（c）無意識のプロセスの再評価，（d）自己および社会システムへの関心の増大，（e）情動的・経験的プロセスの再評価，（f）心理療法統合のムーブメントへの認知的心理療法の貢献，である。

合理主義者と構成主義者の相違

1970年代の心理学全体を揺るがした認知革命の中に特筆すべき展開があった。各人の説明のしかたや専門用語の用い方にもよるが，1955年以降，少なくとも三つの――四つという人もいるが――認知科学における大きな概念的進歩があった（Barrs, 1986; Gardner, 1985; Mahoney, 1991; Varela, 1986）。最初の進歩として情報処理のムーブメントがあり，初期のコンピュータ内部に目的

論的な（目標志向の）フィードバックループが導入されたため，ときにはサイバネティクスのムーブメントとも呼ばれた。ジェローム・ブルーナー（Jerome Bruner, 1990）がこの認知革命の第一の段階を振り返って述べているように，そのムーブメントはコンピュータ技術や人工知能のシミュレーションにより，即座に棚上げにされてしまった。先見の明のある反論（e.g., Miller, Galanter, & Pribram, 1960）があったにもかかわらず，初期の認知心理学は現代の認知科学においてより重要な意味生成のプロセスよりも，情報（貯蔵，検索，処理）に夢中になっていた。情報処理の時代は1950年代半ばに始まり，1970年前後でピークを迎えた。

情報処理時代と時を同じくしたのはコネクショニズムのムーブメントであり，それはスーパーコンピュータの構築とともに1970年代と1980年代に生じた発展であった（E・L・ソーンダイク（E. L. Thorndike）の世紀の変わり目の「コネクショニズム（連合主義）」との類似点はあるけれども，新しいコネクショニズムはそのモデルにおいてさらに洗練され，媒介的になっているのである）。現代のコネクショニズムの三つの決定的な特徴は，「分散並列処理（disutributed parallel processing）」（Rumelhart & McClelland, 1986）に依存していること，活動中のニューロンのネットワークをシミュレートしようと試みること（Sejnowski, Koch, & Churchland, 1988），生物の情報処理のある側面は記号下（直感的）である可能性があり，それゆえにはっきりとしたアルゴリズムでプログラムすることは難しい（不可能でないにしても）ことを認めていることである（Smolensky, 1988）。分散並列処理は，（集中直列処理をしていた）初期のコンピュータに比べて計算能力を大幅に増大させた。コンピュータを基にして神経システムのモデルをつくることから，神経システムを基にしてコンピュータプログラムのモデルをつくることへ移行したことで，計算論的神経科学として知られるハイブリッドな分野を生み出した。最終的には，記号下のプロセスを提唱することは，学習と認識過程にある複雑な「ファジー性」を認めることを示していた。コネクショニズムの反対論者は，それが根本的に認識過程についての計算論的モデルに陥ったままであり，心的表象（mental-representation）の具象化（「内的コピー（inner copy）」）モデルを断ち切れないことを指摘してきた（Fodor & Pylyshyn, 1988; Mahoney, 1991; Schneider, 1987）。

認知革命の第3段階は，近代のコネクショニズムとほぼ同時期に出現し，構

成主義あるいは構成主義的メタ理論として広く知られている。それは思想と精神生物学の歴史における膨大な遺産を反映している（Bruner, 1990; Hayek, 1952; Mahoney, 1988a）。構成主義の基礎的主題においては，あらゆる認識は能動的，さらには主体的（ゆえに，予期的）であることが強調される。情報処理の観点から提示された精神と脳の比較的受動的なモデルとは対照的に，構成主義では本来備わっている自己組織化という活動をすべての認識プロセスの基盤として提唱している。したがって，精神あるいは脳はもはや表象が格納された貯蔵庫（「メモリーバンク」）ではなく，自己言及的な活動である有機的なシステムとみなされる。フィードバックというサイバネティックスの概念（環境に基づいた情報）に「フィードフォワード」（有機的に生成される形態）という概念が付け加えられた。チャールズ・シェリントン卿（Charles Sherrington, 1906）の「神経系の統合的活動（The Integrative Action of the Nervous System）」という見解の伝統を受け継ぐ中で，ワイマー（Weimer, 1977）やその他の人たちは構成主義の運動的な側面を主に感覚を強調するサイバネティクスと比較した。とりわけ，構成主義的な観点では，暗黙の（無意識の）秩序プロセスの作用，人間の経験の複雑性，認識過程についての発達的でプロセス中心のアプローチのもつ価値を強調する。

　認知科学の第四の異なる段階，あるいはアプローチとして解釈学が挙げられる。その用語はギリシア語のhermeneutikos（［解釈］を意味する）を由来とし，宗教的なテキストの翻訳と分析を専門とする聖書学者によって始められた。言語学，記号論，そして文学的・哲学的な批評における一連の複雑な20世紀の発展に続いて，解釈学は，テキストと読み手の間のすべての相互作用が，個人的，社会文化的，歴史的な影響によって制約され，解釈されるという非宗教的な認識の表現形となった（Madison, 1988; Messer, Sass, & Woolfolk, 1988; Palmer, 1969; Wachterhauser, 1986）。構成主義者が認識対象と認識のプロセスそのもののダイナミックスの形態に，認識者の精神を投影してきたように，解釈学は，読み手がテキストの中に存在している（逆もしかり）と主張するようになってきた。構成主義と解釈学の類似点は無視できないものであり，このことが，認識に対する異なったアプローチとして両者を区別したがらない人たちがいる理由かもしれない。

　ごく最近になってそのように呼ばれるようになったにもかかわらず，心理療法に対する構成主義的アプローチはますます一般的になってきている（e.g.,

Feixas & Villegas, 1990; Gonçalves, 1989; Guidano, 1987, 1991; Guidano & Liotti, 1983; Kelly, 1955; Mahoney, 1988b, 1991, 1995; Maturana & Varela, 1987; Miro, 1989; Neimeyer, 1993; Neimeyer & Mahoney, 1995; Reda, 1986)。実際のところ，構成主義が伝統的な認知的心理療法から分化することで，この分野での最初の主要な理論的論争が引き起こされた。その議論では，合理主義者と構成主義者の認知療法との間に，有意義な区別がなされうるかに焦点が当てられている（Mahoney & Lyddon, 1988)。合理主義者の考えは，以下の互いに関連のある三つの仮定によって特徴づけられるといわれる。（a）不合理性は神経精神病理の主要な要因である，（b）明白な信念と論理的な推論は情動と行動をたやすく支配し，変化させることができる，（c）効果的な心理療法の中核的プロセスは，不合理な思考パターンを合理的なものに置き換えることである。アルバート・エリス（1962）と彼の追随者による論理情動療法は，この考え方の典型といわれているが，エリス（1988, 1993）は，自分のセラピー体系が合理主義的であることを否定している。一方，構成主義的メタ理論は，（a）認知と有機体に対するより（反応的であったり表象的であったりするのではなく）主体的な見方を採用し，（b）暗黙的（無意識的）な秩序プロセスを強調し，（c）思考，感情，行動は，自己と（主に社会的な）システムとの間で生涯を通じて次々と展開される相互作用の相互依存的な表れであるとする複雑系のモデルを奨励している。いうまでもなく，構成主義的アプローチは，合理主義のものと比べてより複雑で抽象的である。しかしながら，それは実に国際的になってきており，急速に拡大しているようである。このような急速な普及には，典型的な合理主義者として評された何人かの著者——特にアルバート・エリス——が合理主義的な傾向を全力をあげて否定し，構成主義的な見方を積極的に主張してきたことも部分的に影響しているだろう。

　本書のいくつかの章で述べられているように，**構成主義的（constructive）**の意味と，それと認知的心理療法との異なる特徴あるいは一致する特徴に関しては，主導者の間で依然として，論争の種であり続けている。しかしながら，これらを確実に区別することよりも重要なものは，合理主義者と構成主義者の対比によって認知科学や臨床実践に関連する新しい理論や研究が提供できる可能性である（Mahoney, 1991）。

社会的，生物学的，身体性の問題

　認知的心理療法における二つ目の主要な理論的発展は，精神的な疾患の病因，維持，そして治療における，生物学的，社会的要因の重要性の増加であった。こういった影響は以前の見解の中でも完全に否定されていたわけではないが，影響力の相対的なバランスに注目されたい。たとえば，うつに対するベックの初期の認知療法は，うつ病に，遺伝的な要因の役割をはっきりと認めていたが，最近報告されている認知療法では，明らかに行動生物学的な影響にいっそう注目している。ベックは対処スタイルの個人差の要因に関する研究の先駆者でもある。ストレス状況下や，苦悩に直面している最中に，「社会指向性の高い (sociotropic)」人は，友人やソーシャルサポートをより多く求めるのに対して，自律的な人は孤立的で自立的であるようだ (Beck, Emery, & Greenberg, 1985)。同様に，現在ではエリスの論理情動療法も，機能障害に共通するパターンを生物学的につくりやすくしている可能性のある不合理な信念に対して，遺伝的傾向を仮定している (Ellis, 1976)。

　これらの要因と，生物学的そして社会的影響の間とのダイナミックな境界に重きを置くことは，おそらく構成主義者のアプローチの一部において最も明らかだろう。たとえば，マトゥラーナとヴァレラ (Maturana & Varela, 1987) はどちらも生物学者であるが，構成主義理論における彼らの現在の研究は，それぞれ愛とアイデンティティであり (Maturana, 1989; Varela, Thompson, & Rosch, 1991)，家族療法やシステム論的家族療法に影響を与えてきた。さらに，他の構成主義者 (Guidano, Liotti, Mahoney, & Reda) は，発達精神病理学と効果的な治療の本質を理解するために，ジョン・ボウルビィ (John Bowlby, 1988) のアタッチメント理論の意義を取り入れている。発達段階の早期とその後の情緒的なアタッチメントに関する精神生物学的な調査により，「情緒的な絆の形成と崩壊 (Schore, 1994)」のときには，脳内麻薬 (例：エンドルフィン) が強力な役割をもつことが立証されている。ついには，情動性 (後述の論考を参照) について研究している構成主義者は，この領域での社会的現実の重要性を強調している (e.g., Safran & Segal, 1990)。認知的心理療法家は，効果的な治療には治療関係が重要であること，そしてクライエントの私的世界は，好むと好まざるとにかかわらず，強い感情的な関係の文脈で発達し，改訂され

るという事実を，今やほぼ例外なく認識している。

これに関係する認知療法における発展は，「身体性（embodiment）」（すなわち，体験過程の身体的基盤と身体的手法；Guidano, 1987; Mahoney, 印刷中）の問題への最近の注目である。心理的障害とパーソナリティの発達における身体経験の広範な（大部分は暗黙的な）役割を論証するために，認識論，比較行動学，解釈学，現象学の文献を援用する構成主義者たちの間で，このような注目が特に顕著になってきている。この領域の新たな研究では，ボディイメージや身体的健康の問題も含めて，間接経験（媒介される）と直接経験との根本的でダイナミックで，そして生涯にわたる連関が強調される。心身二元論にはその点で異議が唱えられ，「高次の精神」活動の身体的起源が念入りに検討される（Johnson, 1987; Varela et al., 1991）。このような発展は，情動性に多大な関心を示し，また体験的なエクササイズを奨励する認知的心理療法の傾向とかなり重なり合っている（後述の論考を参照）。

無意識のプロセス

認知的心理療法における思いがけない理論的発展の一つは，比較的最近のことであるが，人間の経験における無意識のプロセスが果たす重要で広範な役割について認識されるようになってきたことである。この発展が意外なのは，多くの認知療法家が精神分析理論に批判的であり，また，つい最近まで，無意識のプロセスに関するすべての議論が実質的には精神力動的な色彩を帯びていたという事実に起因している。もちろん，認知療法家の先駆者の中には，はじめは精神分析的な伝統の中で訓練を受けてきた人がいる（e.g., Beck, Ellis, & Goldfried）。しかしながら，大部分はその伝統を受け入れず，より行動主義に親しんでいる仲間とともに，精神分析の理論と治療の真価に対して疑問を投げかけてきた。しかし，1990年までには，ある種の認知的心理療法と精神力動的療法の距離はかなり縮まった。この明らかな歩み寄りの原因のすべてを説明しているわけではないが，認知的な立場の支持者によって時折しぶしぶとではあるが無意識のプロセスが認められたことは，その距離を縮めるのに重要な役割を果たしてきた。

すべての認知的心理療法家が先に述べた歩み寄りを快く思っているわけではないということは強調しておく必要がある。また，理論的観点からより重要な

ことは，この無意識に関する認知的な解釈は，シグムント・フロイト（Sigmund Freud）によって伝えられたものとは明らかに異なっているということである。認知的アプローチの中には，自覚的な意識の外の作用プロセスを，限定的に認めている立場もある。「自動思考」はこのようなプロセスの一つの例である。つまり，それらはあまりに習慣的になっているために，機能上は自動化しており，個人が気づくことなく生じると主張されている。しかし，その情動的・行動的結果を通してさかのぼっていくことで，そのような思考はたいてい明らかにされ，修正しやすくなる。無意識の活動を認める中間的な段階は，抽象的な組織化プロセスである認知的スキーマを強調するアプローチにみることができる。最後に，認知的な立場の支持者による無意識プロセスに関する最重要点は，根本的に暗黙のプロセスをすべての認識（知ること）活動の中心とみなしている一部の構成主義者の主張とおおむね一致していることを指摘しておきたい。

　専門用語や認識の程度こそ異なれ，認知的な立場の支持者が，すべての（あるいは最も）重要な認知は意識可能で伝達しうるものであるということに固執することが，もはや現実的ではないとみなしているという事実には違いはない。実際のところ，構成主義者の中には暗黙のプロセスを思想の中心に据える人もいる。「自己組織化（self-organization）」と「中核的秩序化（core ordering）」に関するこれらの無意識のプロセスは，精神分析の概念とは区別される。また，フロイトの心理療法のプロセスのイドからエゴという概念と，現代の認知主義者が考える暗黙的な体験と明示的な体験の間の生涯にわたるダイナミックな揺らぎは区別される（Guidano, 1991; Mahoney, 1991）。それにもかかわらず，認知理論および研究の中心的な場に無意識のプロセスを含みこむことを承認したのは，大きな理論的発展であることを意味している（Bowers & C, 1984）。心理療法の統合を近年支持している者の多くが，もともと認知的および精神力動的な立場であったことは，おそらくまったくの偶然ではない（後述の論考参照）。

自己とシステムのダイナミックス

　認知革命は人間の内部に実験心理学を呼び戻し，そこで発見されたのは研究者が探し続けていた以上のものであった。20世紀心理学の最も重要な（再）

発見はおそらく自己の発見であると考えられており，認知療法家はその分野に参入し，人間の経験に関するこのとらえどころのない中核的特徴を含めるためにモデルや方法を拡張した。1990年（14巻2号）の Cognitive Therapy and Research は「自己のプロセスと感情障害（Selfhood Processes and Emotional Disorders）」の特集を組み，1992年（6巻1号）には，Journal of Cognitive Psychotherapy がパーソナリティ障害の特集号を刊行している。認知主義者が自己システムの問題に関心をもっているという別の例をみつけるのはそう難しいことではない（e.g., Hammen, 1988; Hartman & Blankstein, 1986; Hermans, Kempen, & van Loon, 1992; Segal, 1988）。しかしながら，認知的な立場による自己の（再）発見について最も注目すべきことは，それによって個人の外部の要因に焦点を戻した実際的な効果である。より正確にいえば，人間とその環境とのダイナミックスに関する要因，特に社会的支援システム，家族歴，生育歴，文化的文脈，そして究極的には治療関係に関する要因である。初期の認知療法が比較的内省的であり，個人主義的で，過去のできごとに無関心で，カウンセラーとクライエントの情緒的な関係に注意を払わなかったのに対して，それぞれにおいて反対のことが現代の認知的心理療法の特徴になっている。

　この発展の適切な例証が，グイダーノ（Guidano, 1987, 1991）による，生涯にわたるアイデンティティの発達に関する認識論的問題の議論に示されている。グイダーノはあらゆる心理療法（認知的であろうとなかろうと）における，自己システムの重要性をとりあげた。同時に，彼の著書では，心理的障害の中でも主要なカテゴリー（不安，うつ，摂食，強迫）における自己の経験の複雑なダイナミックスに関する検討がなされている。また，特筆すべきことは，ガーゲン（Gergen, 1991）が「飽和した（saturated）」ポストモダンの自己と，科学技術の発展によってアイデンティティの危機が深刻化したことに関して，構成主義的に記述したことである。セルフ・スキーマと「可能性としての自己（possible self）」にますます焦点が集まるにつれ（Markus & Nurius, 1986），現代の認知的心理療法は，もはや特定の不適応な信念や非機能的な認知が悪影響を及ぼすプロセスにのみ注目しているわけではないことは明らかである。組織化と現象学的アイデンティティの（非）連続性については，心理療法を存在論（実在や実存に関する理論）や認識論（知識の理論，本質的には認識我の理論）の応用エクササイズとしてとらえる臨床家が否定したり，避けて通ったりすることはできない。グイダーノが呼ぶところの「自己の複雑性

(complexities of the self)」は，今や認知療法家の中心的な関心事である。

このような自己への関心は，非常に興味深いことに，心理療法における抵抗に関する昨今の再評価をもたらした。変化への抵抗が職業上の現実であると認識することで，認知療法家の中には，この現実を，セルフ・ハンディキャッピングとして解釈するのを越え，より自己保護的な機能としてとらえるようになった人もいる（Liotti, 1987; Mahoney, 1991）。つまり，中核的な秩序プロセスは本来，個々人のもつ自己内一貫性を保護するものであり，結果として，パターンを変化させることへのためらいや抵抗の程度や表れ方が違っているだけだ，と彼らはみなし始めた。こういった議論は，連続性の維持や既知性の維持のプロセスと，変化を生み出す新しい選択肢とのバランスを提案している。とりわけ，これらの定式化は，抵抗を病的ではないものと扱い，中核的なパーソナリティの変容が複雑かつ困難であることを認めるものである。

情動性と体験の重視

構成主義者のメタ理論において決定的な特徴として挙げられるわけではないが，合理主義者と構成主義者の観点では，情動的プロセスの役割はかなり異なっているように思われる。伝統的に，合理主義的な認知療法家たちは，情動を「修正される」か，そうでなければ意識的な理性が媒介することで操作可能な問題の原因（あるいは表出）としてみなしてきた。一方，構成主義者は，認知と情動の区別の妥当性を疑問視してきた。さらに，彼らは，これら二つの次元を人為的に戦わせたと仮定しても，情動的な側面は理性よりもずっと強力であることが証明されると論じている。最終的に，構成主義者は，感情のプロセスは心理的機能障害の犯人でも原因でもないということを強く主張している。それらは，むしろ自己システムの発達を特徴づけている同一の（非）組織化プロセスのダイナミックな表出なのである（Greenberg & Safran, 1987; Guidano, 1987, 1991; Mahoney, 1991, 1995）。

適応および発達における情動の役割を再評価したことで，認知的心理療法家たちは心理療法の体験的側面の方向に向かって著しく移行してきた。認知的心理療法において，いかにして悪い気分からよい気分になったかを単に論理で考えるのではなく，より広範でより複雑な情動の混じり合いを積極的に体験し，探究し，表現することを奨励されるクライエントが増えている。そのプロセス

では，伝統的に体験的なセラピーと位置づけられてきたエクササイズと技法が提供されやすくなる。この点で，認知主義者と行動主義者の両者——そしてもちろん認知行動と名づけられたよく知られている複合形——が，同一の現象の地平（直接的で，生きられた体験）に立っていることは興味深い。個人的な意味をもつ，力強い情動の重要な役割は，今やこれらの実践家に広く認められている。さまざまな解釈や説明を呈しているかもしれないが，認知と行動のセラピストは，現実場面での（in vivo）活動が効果的な心理療法の重要な要素であるとの合意に達している。適切な指導，ペース，手続きのもとで，このような活動をすることは，メンタルヘルスの専門家としての役目を果たすための各自の試みに欠かせないものとなってきた。ここで注目すべきことは，この点で合意している認知主義者と行動主義者が，情動的にいきいきとした体験の領域は，長いこと彼らが敵対する精神力動のテーマであったことに気づき始めていることである。功を奏した精神分析によって生じる「修正された情動体験（corrective emotional experiences）」は，行動的，認知的，そして人間性のアプローチで重要と報告されたものと，ひときわ類似していることが判明することとなった（Stolorow & Atwood, 1992）。

心理療法の統合

6番目の，そして最後の，認知行動療法と構成主義的心理療法における理論的発展は，それらが，心理療法の統合として知られている今日の動向において，主要な役割を引き受けてきたことである。実際，伝統的にはライバル関係にあった心理療法理論が歩み寄る可能性を探るための最も有望な用語，理論，研究法をもつのは認知的な立場である，と主張する研究者もいる（Alford & Norcross, 1991; Beck, 1991; Goldfried, 1982, 1991; Horowitz, 1991）。

比較的最近再来した折衷主義の人気の起源と発展の軌跡や，さまざまな心理療法の統合への関心の高まりについて論じるのは，この章の範囲を超える。これらの現象は20世紀の心理学を締め括る数年に生じており，次世紀の発展においての発達要因になるあらゆる兆候を示している（Norcross & Goldfried, 1992）。心理療法統合学会（Society for the Exploration of Psychotherapy Integration）が1983年に発足し，**Journal of Psychotherapy Integration** が1991年より発行を開始した。どちらもが今やまさに国際的な規模にまで発展してい

る。本論と関連が深いのは，このような統合の動向の表れが，認知的・構成主義的心理療法の主導者の影響を明らかに受けているという事実である。彼らの貢献が別の理論的な流派のものよりも重要であったか，あるいは今後重要になるかどうかは，もちろん推測と解釈の問題であり，未来の心理療法の歴史家も，簡単には解決できないだろう。注目すべき重要なことは，認知的・構成主義的心理療法家は，行動的，人間性，精神力動的な仲間との生産的な対話にすでに突入しているということである。このことは，前世紀半ばの心理療法を特徴づけた仲間内の争いを超え出た大きな一歩であることを意味している。

　認知的そして構成主義的な治療者の心理療法の統合への貢献に匹敵する重要な点は，統合のムーブメントがこれらの心理療法に与えてきた否定しがたい影響である。この章で紹介したように，認知的心理療法家とその他のアプローチの理論や実践との接点は，広範囲にわたっており，それどころかいっそう増加しているように思われる。もっと寛大さに欠ける解釈も可能であるが，このような多様性と弁証法的な動向は，認知行動療法と構成主義的心理療法およびこのような対話をもたらしたさまざまな視点の双方を明確に反映しているようである。

結びの言葉

　古典哲学からキリスト教科学にわたる伝統の遺産を反映してはいるが，認知・構成主義的心理療法は基本的には新しい現象である。40年に満たない短い期間で，それらは出現し，成長拡大し，区別が生じ，発展してきた。筆者は，認知的心理療法における主要な理論的発展は，およそ六つの基本的なテーマにまとめられることを示唆した。これらの発展が肯定的あるいは進歩的であるかどうかは，そうした発展が何で「あるべき」か，あるいは，歴史を振り返って，何で「あるべきだった」かを知っておかなければ決めることはできない。しかしながら，認知的・構成主義的心理療法は20世紀の最後の10年における理論的発展，研究活動，臨床的革新の最も活発な群の中の一つを代表していることはきわめて明らかである。他の学派や伝統とのオープンな交流に関与し，またそれらを促進することは，これらのアプローチの特筆に値する特色である。これらの心理療法は，自己分析と自己の気づきに働きかけてきたが，まさにそのことが心理学という科学と臨床実践とを結びつける探究心の重要性を示してい

るのである。

文　献

Alford, B. A., & Norcross, J. C. (1991). Cognitive therapy as integrative therapy. *Journal of Psychotherapy Integration, 1*, 175-190.

Arnkoff, D. B., & Glass, C. R. (1992). Cognitive therapy and psychotherapy integration. In D. K. Freedheim (Ed.), *The history of psychotherapy* (pp. 657-694). Washington, DC: American Psychological Association.

Baars, B. J. (Ed.). (1986). *The cognitive revolution in psychology*. New York: Guilford Press.

Beck, A. T. (1963). Thinking and depression: 1. Idiosyncratic content and cognitive distortion. *Archives of General Psychiatry, 9*, 324-333.

Beck, A. T. (1991). Cognitive therapy as the integrative therapy. *Journal of Psychotherapy Integration, 1*, 191-198.

Beck, A. T., Emery, G., & Greenberg, R. L. (1985). *Anxiety disorders and phobias: A cognitive perspective*. New York: Basic Books.

Bowers, K. S., & Meichenbaum, D. (Eds.). (1984). *The unconscious reconsidered*. New York: Wiley.

Bowlby, J. (1988) . *A secure base*. New York: Basic Books. 二木武（監訳）（1993）母と子のアタッチメント：心の安全基地. 医歯薬出版.

Bruner, J. S. (1990). *Acts of meaning*. Cambridge. MA: Harvard University Press. 岡本夏木, 仲渡一美, 吉村啓子（訳）（1999）意味の復権：フォークサイコロジーに向けて. ミネルヴァ書房.

Dobson, K. S. (Ed.). (1988). *Handbook of cognitive-behavioral therapies*. New York: Guilford Press.

Ellenberger, H. F. (1970). *The discovery of the unconscious*. New York: Basic Books. 木村敏, 中井久夫（監訳）（1980）無意識の発見：力動精神医学発達史. 弘文堂.

Ellis, A. (1962). *Reason and emotion in psychotherapy*. New York: Lyle Stuart. 野口京子（訳）（1999）理性感情行動療法. 金子書房.

Ellis, A. (1976). The biological basis of human irrationality. *Journal of Individual Psychology, 32*, 145-168.

Ellis, A. (1988). Are there "rationalist" and "constructivist" camps of the cognitive therapies? A response to Michael Mahoney. *Cognitive Behaviorist 10* (2), 13-17.

Ellis, A. (1992). My early experiences in developing the practice of psychotherapy. *Professional Psychology: Research and Practice, 23*, 7-10.

Ellis, A. (1993). Reflections on rational-emotive therapy. *Journal of Consulting and Clinical Psychology, 61*, 199-201.

Feixas, G., & Villegas, M. (1990). *Constructivismo y psicoterapia* [Constructivism and psychotherapy]. Barcelona, Spain: Promociones y Publicaciones Universitarias, S.A.

Fodor, J. A., & Pylyshyn, Z. W. (1988). Connectionism and cognitive architec-ture: A critical analysis. *Cognition, 28*, 3-71.

Frankl, V. E. (1959) . *Man's search for meaning.: An introduction to logotherapy*. New York: Washington Square Press. 霜山徳爾（訳）（1985）夜と霧：ドイツ強制収容所の体験記録. みすず書房.

Freedheim, D. K. (Ed.). (1992). *History of psychotherapy: A century of change.* Washington, DC: American Psychological Association.

Gardner, H. (1985). *The mind's new science: A history of the cognitive revolution.* New York: Basic Books.

Gergen, K. J. (1991) . *The saturated self Dilemmas of identity in contemporary life.* New York: Basic Books.

Goldfried, M. R. (1982). *Converging themes in psychotherapy.* New York: Springer.

Goldfried, M. R. (1991). Research issues in psychotherapy integration. *Journal of Psychotherapy Integration, 1,* 5-25.

Gonçalves, Ó. F. (Ed.) . (1989) . Advances in the cognitive therapies: The constructivist-developmental approach. Lisbon: APPORT.

Greenberg, L. S., & Safran, J. D. (1987). *Emotion in psychotherapy.* New York: Guilford Press.

Guidano, V. F. (1987). *Complexity of the self.* New York: Guilford Press.

Guidano, V. F. (1991). *The self in process: Toward a post-rationalist cognitive therapy.* New York: Guilford Press.

Guidano, V. F., & Liotti, G. (1983). *Cognitive processes and emotional disorders.* New York: Guilford Press.

Haaga, D. A., & Davison, G. C. (1991). Disappearing differences do not always reflect healthy integration: An analysis of cognitive therapy and rational-emotive therapy. *Journal of Psychotherapy Integration, 1,* 287-303.

Hammen, C. (1988). Self cognitions, stressful events, and the prediction of depression in children of depressed mothers. *Journal of Abnormal Child Psychology, 16,* 347-360.

Hartman, L. M., & Blankstein, K. R. (Eds.). (1986). *Perceptions of self in emotional disorder and psychotherapy.* New York: Wiley.

Hayek, F. A. (1952). *The sensory order.* Chicago: University of Chicago Press. 穐山貞登 (訳)(1989) 感覚秩序.西山千明, 矢島鈞次(監修)ハイエク全集 4. 春秋社.

Hermans, H. J. M., Kempen, H. J. G., & van Loon, R. J. P. (1992). The dialogical self: Beyond individualism and rationalism. *American Psychologist, 47,* 23-33.

Horowitz, M. J. (1991). States, schemas, and control: General theories for psychotherapy integration, *Journal of Psychotherapy Integration, 1,* 85-102.

James, W. (1902). *The varieties of religious experience.* New York: New American Library. 比屋根安定(訳)(1957) 宗教経験の諸相:人間性の研究. 誠信書房.

Johnson, M. (1987). *The body in the mind: The bodily basis of meaning, imagination, and reason.* Chicago: University of Chicago Press. 菅野盾樹, 中村雅之 (訳)(1991) 心のなかの身体:想像力へのパラダイム転換. 紀伊国屋書店.

Kelly, G. A. (1955). *The psychology of personal constructs.* New York: Norton.

Kendall, P. C. (1992). Healthy thinking. *Behavior Therapy, 23,* 1-11.

Lazarus, A. A., & Davison, G. C. (1971). Clinical innovation in research and practice. In A. E. Bergin & S. L. Garfield (Eds.), *Handbook of psychotherapy and behavior change* (pp. 196-213). New York: Wiley.

Liotti, G. (1987). The resistance to change of cognitive structures: A counter-proposal to psychoanalytic metapsychology. *Journal of Cognitive Psychotherapy, 1,* 87-104.

Madison, G. B. (1988). *The hermeneutics of postmodernity*. Bloomington: Indiana University Press.
Mahoney, M. J. (1988a). Constructive metatheory: I. Basic features and historical foundations. *International Journal of Personal Construct Psychology, 1*, 1-35.
Mahoney, M. J. (1988b). Constructive metatheory: II. Implications for psychotherapy. *International Journal of Personal Construct Psychology, 1*, 299-315.
Mahoney, M. J. (1991). *Human change processes: The scientific foundations of psychotherapy*. New York: Basic Books.
Mahoney, M. J. (1995). *Constructive psychotherapy*. New York: Guilford.
Mahoney, M. J. (in press). *The bodily self. A guide to integrating the head and body in psychotherapy*. New York: Guilford Press.
Mahoney, M. J., & Arnkoff, D. B. (1978). Cognitive and self-control therapies. In S. L. Garfield & A. E. Bergin (Eds.), *Handbook of psychotherapy and behavior change* (2nd ed., pp. 689-722). New York: Wiley.
Mahoney, M. J., & Lyddon, W. J. (1988). Recent developments in cognitive approaches to counseling and psychotherapy. *The Counseling Psychologist, 16*, 190-234.
Markus, H., & Nurius, P. (1986). Possible selves. *American Psychologist, 41*, 954-969.
Maturana, H. R. (1989, May). *Emotion and the origin of the human*. Paper presented at the International Conference at the Frontiers of Family Therapy, Brussels, Belgium.
Maturana, H. R., & Varela, F. J. (1987). *The tree of knowledge: The biological roots of human understanding*. Boston: Shambhala. 管啓次郎（訳）（1997）知恵の樹．筑摩書房．
Messer, S. B., Sass, L. A., & Woolfolk, R. L. (Eds.). (1988). *Hermeneutics and psychological theory: Interpretive perspectives on personality, psychotherapy and psychopathology*. New Brunswick, NJ: Rutgers University Press.
Meyer, D. (1965). *The positive thinkers*. Garden City, NY Doubleday.
Miller, G. A., Galanter, E., & Pribram, K H. (1960). *Plans and the structure of behavior*. New York: Holt, Rinehart & Winston. 十島雍蔵，佐久間章，黒田輝彦，江頭幸晴（訳）（1980）プランと行動の構造：心理サイバネティクス序説．誠信書房．
Miro, M. (1989). Knowledge and society: An evolutionary outline. In Ó. F. Gonçalves (Ed.), Advances in the cognitive therapies: The constructive-developmental approach (pp. 111-128). Lisbon, Portugal: APPORT.
Neimeyer, R. A. (1993). An appraisal of constructivist psychotherapies. *Journal of Consulting and Clinical Psychology, 61*, 221-234.
Neimeyer, R. A., & Mahoney, M. J. (Eds.). (1995). *Constructivism in psychotherapy*. Washington, D.C.: American Psychological Association.
Norcross, J. C., & Goldfried, M. R. (Eds.). (1992). *Handbook of psychotherapy integration*. New York: Basic Books.
Palmer, R. E. (1969). *Hermeneutics: Interpretation theory in Schleiermacher, Dilthey, Heidegger, and Gadamer*. Evanston, IL: Northwestern University Press.
Reda, M. A. (1986). *Sistemi cognitivi complessi e psicoterapia. [Complex cognitive systems and psychotherapy.]* Rome: Nuova Italia Scientifica.
Rumelhart, D. E., & McClelland, J. L. (1986). *Parallel distributed processing:*

Explorations in the microstructure of cognition (2 vols.). Cambridge, MA: MIT Press.

Safran, J. D., & Segal, Z. V. (1990). *Interpersonal process in cognitive therapy.* New York: Basic Books.

Schneider, W. (1987). Connectionism: Is it a paradigm shift for psychology? *Behavior Research Methods, Instruments, and Computers, 19*, 73-83.

Schore, A. N. (1994). *Affect regulation and the origin of the self.* Hillsdale, NJ: Erlbaum.

Segal, Z. V. (1988). Appraisal of the self-schema construct in cognitive models of depression. *Psychological Bulletin, 103*, 147-162.

Sejnowski, T. J., Koch, C., & Churchland, P. S. (1988). Computational neuroscience. *Science, 241*, 1299-1306.

Sherrington, C. S. (1906). *The integrative action of the nervous system.* New Haven, CT: Yale University Press.

Smolensky, P. (1988). On the proper treatment of connectionism. *Behavioural and Brain Sciences, 11*, 1-74.

Stolorow, R. D., & Atwood, G. E. (1992). *Contexts of being: The intersubjective foundations of psychological life.* Hillsdale, NJ: The Analytic Press.

Vallis, T. M., Howes, J. L., & Miller, P. C. (Eds.). (1991). *The challenge of cognitive therapy.* New York: Plenum Press.

Varela, F. J. (1986). *The science and technology of cognition: Emergent directions.* Florence, Italy: Hopeful Monster.

Varela, F. J., Thompson, E., & Rosch, E. (1991). *The embodied mind: Cognitive science and human experience.* Cambridge, MA: MIT Press. 田中靖夫（訳）身体化された心：仏教思想からのエナクティブ・アプローチ．工作舎．

Wachterhauser, B. R. (Ed.). (1986). *Hermeneutics and modern philosophy.* Albany: State University of New York Press.

Weimer, W. B. (1977). A conceptual framework for cognitive psychology: Motor theories of mind. In R. Shaw & J. Bransford (Eds.), *Perceiving, acting, and knowing* (pp. 267-311). Hillsdale, NJ: Erlbaum.

第2章

認知行動変容の変わりゆく概念
──回顧と展望──

ドナルド・マイケンバウム

　そのはじまりから，認知行動変容（CBM）は，精神力動的，システム志向的心理療法の関心と，行動療法家の科学技術を統合しようとしてきた。CBMは心理療法における今日の統合的営みに貢献してきた。たいていのかたちの心理療法がそうであるように，CBMは革命の過程の結果であり，デンバー（Dember, 1974）が「認知革命」と呼んだ時代精神の一部であった。

　認知行動療法は，デュボワ（Dubois）からケリー（Kelly）に至る意味論療法家の長い歴史から出現し，これまでロター（Rotter），バンデューラ（Bandura），ミシェル（Mischel），カンファー（Kanfer）その他の社会的学習理論の影響を受けてきた。アルバート・エリス（Albert Ellis），アーロン・ベック（Aaron Beck），アーノルド・ラザルス（Arnold Lazarus），リチャード・ラザルス（Richard Lazarus）の影響力のある著作は，精神病理学と行動変容過程における認知と感情の過程の役割に焦点を当てた。

　認知行動療法の発展にとっての一つの主要な触媒は，厳密な行動療法の実証的，理論的基盤の両方に不満が高まりつつあったことである。ブレガーとマックガー（Breger & McGaugh, 1965），ブリュワー（Brewer, 1974），マッキーチ（McKeachie, 1974），マホーニー（Mahoney, 1974），マイケンバウム（Meichenbaum, 1977）など，多くの著者は，精神病理学と行動変容の両者について，学習理論の説明が十分かどうか疑問をいだいていた。2番目の主要な触媒は，アーロン・ベック（1970）やアルバート・エリス（1962）のような認知療法家の初期の治療成績であった。彼らは自分たちの治療法に見込みがあることを示していた。

心理療法の認知的要因に対する関心は、「行動的タイプの人たち」からは、往々にして歓迎されなかった。彼らは行動療法振興学会（the Association for the Advancement of Behavior Therapy）のような組織から、「認知的タイプの人たち」を除名するよう求めた。そうした造反者は行動療法を傷つけることはないにしても、その「純粋さ」を薄めていると考えられたようである。しかし、困難と難問を抱えたパンドラの箱は、すでに開けられていた。そのとき、認知行動療法の実践家たちは、自分たちのクライエントの認知をどうすれば最もうまく説明できるか、そのような認知過程を、クライエントの生理学的、社会文化的過程はもとより、感情、行動、そしてその結果との複雑な相互関係にどう適合させていくかという疑問に取り組んでいたのである。これらの研究上の疑問に対する答えは、クライエントの思考過程を説明するのに用いられる特定の説明やメタファー（隠喩）によって強く影響を受けてきた。私はこれらの影響力の大きいメタファーのうち三つ、つまり、条件づけ、情報処理、構成主義的ナラティヴ（物語）について考える。

メタファーとしての条件づけ

認知行動療法家は、当初人の認知は、外顕的行動と同じ「学習法則」にしたがう内潜的行動とみなしうるとしていた。スキナー（Skinner）と条件づけ理論家の伝統においては、認知は内潜的オペラント、あるいはホム（Homme, 1965）が「カベラント」と呼んだものとみなされた。そして、外的および内的な随伴性のどちらにも反応し、内潜条件づけ（Cautela, 1973）の場合と同様に、近接するものの結合によって変わるものとされた。クライエントの自己陳述とイメージは、外顕的行動を導きコントロールする弁別刺激と条件づけられた反応と考えられた。治療の焦点は、「解学習すること」、新しい結合を強めること、適応的な対処スキルを増大し、リハーサルすること、その他であった。モデリング、メンタルリハーサル、随伴性操作のような行動療法の技術は、クライエントの外顕的行動だけではなく思考や感情を変えるためにも用いられた。

メタファーとしての情報処理

まもなく別のメタファーが認知行動変容の発展に影響し始めた。すなわち、

コンピュータとしての心のメタファーである。これには，情報処理言語と社会的学習理論も付随していた。クライエントの認知は，多くの過程，すなわち，脱符号化，符号化，想起，前注意と注意，帰属バイアスと歪みのメカニズムからなるとされた。歪みのメカニズムは，認知の誤りというかたちをとる。さらに，これらの認知の誤りは，認知構造あるいは信念，スキーマ，今気がかりになっていること，クライエントが状況にもちこんだ暗黙の前提の結果とみなされた。これらの信念は，クライエントが行動するやり方によって強められるとされた。この流れを描写するための操作可能な用語は，ラザルスとフォークマン（Folkman），バンデューラ，ワクテル（Wachtel），キースラー（Kiesler），パターソン（Patterson）によって記述されたように，**交流的（transactional），相互作用的（interactional），相方向的（bidirectional）**であった。個々人は，自分がつくり，集めているデータに影響を及ぼしている，自分の経験の「建築家」と考えられた。情報処理の視点はこのように主張した。つまり，人は受け身的であるというよりも，うっかりしてとか無知にとはいわないまでも，何気なく，自分自身と世界についての見方を確認する論拠とみなしうる，まさにその反応（一種のデータ）を他者から引きだすようなやり方で行動するかもしれない，と。

多くの研究者（たとえば，抑うつについて研究したベック［1970］とホロン［Hollon, 1990］；不安障害を研究したバーロウ［Barlow, 1988］とクラーク［Clark, 1986］；子どもと大人における攻撃を研究したドッジとコイエ［Dodge & Coie, 1987］とノバコ［Novaco, 1979］；嗜癖の問題をもつクライエントについて研究したマーラットとゴードン［Marlatt & Gordon, 1985］）は，彼らのクライエントの困難を説明し，介入計画を立案するために情報処理の視点を用いている。

情報処理の視点からすれば，クライエントは，数多くの認知的誤り（たとえば，二分法的思考，過大視，自己関係づけ）の結果として現実を歪め，いわゆる不合理な信念を維持するために抑うつ状態になる，とみなされる。彼らはまた，自分自身，過去，未来について否定的な見方をもち，失敗や欲求不満に出くわすと，自責の性格学的な帰属を行う。パニック発作のある不安なクライエントは，身体的な健康にとらわれ，自分をコントロールしている感じを維持しようとするがゆえに，身体的な手がかりを誤って解釈し，それらを自分に対する脅威とみなしている，と理解される。それらの誤った解釈や評価は，「破局

的な」不安を生起する考え方につながる。自らそれを永続させる悪循環ができあがり，持続するので，生理的覚醒も伴う。怒りの問題をもつクライエントや攻撃的なクライエントは，特に攻撃行動が手段としての性質をもつ場合とは違って反応性のものである場合には，敵意的な帰属スタイルをもつことがわかっている。すなわち，対人関係におけるあいまいな手がかりを挑発と解釈し，記憶の中から別の攻撃的なできごとを想起する。そして，社会的に受け入れられる代わりの選択肢をつくり，実行することができない。しかも，攻撃的なクライエントは，子どもも大人も，威圧的で仕返し的な反応を引きだすようなやり方で行動し，結果として彼らの攻撃的な見方を確認することになる。このように，彼らの予測と自己陳述はその通りになる予言となる。

認知行動療法家は，クライエントがこれらの過程に気づくのを助け，認知－感情－行動の連鎖に，彼らがどうやって気づき，把握し，モニターし，介入し，どのようにより適応的に対抗できる対処反応をつくりだせるかを教えることを目指した介入プログラムを開発してきた。さらに，認知行動療法家は，クライエントが出くわしそうな危険性の大きい状況を明らかにし，もしそれが起こるのであれば，失敗に備え，制御し，処理するやり方を考えること（すなわち，一種の再発予防）を手助けする。肯定的な結果が生じたときには，クライエントは，自分がもたらすことができた変化を自分に帰属させるよう促される。しばしばクライエントは，特定のスキル訓練を望むだろう。そして治療には往々にして，効果の般化と維持の可能性を高めるために，重要な他者（配偶者，家族，仲間）が含められる。

メタファーとしての構成主義的ナラティヴ（物語）

クライエントは彼らの環境の建築家であり構成者であるという考え方が第三のメタファーをつくった。このメタファーは，認知行動療法の今日の展開を先導している。構成主義的な視点は，人はその個人的現実を積極的に構成し，世界についての自身の表象モデルを創造するという考え方に基づいている。構成主義的な視点は次のものに起源がある。すなわち，イマニュエル・カント（Immanuel Kant），エルンスト・カッシーラー（Ernst Cassirer），ネルソン・グッドマン（Nelson Goodman）による哲学における著作と，ヴィルヘルム・ヴント（Willhelm Wundt），アルフレッド・アドラー（Alfred Adler），ジョー

ジ・ケリー(George Kelly)，ジャン・ピアジェ（Jean Piaget），ヴィクトール・フランクル（Viktor Frankl），ジェローム・フランク（Jerome Frank）による心理学における著作である。もっと最近では，構成主義的な視点は，エプスタインとアースキン（Epstein & Erskine, 1983），マホーニーとリドン（Mahoney & Lyddon, 1988），マッキャンとペリマン（McCann & Periman, 1990），ニーマイアーとフェイシャス（Neimeyer & Feixas, 1990），マイケンバウム（1990），ホワイトとエプストン（White & Epston, 1990）によって唱えられている。これらの人たちに共通なのは，人の心は構成主義的な象徴的活動の産物であり，現実は人が創造する私的な意味の産物だという主張である。あたかも一つの現実があって，クライエントはその現実を歪め，それゆえに問題が生じているということではない。むしろ，多様な現実が存在する。治療者の課題は，クライエントがどのようにこれらの現実を創造しているかということ，そうした構成の結果が何であるのかということ，に気づくことができるように手助けすることである。ブルーナー（Bruner, 1990）は，ナラティヴ心理学の視点からの著作において，いかに人が自分の症状や状況を説明するために意味づけをしたりナラティヴ（物語）を構成するのかについて述べている。たとえば，クライエントは感情経験を描くためにメタファーを用いるかもしれない。あるクライエントは最近，自分は「いつも自分の感情を押しこめて」，それから感情を暴発させる，と報告している。別の患者は，「自分がいかにして自他の間に壁をつくったか」述べた。治療者は，そのようなメタファーを用いることの本質と影響をこれらのクライエントが理解できるように手助けした。「感情を押しこめること」や「壁をつくること」というようなメタファーに応じて行動することの影響は何か，感情的な損失は何か，犠牲は何か？　この時点で，治療者は彼らが払った「代価」を共同作業をしながら体験的に探った。「もしこれが彼らの気に入るやり方でないのであれば，彼らはどうすればよいのか？」。たぶん「押しこめるべきではない」とか「壁をつくるべきではない」と提案しても，クライエントにとっては大した進歩にはならない。そこで治療者は次のようにいう。「押しこめないこと，壁をつくらないこと，それは興味深いことです。どんなことを考えていたのですか？」。このようにして，治療者はシェーファー（Shafer, 1981）が「物語の修復」と呼んだことにクライエントが協力者として従事するよう了承を得る。

　クライエントの問題を説明するための構成主義的ナラティヴのメタファー

は，認知行動変容のいっそうの発展にとって理論的，実際的に重要な多くの示唆を与える。

1．スペンス（Spence, 1984）が提唱しているように，治療者は，クライエントが自分のストーリーを変えるのを助ける共同構成者とみなされる。治療者ははじめのうち，患者の最初のストーリーの流れに共感的かつ受身的に耳を傾け，それからクライエントがストーリーを書き換えるのを共同作業的に手助けしなければならない。苦悩しているクライエントが自分自身のペースで自分のストーリーを語ることができるように，養護的で，同情に満ちていて，価値判断をしないという条件が求められる。反射的に聴くこと，ソクラテス流の対話，注意深く探ること，ストレスに満ちた体験をイメージ中で再構成すること，セルフモニタリングといった数多くの臨床的技法が，起こったこととそのわけをクライエントが結びつけるのを手助けするために用いられる。このように，治療過程における感情の役割と同様に，関係性の変数の役割も重大である。

2．治療者は，クライエントがストレスに満ちたできごとを認知的に再構築し，自分の反応を「正常視する」のを助ける。この観点からすると，適応を妨げるのは，抑うつ，不安，怒りの症状そのものではない。むしろ，これらの反応についてクライエントが自分自身にまた他の人たちにいうこと，彼らがつくるストーリーの方が，適応過程にとって重要である。実際，彼らの感情的な苦悩は，正常な自発的再構成的過程，自然な回復的適応的過程とみなされる。このとらえ直しの過程は，起こったこととその理由についての「癒しの理論」を形成する試みである（より詳しい議論については，Meichenbaum & Fitzpatrik, 印刷中を参照）。治療者はまた，クライエントが（人気のあるメタファーを用いていうならば）「残りのストーリー」を伝えるために，自分の長所，資源，対処能力を示す例を関連づけるのを手助けする。治療者は病理学上の偏見をもたないようにする。そうではなくて，クライエントが上手に対処できた例外的な機会を探し，増やそうとする。

3．ナラティヴ（物語）の視点からすると，治療者はただクライエントが問題解決と感情的に鎮める対処技術が使えるように，大きなストレス源を行動的に記述できるできごとに分解するのを助けるだけでなく，新しく仮定される世界や自分自身や世界をみる新しいやり方を構築するのも手助けする（Meichenbaum, 印刷中）。

認知療法家は，自分の特定の現状に合っており，自分の困難を把握し説明するうえで，一貫しており，十分である物語を構成するのを手助けする。シェーファー (1981) が示しているように，心理治療は，「現在の困難の原因，意味，意義を理解し，さらには，変化がわかり達成可能なものになるように」(p.38)，クライエントが自分の物語を語り直せるようにするのである。このストーリーを物語ることあるいは物語の構成において最も重要なことは，スペンス (1984) が述べているように，その「歴史的な真実性」ではなく，「物語的な真実性」である。

4．構成主義的なナラティヴ（物語）のメタファーを適用することの一つの意味は，人が治療的介入を別のやり方でみることを，それが示唆していることである。たぶん，教師が物語の書き方を教えるやり方から，治療的な示唆を得ることさえできるかもしれない。それはまた，個々人が使えるさまざまなタイプの従属測度（たとえば，物語の変容の指標）を示唆する。

認知行動変容の領域は，そのはじまり以来長い道のりをたどってきた。新しいメタファーが採用され，新しい物語が構成されるにつれて，ストーリーは展開し，変わり続けるだろう。

文　献

Barlow, D. (1988). *Anxiety and its disorders: The nature and treatment of anxiety and panic.* New York: Guilford Press.
Beck, A. (1970). Cognitive therapy: Nature and relation to behavior therapy. *Behavior Therapy, 1*, 184-200.
Breger, L., & McGaugh, J. (1965). Critique and reformulation of "learning theory": Approaches to psychotherapy and neurosis. *Psychological Bulletin, 63*, 338-358.
Brewer, W. (1974). There is no convincing evidence for operant or classical conditioning in adult humans. In W. Weimer & D. Palermo (Eds.), *Cognition and the symbolic processes* (Vol. 1, pp. 1-42). Hillsdale, NJ: Erlbaum.
Bruner, J. (1990). *Acts of meaning.* Cambridge, MA: Harvard University Press. 岡本夏木，仲渡一美，吉村啓子（訳）(1999) 意味の復権：フォークサイコロジーに向けて．ミネルヴァ書房．
Cautela, J. (1973). Covert processes and behavior modification. *Journal of Nervous and Mental Disease, 157*, 27-35.
Clark, D. M. (1986). A cognitive approach to panic. *Behaviour Research and Therapy, 24*, 461-470.
Dember, W. (1974). Motivation and the cognitive revolution. *American Psychologist, 29*, 161-168.

Dodge, K. A., & Coie, J. D. (1987). Social information-processing factors in reactive and proactive aggression in children's peer groups. *Journal of Personality and Social Psychology, 53*, 1146-1158.
Ellis, A. (1962). *Reason and emotion in psychotherapy.* New York: Lyle Stuart. 野口京子（訳）（1999）理性感情行動療法．金子書房．
Epstein, S., & Erskine, N. (1983). The development of personal theories of reality. In D. Magnusson & V. Allen (Eds.); *Human development: An interactional perspective* (pp. 133-147). San Diego, CA: Academic Press.
Hollon, S. D. (1990). Cognitive therapy and pharmacotherapy for depression. *Psychiatric Annals, 20*, 249-258.
Homme, L. (1965). Perspectives in psychology: Control of coverants, the operants of the mind. *Psychological Record, 15*, 501-511.
Mahoney, M. (1974). *Cognition and behavior modification.* Cambridge, MA: Ballinger.
Mahoney, M. J., & Lyddon, W. J. (1988). Recent developments in cognitive approaches to counseling and psychotherapy. *The Counseling Psychologist, 16*, 190-234.
Marlatt, G. A., & Gordon, J. R. (1985). *Relapse prevention: Maintenance strategies in the treatment of addictive behaviors.* New York: Guilford Press.
McCann, I. L., & Periman, L. A. (1990). *Psychological trauma and the adult survivor.* New York: Brunner/Mazel.
McKeachie, W. (1974). The decline and fall of the laws of learning. *Educational Researcher, 3*, 7-11.
Meichenbaum, D. (1977). *Cognitive behavior modification: An integrative approach.* New York: Plerium Press.
Meichenbaum, D. (1990). Evolution of cognitive behavior therapy: Origins, tenets and clinical examples. In J. Zeig (Ed.), *The evolution of psychotherapy: II* (pp. 96-115). New York: Brunner/Mazel. 成瀬悟策（訳）（1990）21世紀の心理療法〈2〉．誠信書房．
Meichenbaum, D. (in press). Stress inoculation training: A twenty year update. In R. L. Woolfolk & P. M. Lehrer (Eds.), *Principles and practices of stress management.* New York: Guilford Press.
Meichenbaum, D., & Fitzpatrick, D. (in press). A constructivist narrative perspective of stress and coping: Stress inoculation applications. In L. Goldberger & S. Breznitz (Eds.), *Handbook of stress.* New York: Free Press.
Neimeyer, R., & Feixas, G. (1990). Constructivist contributions to psychotherapy integration. *Journal of Integrative and Eclectic Psychotherapy, 9*, 4-20.
Novaco, R. (1979). The cognitive regulation of anger and stress. In P. C. Kendall & S. D. Hollon (Eds.), *Cognitive behavioral interventions: Theory, research and prrocedures* (pp. 84-101). San Diego, CA: Academic Press.
Shafer, R. (1981). Narration in the psychoanalytic dialogue. In W. J. Mitchell (Ed.), *On narrative* (pp. 212-253). Chicago: University of Chicago Press.
Spence, D. (1984). *Narrative truth and historical truth: Meaning and interpretation in psychoanalysis.* New York: Norton.
White, M., & Epston, D. (1990). *Narrative means to therapeutic ends.* New York: Norton. 小森康永（訳）（1992）物語としての家族．金剛出版．

第Ⅱ部
認知療法

第3章

認知療法──過去・現在・未来──

アーロン・T・ベック

駆け出しの心理療法は，巨匠──精神分析や行動療法──に立ち向かうことができるだろうか？（Beck, 1976, p.333）

私がこうした問いを掲げてこのかた16年の間に，これに答えうる十分な知見が蓄積されてきた。そしてその問いに答えるべく，私は心理療法の体系を評価する一連の基準を提案した。要約すると以下のようになる。（a）治療法の根底にある法則を裏づける経験的確証があり，それらは技法ともよく合致する，（b）その介入の効果が実証的に裏づけられている（Beck, 1976, p.308）。その後私はさらに，そうした体系には，「パーソナリティと変化のプロセスに関する背骨となる理論が含まれる」べきであることを付け加えた（Beck, 1991a, p.192）。認知療法の定義は数多くなされているが，私は，認知療法とは，さまざまな障害における非機能的信念や誤った情報処理特性の変容を目的とした種々の技法を用いることによる，特定の障害に対する認知モデルの適用である，とする見解を最も気に入っている。パーソナリティや精神病理についての理論は，多くの著作の中ですでに紹介されているので（たとえばBeck & Weishaar, 1989），ここでは特に，さまざまな障害に対する認知療法の効果に関する研究を中心に展望を行う。

回　　想

1990年に私は，蓄積された知見をつぶさに検討し，認知療法を心理療法として適用する際の重要な基準は，すでにおおむねクリアしていることを示した（Beck, 1991b）。また，パーソナリティと精神病理についての認知理論に対す

る裏づけも増えつつある。たとえば，エルンスト（Ernst, 1985）やハーガ，ダイクとエルンスト（Haaga, Dyck & Ernst, 1991）による文献の展望は，抑うつの認知モデルにおける「ネガティビティ仮説」を強く支持している。抑うつの認知モデルにおけるその他の側面についても，それよりは劣るものの同様に支持されている。不安やパニック障害の認知モデルの妥当性についてもまた，支持する知見が示されている。自殺の認知モデルもまた然りである（Beck, 1986, 1987; Beck, Brown, Berchick, Stewart & Steer, 1990）。

臨床家や利用者が本当に知りたいことは「本当に効くのか？」ということである。今日に至るまでの知見は，さまざまな対象や治療環境（入院治療や外来治療など），治療形態（個人，カップル，家族，集団）において，さまざまな障害に対する認知療法の効果性を支持しているといえよう。

うつ病

介入効果の分析

認知療法に関する多くの治療効果研究は，単極性うつ病者を対象としたものである。ドブソン（Dobson, 1989）は，認知療法と他の心理療法，あるいは未介入統制群との効果についての34もの比較を含む27の別個の研究を対象に，メタアナリシスを用いて検討を行った。その結果，認知療法は，行動療法や力動的精神療法，非指示的療法などを含む他の心理療法よりも，うつ病の軽減に効果的であることが示された。当然，未介入群と比してその効果は顕著であった。同様に，認知療法は薬物療法と比してより効果的であることが示されている。こうした知見の中には，国立精神衛生研究所（National Institute of Mental Health: NIMH）におけるうつ病に対する介入に関する共同研究の結果（Elkin et al., 1989）も含まれている。この研究結果から，認知療法は介入直後の効果においては他の群と差はみられないが，長期的にみると，より効果的であることが示されている（以後の議論を参照）。

フォローアップ分析

重要なことは，一般に1年あるいは2年間に及ぶフォローアップの結果においては，認知療法は薬物療法よりも効果的だということである。ホロンとナジャヴィッツ（Hollon & Najavits, 1988）がまとめたところによると，認知療法を受けた患者の再発率がおよそ30％であるのに対して，薬物療法による治療を受けた患者の再発率は60％を越えていた。ブラックバーン，ユンソンとビ

ショップ (Blackburn, Eunson, & Bishop, 1986) による2年間のフォローアップ研究においても，認知療法は薬物療法より優れた療法であることが示されている。NIMHの共同研究プログラムの患者を対象にしたシアら (Shea et al., 1992) の最近の研究では，6カ月後および18カ月後の追跡調査において，認知療法は，薬物療法や対人関係療法，最低限の医療的処置を行うプラセボ群と比較して，統計的に有意ではないものの，11のうち9つの比較研究から効果的であることが示されている。特に興味深いのは，8週間持続した治療終結時の改善によって測定される「医療的回復」の割合について，認知療法の治療群が他の群と比して高かったことである。

全般性不安障害

認知療法は，全般性不安障害に対する介入としても効果的であることが示されてきている。サンダーソンとベック (Sanderson & Beck, 1990) の行った研究は，統制群はないものの，平均で約10週間に及ぶ認知療法を受けた32名の患者において，顕著な不安および抑うつ症状の減少がみられたことを報告している。また，パーソナリティ障害を伴う全般性不安障害患者に対しても認知療法は効果を示したが，パーソナリティ障害を伴わない患者よりも治療期間は長期にわたったとしている。

不安管理訓練 (Blowers, Cobb, & Mathews, 1987) と認知行動的技法 (Durham & Turvey, 1987) についても，優れた効果が示され，これまでも使われてきた。しかしながら，それらの研究は方法論上の問題から妥当性を欠いていることが指摘されている。特に研究とは関連のない薬物の併用を行っていることで，結果を誤った方へ歪めている可能性がある。

ボルコヴェックとマシューズ (Borkovec & Mathews, 1988) は，薬物の併用なしで心理療法の効果を比較する，貴重な研究を行っている。その結果，非指示的療法，対処的脱感作法そして認知療法は，全般性不安障害とパニック障害に対する介入方法として，効果に差がないことを示した。

また，三つの研究において，全般性不安障害に対する介入方法としての，認知行動療法と薬物療法の効果が比較検討されている。リンゼイ，ガムス，マクラフリン，フッドとエルスピー (Lindsay, Gamsu, Mclaughlin, Hood, & Elspie, 1984) は，認知行動療法と不安管理訓練が，ロラゼパムや待機統制群と比して，治療から3カ月後のフォローアップ時において，より効果的であることを示し

た。パワー，ジェロム，シンプソン，ミッチェルとスワンソン（Power, Jerrom, Simpson, Mitchell & Swanson, 1989）は，治療終結時と12カ月後のフォローアップ期のそれぞれにおいて，ジアゼパムや統制群よりも，認知行動療法の効果が優れていると報告している。

パワーら（1990）は，『精神疾患における診断・統計マニュアル』（第3版；アメリカ精神医学会，1980）の基準に基づく101名の全般性不安障害患者を対象に，認知行動療法単独，ジアゼパム，プラセボ，認知行動療法＋ジアゼパム，認知行動療法＋プラセボの各群の効果を比較する統制研究を行っている。その結果，治療終結時，および6カ月後フォローアップ時において，認知行動療法の明らかな効果がみられた。その効果は，認知行動療法単独群，および認知行動療法＋ジアゼパム群において顕著であった。

バトラー，フェネル，ロブソンとゲルダー（Butler, Fennell, Robson, & Gelder, 1991）は，全般性不安障害の診断基準に該当し，さらに重症度の基準を満たす57名の患者を対象に，統制的介入研究を行った。12セッションに及ぶ個人的介入の結果，認知行動療法は行動療法や待機統制群と比して，有意に効果的であることが示された。行動療法群では，治療抵抗による脱落者がみられたが，認知行動療法群ではそうした患者はみられなかった。要約すると，統制的研究は，全般性不安障害に対する認知療法の効果を支持しているといえるのである。

パニック障害

認知療法の効果は，パニック障害に対する介入において特に顕著である。フィラデルフィア認知療法センターのソコル，ベック，グリーンバーグ，ライトとバーチック（Sokol, Beck, Greenberg, Wright, & Berchick, 1989）による研究では，統制群はないが，研究に参加した患者のすべてにおいて，パニック発作の完全な消失が示された。そして，その効果は，1年後のフォローアップにおいても維持されていた。引き続き行われた同センターによる研究では，認知療法と支持的療法の効果が比較された（Beck, Sokol, Clark, Berchick, & Wright, 1992）。8週間の介入を終えた段階で，認知療法群に有意な改善がみられたのに対し，支持的療法にはそうした効果はみられなかった。当然，有意な群間差が確認されている。そこで，支持的療法を行っていた患者に対しても12週間の認知療法を適用した。12週間経過後には，当初から認知療法を行った群，

途中から認知療法に変更した群のいずれにおいても，パニック発作の回数は最小限のものであった。そして，こうした効果は，1年後も維持されていたのである。

クラーク（Clark, 1991）は，認知療法は，行動療法，イミプラミン，そしてプラセボ統制群と比して有意に効果的であり，1年後のフォローアップでも，他の群に比べて効果的であることを示した。

認知療法の効果を示す別の指標として，抗パニック薬の減少がある。ニューマン，ベック，トランとブラウン（Newman, Beck, Tran, & Brown, 1990）は，研究開始段階で薬物の投与を受けていた群と，そうでない群という二つの被験者群に対して認知療法を適用した。その結果，いずれの群においても明らかな改善が認められ，薬物の投与を受けていた群においては，リバウンド効果や再発もなく，抗パニック薬の使用が90％削減できた。この研究では，薬物を減量することに躊躇する人々に，従来の認知療法の手続きを適用することで，パニック発作の再発を経験することなく減量に対する耐性を高めたことを示している。

摂食障害

摂食障害に対しても，認知療法は効果があるようである。フェアバーンら（Fairburn et al., 1991）は，過食症患者に対して認知行動療法が，対人関係療法や簡易版の行動療法中心の認知行動療法と比して，効果的であったと報告している。また，アグラスら（Agras et al., 1992）は，認知行動療法とイミプラミンの持続的投与が，認知行動療法およびイミプラミンの単独使用群，プラセボ群と比して，長期的効果において優れていることを示した。

今後の展望

認知療法の適用の発展において興味深いのは，「新しい」障害に対してそれぞれ特定の認知モデルがつくられてきたことである。認知療法を適用する上で核となるテーマは二つある。一つは，認知理論における一貫した枠組み，つまり，非機能的行動や過度な苦痛を生じる背景には情報処理過程のバイアスが存在する，という考え方である。また，二つ目は，比較的安定した構造と考えられる特定の信念（スキーマ）が，このような困難を引き起こす（いわゆる認知

的特異性）というものである。伝統的なスタイルの心理療法（たとえばカップルセラピーや家族療法など）も依然として続けられているが，そのような状況下でも，認知療法家は非機能的な信念や解釈を探求し，評価してきた。認知的側面を治療に組みこむことによって，より強力なアプローチの開発に貢献したのである（Beck, 1991b）。

薬物乱用の患者は，たとえば「麻薬なしでは，私は退屈（不安，抑うつなど）に耐えることができない」といった「必要性」に関する一連の信念や，「今回だけは吸ってもいい」というような「許容」に関する信念をもっている。依存症は，こうした特徴をもつ一連の信念を基盤として生じると考えられるのである（Beck, Wright, Newman, & Liese, 1993）。コカイン依存に対する認知療法の効果研究が，現在ペンシルベニア大学で進行中である。

双極性障害に関しては，現在ダラスのテキサス大学において，治療マニュアル（Basco & Rush, 1991）を使用した研究が行われている。周期の短い双極性の感情障害に対する類似の研究は，ニューマンとベック（1992）により作成された治療マニュアルを使用して，ペンシルベニア大学においても行われている。それらの介入における焦点は，従来の抑うつ的信念（Weissman & Beck, 1992）とともに，服薬コンプライアンスを揺るがす信念（たとえば「服薬は私の創造性を破壊し，私をどうしようもない人間にしてしまう」など）や躁的な信念（たとえば「私は特別な力をもち，それを行使することが許されている」）にも向けられている。

コーネル大学医学部では，フィッシュマン（Fishman, 1990）の作成した治療マニュアルを利用して，**人免疫不全ウィルス**（HIV）検査において陽性と診断された抑うつ患者を対象に，効果研究を行っている。特徴的な信念として，「私は社会ののけ者（無力で，無価値で，愛されない存在）だ，なぜなら，私は汚れた病気にかかっているからだ」などが挙げられている。

回避性パーソナリティ障害と，**強迫性障害**に対する認知療法の効果研究は，ペンシルベニア大学で進められている。治療マニュアル（Beck, Freeman, & Associates, 1990）には，さまざまなパーソナリティ障害を網羅する，140の信念がリストアップされている。特徴的な回避的信念は，「私は，やっかいなこと（たとえば，運だめし，直面すること，苦痛にさらされることなど）に巻きこまれるのを避けなければならない」というものである。強迫性信念には，「私は絶対安全なやり方にしたがわなければならない，さもないと，混乱に陥

ってしまう」といったものが挙げられる。

性犯罪者に対する研究は，オクラホマ大学などで行われている（Cole, 1989）。近親姦犯罪者に特徴的な信念は，「娘との性行為は，二人の関係にとってよいものであり，娘の成長に役立つはずだ」というものである。

心的外傷後ストレス障害については，特に英国において数多く研究がなされている。たとえば，オックスフォード大学のクラーク（私信，9月7日，1991）によるレイプの被害者を対象とした研究では，一般的な外傷体験からの立ち直りの援助にとどまらず，「このこと（レイプ）は，自分はただのモノにすぎないことを意味している」，「少しでも快楽を感じてしまった私には，価値がない」といった，被害者に特有の信念にも目を向けている。

ファイン（Fine, 印刷中）が行った，**解離性同一性障害**に対する認知療法の応用の方法は，非常に興味深い。現れたそれぞれの「人格」における基本的な信念を明確にし，再構成する手続きとして，認知的技法を取り入れたのである。たとえば，「もしドーラを殺せたら（他の人格），私は自由になれる」といった信念に注目する。認知的技法はすべての人格の統一性と，それぞれの人格がもつ信念の違いを示すために用いられる。異なる信念を再構成することで，治療者は，人格の再統合の促進を試みるのである。

心気症は，認知療法になじみやすい障害として，多くの研究の対象となってきた（Warwick, 1991; Warwick & Salkovskis, 1989）。特徴的な信念は，「私の感じているこの感覚は，深刻な病気によるものにちがいない」や，「たとえ医者が病気ではないといっても，私はもっと他の検査を受けなければならない」といったものである。試験的に行われた研究の結果によれば，心理学的介入を行わない統制群と比して，認知療法は顕著な改善をもたらすことが示されている。

強迫性障害は，サルコフスキス（Salkovskis, 1989）により広範囲にわたった研究がなされている。彼は，一般的な行動的技法をさらに発展させ，強迫的思考により引き起こされる認知や信念に注目した。それにはたとえば，「こんなこと考えるなんて，自分は頭がおかしいにちがいない」，「危険を感じて何もしなければ，自分が悪い」といったものがある。現在こうしたアプローチに対する効果研究が進められている。

夫婦間の問題に対する認知的介入も，エプスタイン（Epstein; メリーランド大学）やベック（ペンシルベニア大学）によって検討されている。カップルセ

ラピー (Epstein & Baucom, 1988) やカップルのセルフヘルプのための書物においては,「自分たちの問題について話し合うことができないようであれば,私たちの結婚生活は危ういだろう(妻に多い)」,「われわれの問題について話し合わねばならないとしたら,われわれの結婚生活は危ういだろう(夫に多い)」といった信念が紹介されている。

近年,認知的**家族療法**が考案されており,そこでは家族のメンバー間で衝突している信念に焦点を当てる。たとえば,「子どもにはいつでも愛とケアが必要だ(母)」,「子どもには規律が必要だ(父)」,「放っておいてほしい(子ども)」といったものである。このような信念は,「子どもを甘やかしてばかりいる(父)」,「口うるさすぎる(母)」といった訴えにつながり,子どもはいつしか,両親からの逃亡を願うようになるのである。こうした定式化は,ライトとベック(Wright & Beck, 印刷中)によってさらに拡張されている。

認知的**集団療法**は,広く適用されてきた (Freeman, 1983)。数ある臨床的技法の中でとりわけ,グループ内の個々のメンバーの信念をそれぞれ特定し,それを,他のメンバーが検証し評価するというやり方がある。集団療法に特有の信念として,「グループの中で,私は馬鹿みたいだ」,「私はもともと好かれていないのだ」といったものがある。

統合失調症における妄想や幻覚については,ホール,ラッシュとベック (Hole, Rush, & Beck, 1979) やキングドンとターキントン (Kingdon & Turkington, 1991) によって包括的に研究が進められている。治療者は,患者の歪んだ推論を収集する作業をともに行うだけでなく,「もし声が聞こえたら,それは誰かが私の心をコントロールしようとしているということだ」,「精神的におかしくなるということは救いようがない(無価値で,好かれない人間である)ことだ」といった信念に立ち向かうのである。

統合失調症に関する研究では,患者に対して情動(特にネガティブな情動)を強く表出する家族がいると,症状の再発や再入院の率が高いと予測されている。その原因は明らかではないが,家族の認知と,表出された情動や予後との相互関係,そして,そうした患者をもつ家族構成員間の認知の相互作用などに焦点を当てた研究の発展が待たれる。この点に関するいくつかの知見では,患者に対する家族の非難傾向の強さが,情動表出の程度と関連があることが示されている (Halford, 1991)。今後は,特に不適切感や社会的孤立,無力感や自己批判といった患者のもつ信念の観点から,家族の情動表出がどのように患者

に影響を与えているのかについて検討する必要がある（Halford, 1991）。

そしてこうした研究が進むことで，統合失調症患者とその家族における特有な認知が，認知的介入の焦点となりうる。そうなれば，個人療法だけにとどまらず，認知的家族療法の対象ともなりうるのである。

認知療法は，この他の症状にも適用されている。それらの介入については，『**臨床実践における認知療法**』（Scott, Williams, & Beck, 1989）に詳説されている。特に興味深いのは，知的障害者や癌患者に対する認知療法の適用である（Scott, 1989）。

癌患者を対象とした介入研究としては，ムーリーとグリア（Moorey & Greer, 1989）のものが挙げられる。研究は予備段階であるが，認知的集団療法群の患者は統制群と比して，より顕著な苦痛の低減を示している。現在，長期にわたるフォローアップ研究により，生存率に及ぼす影響について検討が行われているところである。

認知療法の適用の可能性が示唆されるさらに多くの新しい領域は，フリーマンとダッティリオ（Freeman & Dattilio, 1992）の編集による『**認知療法総合ケースブック**』に示されている。この本の中では，各症状に対する認知療法の効果について必ずしも確認されているわけではないが，さまざまな症状を含むケースを定式化し，介入方略を検討する際の指針として，臨床家の役に立つだろう。また，統制された効果研究が行われるはずみとなることも期待される。これまでに行われてきた多くの統制的研究は，ケース報告に刺激を受けているという事実には，注目すべきであろう。この本では，次のような症状や状態に対する介入方法が詳細に記述されている。パフォーマンス不安，心的外傷後ストレス障害，一般的ストレス症状，適応障害，気分変調性障害，肥満，精神病型パーソナリティ障害，老年期うつ病，解離性同一性障害，慢性疼痛などである。さらに，子ども，青年期，そして老人に対する認知療法の適用について記述した章もある。

1992年の7月にトロントでひらかれた世界認知療法会議における多くの発表は，さまざまな障害や問題に対する近年の認知療法の適用状況を要約している。その様子から，認知理論がさらに発展しつつあることをうかがうことができた。私は今後，慢性疼痛，犯罪者，社会恐怖，慢性頭痛，慢性のチック障害，HIV感染に伴う障害，アルコール依存，病的な嫉妬，過敏性腸症候群，不眠症，精神病質パーソナリティ障害，罪悪感と恥，ニコチン中毒，胸痛，器質性脳障

害,万引き,全般性チック障害,性的障害といった症状に対しても,体系だった研究が発展することを期待したい。

精神病理に対するアプローチという舞台の上で,認知療法が行動療法という一大部門を吸収し連携したことは,観衆の目には明らかである。精神分析理論から派生した多くの概念(たとえば,症状を引き起こすできごとに対する[意識的]意味づけを特定することを重視する点など)と,認知心理学における,認知的処理の異なるモードに関する概念化(たとえば,統制的で理性的な過程と自動的で非理性的な過程)は,簡単に区別できるものではない。実際,自動的処理と統制的処理の概念は,フロイトによる一次的過程と二次的過程の概念とも部分的に共通している。そして,認知心理学の実験手続きを用いた多くの研究が,認知療法の理論的枠組みの基盤となっている。この認知理論と技法の適用範囲の広さこそが,認知療法が心理療法として頑健な体系であることを支持しているのである。

文　献

Agras, W. S., Rottister, E. M., Arnow, B., Schneider, J. H., Telch, C. S., Raeburn, S. D., Bruce B., Perl, M., & Koran, L. M. (1992). Pharmacologic and cognitive-behavioral treatment for bulimia nervosa: A controlled comparison. *American Journal of Psychiatry, 149*, 82-87.

American Psychiatric Association. (1980). *Diagnostic and statistical manual of mental disorders* (3rd ed.). Washington, DC: Author.

Basco, M. R., & Rush, A. J. (1991). *A psychosocial treatment package for bipolar I disorder*. Unpublished manuscript, Mental Health Clinical Research Center and Department of Psychiatry, University of Texas Southwestern Medical Center, Dallas.

Beck, A. T. (1976). *Cognitive therapy and the emotional disorders*. New York: International Universities Press. 大野裕(訳)(1990)認知療法:精神療法の新しい発展.岩崎学術出版社.

Beck, A. T. (1986). Theoretical perspectives on clinical anxiety. In A. H. Tuma & J. D. Maser (Eds.), Anxiety and the anxiety disorders (pp. 183-196). Hillsdale, NJ: Erlbaum.

Beck, A. T. (1987) . Cognitive approaches to panic disorder: Theory and therapy In S. Rachman & J. Maser (Eds.), *Panic: Psychological perspectives* (pp. 91-109). Hillsdale, NJ: Erlbaum.

Beck, A. T. (1988). *Love is never enough*. New York: Harper & Row.

Beck, A. T. (1991a). Cognitive therapy as the integrative therapy: A reply to Alford and Norcross [Commentary]. *Journal of Psychotherapy Integration, 1*, 191-198.

Beck, A. T. (1991b). Cognitive therapy: A 30-year retrospective. *American Psychologist, 46*, 368-375.

Beck. A. T., Brown, G., Berchick, R. J., Stewart, B., & Steer, R. A. (1990). Relationship between hopelessness and ultimate suicide: A replication with psychiatric outpatients. *American Journal of Psychiatry, 147*,190-195.

Beck, A. T., Freeman, A., & Associates. (1990). *Cognitive therapy of personality disorders*. New York: Guilford Press. 井上和臣（監訳）南川節子，岩重達也，河瀬雅紀（訳）（1997）人格障害の認知療法. 岩崎学術出版社.

Beck, A. T., Sokol, L., Clark, D. A., Berchick, R. J., & Wright, F. D. (in press). Focused cognitive therapy of panic disorder: A crossover design and one year follow-up. *American Journal of Psychiatry*.

Beck, A. T., & Weishaar., M. E. (1989). Cognitive therapy. In D. Wedding & R. Corsini (Eds.), *Current psychotherapies* (4th ed.). Ithaca, IL: Peacock.

Beck, A. T., Wright, F. D., Newman, C. F., & Liese, B. S. (In press). *Cognitive therapy of drug abuse*. New York: Guilford Press.

Blackburn, I. M., Eunson, K. M., & Bishop, S. (1986). A two-year naturalistic follow-up of depressed patients treated with cognitive therapy, pharmacotherapy, and a combination of both. *Journal of Affective Disorders.,10*, 67-75.

Blowers, C., Cobb, J., & Mathews, A. (1987). Generalized anxiety: A controlled treatment study. *Behaviour Research and Therapy, 25*, 493-502.

Borkovec, T. D., & Mathews, A. M. (1988). Treatment of nonphobic anxiety: A comparison of nondirective, cognitive, and coping desensitization therapy. *Journal of Consulting and Clinical Psychology, 56*, 877-884.

Butler, G., Fennell, M., Robson, P., & Gelder, H. (1991). Comparison of behavior therapy and cognitive behavior therapy in the treatment of generalized anxiety disorder. *Journal of Consulting and Clinical Psychology, 59*, 167-175.

Clark, D. M. (1991, September). *Cognitive therapy for panic disorder*. Paper presented at the National Institutes of Health Consensus Development Conference on the Treatment of Panic Disorder, Bethesda, MD.

Cole, A. (1989). Offenders. In J. Scott, J. M. G. Williams, & A. T. Beck (Eds.), *Cognitive therapy in clinical practice* (pp. 183-205). London: Routledge & Kegan Paul.

Dobson, K. (1989). A meta-analysis of the efficacy of cognitive therapy for depression. *Journal of Consulting and Clinical Psychology, 57*, 414-419.

Durham, R. C., & Turvey, A. A. (1987). Cognitive therapy vs. behavior therapy in the treatment of chronic anxiety. *Behaviour Research and Therpy, 25*, 229-234.

Elkin, I, Shea, M. T., Watkins, J. T., Imber, S. D., Sotsky, S. M., Collins, I. F., Glass, D. R., Pilkonis, P. A., Leber, W. R., Docherty, J. P., Fiester, S. J., & Parloff, M. B. (1989). NIMH treatment of depression collaborative research program: General effectiveness of treatments. *Archives of General Psychiatry, 46*, 971-982.

Epstein, N., & Baucom, D. (1988). Cognitive-behavioral marital therapy. New York: Brunner/Mazel.

Ernst, D. (1985). *Beck's cognitive theory of deprression: A status report*. Unpublished manuscript, University of Pennsylvania, Philodelphia.

Fairburn, C. G., Jones, R., Peveler, R. C., Carr, S. J., Solomon, R. A., O'Connor, M . E., Burton, J., & Hope, R. A. (1991). Three psychological treatments for bulimia nervosa. *Archives of General Psychiatry, 48*, 463-469.

Fine, C. G. (in press). The treatment of multiple personality disorder. In A. Freeman &

F. M. Dattilio (Eds.), *Comprehensive casebook of cognitive therapy.* New York: Plenum Press.
Fishman, B. (1990). *Stress prevention training after HIV antibody testing: A training manual.* Unpublished manuscript, Cornell Medical School, Ithaca, NY.
Freeman, A. (Ed.). (1983). *Cognitive therapy with couples and groups.* New York: Plenum Press.
Freeman, A., & Dattilio, F. M. (in press). *Comprehensive casebook of cognitive therapy.* New York: Plenum Press.
Haaga, D. A. F., Dyck, M. J., & Ernst, D. (1991). Empirical status of cognitive theory of depression. *Psychological Bulletin, 110,* 215-236.
Halford, W. K. (1991). Beyond expressed emotion: Behavioral assessment of family interaction associated with the course of schizophrenia. *Behavioral Assessment, 13,* 99-123.
Hole, R. W., Rush, A. J., & Beck, A. T. (1979). A cognitive investigation of schizophrenic delusions. *Psychiatry, 42,* 312-319.
Hollon, S. D., & Najavits, L. (1988). Review of empirical studies on cognitive therapy. In A. J. Frances & R. E. Sales (Eds.), *American Psychiatric Press review of psychiatry* (Vol. 7, pp. 643-666). Washington, DC: American Psychiatric Press.
Kingdon, D. G., & Turkington, D. (1991). The use of cognitive behavior therapy with a normalizing rationale in schizophrenia: Preliminary report. *Journal of Nervous and Mental Disease, 179,* 207-211.
Lindsay, W. R., Gamsu, T. V., McLaughlin, E., Hood, E. M., & Elspie, C. A. (1984). A controlled trial of treatments of generalized anxiety. *British Journal of Clinical Psychology, 26,* 3-16.
Moorey, S., & Greer, S. (1989). *Psychological therapy for patients with cancer: A new approach.* Oxford, England: Heinemann Medical Books.
Newman, C. F., Beck, J. S., Beck, A. T., Tran, G. Q., & Brown, G. K. (1990, November). *Efficacy of cognitive therapy for panic disorder in medicated and nonmedicated populations.* Poster presented at the conference of the Association for the Advancement of Behavior Therapy, San Francisco.
Newman, C. F., & Beck, A. T. (1992). *Cognitive therapy for panic depressive disorder.* Unpublished manuscript, University of Pennsylvania, Philadelphia.
Power, K. G., Jerrom, D. W. A., Simpson, R. J., Mitchell, M. J., & Swanson, V. (1989). A controlled comparison of cognitive behaviour therapy, diazepam and placebo in the management of generalized anxiety. *Behavioural Psychotherapy, 17,* 1-14.
Power, K. G., Simpson, R. J., Swanson, V., Wallace, L. A., Feistner, A. T. C., & Sharp, D. (1990). A controlled comparison of cognitive behavior therapy, diazepam, and placebo, alone and in combination, for the treatment of generalized anxiety disorder. *Journal of Anxiety Disorders, 4,* 267-292.
Salkovskis, P. M. (1989). Obsessions and compulsions. In J. Scott, J. M. G. Williams, & A. T. Beck (Eds.), *Cognitive therapy in clinical practice* (pp. 50-77). London: Routledge & Kegan Paul.
Sanderson, W. C., & Beck, A. T. (1990). Syndrome comorbidity in patients with major depression or dysthymia: Prevalence and temporal relationships. *American Journal*

of Psychiatry, 147, 1025-1028.
Scott, J. (1989). Cancer patients. In J. Scott, J. M. G. Williams, & A. T.; Beck (Eds.) , *Cognitive therapy in clinical practice* (pp. 103-126). London: Routledge & Kegan Paul.
Scott, J., Williams, J. M. G., & Beck, A. T. (Eds.). (1989). *Cognitive therapy in clinical practice.* London: Routledge & Kegan Paul.
Shea, M. T., Elkin, I., Imber, S. D., Sotsky, S. M., Watkins, J. T., Collins, J. F., Pilkonis, P. A., Leber, W. R., Krupnick, J., Dolan, R. T., & Parloff, M. B. (1992). Course of depressive symptoms over follow-up: Findings from the National Institute of Mental Health treatment of depression collaborative research program. *Archives of General Psychiatry, 49,* 782-787.
Sokol, L., Beck, A. T., Greenberg, R. L., Wright, F. D., & Berchick, R. J. (1989). Cognitive therapy of panic disorder: A nonpharmacological alternative. *Journal of Nervous and Mental Disease, 177,* 711-716.
Warwick, H. M. C. (1991, July). *A controlled trial of cognitive therapy for hypochondriasis.* Paper presented at the 20th Annual Conference of the British Association of Behavioural Psychotherapy, Oxford, England.
Warwick, H. M. C., & Salkovskis, P. M. (1989). Hypochondriasis. In J. Scott, J. M. G. Williams, & A. T. Beck (Eds.), *Cognitive therapy in clinical practice* (pp. 78-102). London: Routledge & Kegan Paul.
Weissman, A., & Beck, A. T. (1978, November). *Development and validation of the dysfunctional attitude scale.* Paper presented at the annual convention of the Association for Advancement of Behavior Therapy, Chicago.
Wright, J. H., & Beck, A. T. (in press). Family cognitive therapy with inpatients: Part 2. In J. H. Wright, M. E. Thase, & A. T. Beck (Eds.), *The cognitive milieu: Inpatient applications of cognitive therapy.* New York: Guilford Press.

第4章

認知療法の評価

クリーブ・J・ロビンス, エイデル・M・ヘイズ

　本書の他の章をみる限り, 広い意味で認知療法と呼びうる介入方法を対象としているが, われわれは, アーロン・T・ベック (Aaron T. Beck) とその共同研究者らが発展させた認知療法と, その流れを直接的に継承した近年の認知療法の発展に限定して評価を行うことにした。われわれは, 認知療法の理論と実践に焦点を当てる。精神病理学における認知モデルに関する実証的研究は, 他で展望されている (Haaga, Dyck, & Ernst, 1991; Robins & Hayes, 1995)。また, 認知療法の効果研究については, この本の他の章に譲る。

認知療法の発展

　当初ベックは, 精神分析理論が正しいことを証明するために, 抑うつ者の夢と思考について調査を行い, 抑圧された敵意を示すサインを抽出しようとした。しかし, その代わりに彼が発見したものは, 挫折というテーマと, 広範なネガティブバイアスであった。そして彼は, 抑うつ徴候はこのネガティブな認知バイアスの直接的な結果として生じる, という前提に立った理論を発展させ始めた。このモデルに関する詳細な説明を行うため, ベック (1967) は抑うつとその介入において重要な役割を担う, 三つのレベルの認知を区別した。**自動思考, スキーマあるいは暗黙の前提, そして, 認知の歪みである。**

精神病理学における認知モデル

　自動思考は, その場の状況に応じて素早く患者や治療者の意識に上る, 認知の表層的レベルと考えられる。抑うつ者は, 無価値感, 罪悪感, 無能感, 挫折感, 喪失感, 孤独感, 無力感などといったテーマを含む, 自己, 世界, 未来に

関するネガティブな思考（認知の三徴）を典型的にもつ。他の障害においても，それぞれに特異的な内容の思考が抽出される。たとえば，不安障害患者は，過度な危機の知覚に関わる思考をたびたび経験する。これらの思考（あるいはイメージ）は自発的に生じ，素早く，患者が意図的にモニターしようと努めない限り意識されずに進行する点で，「自動的」なものとして扱われる。自動思考は，実際の客観的事実よりはむしろ状況に対する個人的評価を反映しており，直接的に患者の情動や行動的反応を導く。こうした反応は，評価に歪みや誇張が含まれている点で不適応的であり，そうした評価は，非機能的スキーマの作用により生じる。

　スキーマは，個人が情報を知覚，符号化，想起する際に利用する，自己や世界に対する態度の内的モデルと考えられる。スキーマは，特定の経験を幾度も重ねることで形成され，効率的な情報の処理を促進するという点において，適応的であるといえる。スキーマは，情報の認識や想起を迅速に行い，必要とされる適切な行動を導くため，新しい情報を古い情報と結びつける役割を担う。しかしながら，実験認知心理学や社会的認知研究の知見が示すように，こうした効率性は，符号化時や想起時におけるスキーマ一致情報に対するバイアスを自動的に生じさせ，スキーマと一致しない情報を犠牲にする（Goldfried & Robins, 1983）。スキーマに対する新しい情報の同化作用は，新奇情報に対するスキーマの調節作用よりも容易に生じる。精神病理の認知理論では，情動障害に罹患した人は，状況を喪失，危機，その他自己に対する脅威などをもつものとして歪めて知覚させる，特定のスキーマをもつとしている。そうしたテーマと関連して組織化されるスキーマは，適応価をもつがゆえに普遍的なものもありうるが，その一方で，発達過程での経験の違いによって，より発達する部分とそうでない部分が人それぞれに現れうる。また，スキーマは，普段は比較的不活発なものであるが，ストレスフルなライフイベントやネガティブな気分状態により活性化されることになる。いったん活性化されると，そうしたスキーマは新しい状況に対する個人の知覚を支配し，情動状態を維持させる結果になるのである。

　認知の歪みは，非機能的スキーマと自動思考を結びつけている。新しい情報や記憶が認知的に処理される過程において，情報はしばしば関連するスキーマと整合するように歪められたり，バイアスを生じさせられたりする。こうした偏った評価の結果は，自動思考やイメージといった形式をとることで，意識に

アクセスしやすくなるのである。ベック（1967, 1976）は，情動障害患者の思考に現れやすい，多くの特徴的な歪みのタイプを示した。たとえば**二分法的思考**とは，できごとを過度に二者択一的なものとしてとらえる傾向である。**過度な一般化**とは，一つのできごとを，あらゆる状況や特徴を代表するものとみなすことを指す。**選択的抽出**とは，物事のある側面（多くの場合ネガティヴな側面）だけに注意を払ったりおぼえていて，他のポジティヴな側面を無視してしまうことを意味する。**読心術**とは，他人の将来の行動や態度を，何の根拠もなく決めてかかることである。**自己関係づけ**とは，他人の行動が自分のせいで生じたか，あるいはその標的が自分に向けられていると仮定することであり，**すべき思考**においては，個人や他人の行動に対して絶対的な義務感が生じている。**破局視**は，実質的な根拠もなく，過度にネガティブな結果を予測することであり，**過小視**ならばこれとは逆に，ポジティヴな結果の重要性を軽視する傾向を意味する。こうした認知の歪みは概念的には区別されるが，どのような思考でも，複数の認知の歪みを含むことがある。

　認知モデルでは，認知が感情に影響を与えるように，気分が認知に影響を与えることを認めている。また認知が，人が混乱した認知をもってしまうストレスフルな状況を生じさせる行動に対しても影響を与えるということも認めている。それゆえ認知は，複雑に織り交ぜられた力動的な影響の流れの中で，ほんの一つの役割を担っているにすぎない。しかしながら，認知モデルでは，認知が気分や行動に与える影響を強調し，介入においては，患者の認知過程を変容することを最大の目的ととらえる。

心理療法における認知的アプローチ

　認知療法がはじめに目標とすることは，患者自身が自分のネガティブな自動思考やイメージに気づき，挑戦できるよう援助することで，症状の軽減をもたらすことである。特に介入の後半にかけて，変化を持続させるために，自動思考を引き起こす非機能的な態度や信念の体系を再構成することに焦点化する必要があると考えられている（Beck, Rush, Shaw, & Emery, 1979）。

　認知療法における治療関係の本質は，他の多くの介入方法とはいくぶん異なる。認知療法は，目標の設定やセッションごとの治療計画の作成を治療者と患者が共同で行い，仮説検証を行う科学的な手法に似たやり方で，系統的に患者の信念を支持あるいは棄却する証拠を収集したり吟味したりする。こうした過

程を，ベック（1967）は「協力的経験主義」の過程と呼んだ。仮説の検証は，患者の思考や信念に対する直接的な挑戦よりもむしろ，治療者によるソクラテス的問答法により進められる。このとき，誘導的発見を促進することや，患者の自動思考（思いこみ）の妥当性を検証するための行動実験が役に立つ。認知療法家はまた，教育者や技術訓練者のような，より指導者的な役割を演じることもある。

　認知療法家は，多くの場合さまざまな行動的技法（活動記録，段階的課題割り当て，行動リハーサル，問題解決，リラクセーションなど）を用いるが，それは主として，患者が自分自身に対する信念を検証し，修正することを援助するために用いる技法ととらえている。認知療法はまた，独自の介入技法ももっている。患者は，治療のかなり早い段階で系統的に自分自身のネガティブな思考をモニターし，状況・思考・感情の結びつきに注意するよう求められる。治療者は，ソクラテス的問答法を用いながら，患者がそれらの思考を検証し，代わりの思考を考えつくよう援助を行う。認知の歪みにラベルづけを行う援助や，思いこみを支持する根拠と支持しない根拠を検証する方法，絶対的な自己陳述を得点化して検討する方法や，できごとに対して他の可能な説明や帰属を探す方法など，ネガティブな思考に挑戦するためのさまざまな認知的技法が，これまでに紹介されている（e.g., Beck et al., 1979; Burns, 1980; Freeman, Pretzer, Fleming, & Simon, 1990）。思考の変化は気分や行動の変化を導く。自動思考をめぐるテーマについて観察することを通して，治療者と患者は，徐々にその背景にあると考えられるスキーマに関する仮説を育むことになる。スキーマはまた，垂直的探索，いわゆる「下向き矢印法」によっても明らかとなる（Burns, 1980）。下向き矢印法では，「ある思考をするとどうなるか」という思考の結果が，繰り返し尋ねられる。こうして，特定の状況に関する思考から，より全般的な懸念へと，注意の焦点をシフトさせるのである。いったんこのようにして非機能的スキーマが同定されると，患者は，その妥当性を検証し，特定のスキーマがいつ作用しているかを割り出すために，次々と起こる反応をモニターするよう援助されるのである。

　ゴールドフリードとロビンス（Goldfried & Robins, 1983）が指摘したように，自己に対する見方の変化は，行動の変化よりも遅く現れる。彼らは，スキーマがもつ変化に対する防衛機能について，治療者が患者に説明を行うことが有効であると主張し，スキーマ変容のためのいくつかのガイドラインを作成した。

確証を揺るがすような証拠を得るために，新しい行動をとることを促進することに加えて，患者の自己スキーマを変容するための援助として治療者は，（a）現状の機能からみた理想の姿や，他の人の振る舞いと比べるより，むしろ治療の成果として過去と現在の機能の変化に注目させる，（b）治療者のフィードバックや応答，セルフモニタリングや他者からの社会的フィードバックをうまく使って，患者の主観的な見方に客観的な長所を追加する，（c）スキーマに対する確証を崩すために，成功経験の記憶を想起させる（成功経験の話を書き留めてとっておくと効果的），といった方法で援助が可能である。

認知療法の適用

　認知療法は，最も広く研究をされてきた心理療法の一つであり，その中でもうつ病に対する研究は多い。本章の目的は認知療法における理論と実践について紹介することであるため，ここで効果研究の展望はあえて行わない。むしろ，認知療法が用いられてきたいろいろな条件に注目し，さまざまな障害に対する効果についてある結論を出したい。

　認知療法は本来，うつ病の治療法として開発され，最も初期の研究は，もっぱらうつ病の外来患者を対象としていた（Craighead, Evans, & Robins, 1992）。ドブソン（Dobson, 1989）は，うつ病への介入を行った28の研究に対してメタ分析を行い，認知療法が，薬物療法，行動療法，その他の心理療法よりも，優れた効果を発揮することを示した。しかしながら，ホロン，シェルトンとルーセン（Hollon, Shelton, & Loosen, 1991）は，それらの多くの研究はプラセボ統制群を設定していないこと，薬物療法を行っている研究の多くはその処方が適切でないことを指摘している。認知療法は，急性エピソードへの介入としては，薬物療法とおおよそ同等の効果を示す，というのが，この知見に対して彼らの示したより慎重な解釈である。数少ない研究を対象としたものではあるが，認知療法が，抑うつエピソードの再発を予防することを示す頼もしい知見もある（Blackburn, Eunson, & Bishop, 1986; Evans et al., 1992; Simons, Murphy, Levine, & Wentzel, 1986）。認知療法と薬物療法の併用が，いずれか一方のみの効果を高めるかどうかを調べた研究は少ないが，付加的効果のあることが示されている（Hollon et al., 1991）。認知療法は，重度のうつ病患者にはあまり効果を示さないとの知見もある一方で（Elkin et al., 1989; Thase, Bowler, &

Harden, 1991), 近年のいくつかの研究では, そうした対象に対しても効果を発揮しうることが示されている (Bowers, 1990; Norman, Keitner, Bishop, & Dow, 1989; Thase, Bowler, & Harden, 1991)。統制研究ではないものの, テーズら (Thase et al., 1991) は, 薬物を用いない内因性うつ病の入院患者に対しても, 認知療法による抑うつ徴候の大きな低減を報告している。

登場以来, 認知療法は, 怒りのコントロール, 不安障害, パーソナリティ障害, 心理生理的疾患, 夫婦の不仲, 摂食障害, 依存性障害, 多くの幼児期の問題など, さまざまな疾患に適用されてきた (レビューとしてBeckham & Watkins, 1989; Hollon & Najavits, 1988; およびこの本の他の章参照)。しかしながら, 多くの介入は, 認知的技法と行動的技法を組み合わせて用いており, そうした疾患に対する認知療法単独の有効性を明示する知見は, 今のところほとんどない。認知療法の適用に関して, 非常に興味深い新しい対象は, パニック障害である。最近の知見によれば, パニック障害患者のおおよそ90％は, 3カ月の認知療法で改善をみている (Barlow, Craske, Cerny, & Klosko, 1989; Clark, Salkovskis, Hackmann, & Gelder, 1991; Sokol, Beck, Greenberg, Wright, & Berchick, 1989)。それらの介入では, いくつかの構成要素を組み合わせているものの, 認知的再体制化がその主要な役割を果たしており, 要素分解研究において, エクスポージャーと同等の効果を有することが確認されている (Margraf & Schneider, 1991)。さらに, パニックに伴う身体感覚に関する認知の変容が, パニック障害の認知療法, エクスポージャー, 薬物療法による治療的変化をもたらす根本的メカニズムである可能性を示す研究も出始めている (Clark et al., 1991)。

さらに近年, パーソナリティ障害の認知療法に多くの関心が向けられており, 文献にも紹介されている (Beck, Freeman, & Associates, 1990; Young, 1990)。パーソナリティ障害は根深く, 広範にわたる不適応的なスキーマを反映していると考えられているため, 認知療法は, 特に適した治療法と考えられる。パーソナリティ障害が難治性の疾患であることは周知の事実であるため, 認知療法の手法もいくぶんの修正がなされているが, この点については本章の後節においてふれることにする。しかしながら, パーソナリティ障害に対する認知療法の効果性について実証した知見は, 今のところみあたらない。パーソナリティ障害の介入においては, 長期を要すること, ターゲットとなる徴候が少ないことなどが要因となり, 認知療法の効果研究は他のⅠ軸疾患と比して困難を要す

るのである。いうまでもなく今後研究を進めていく上で、この点を克服することは非常に重要な課題となる。

認知療法はいかにして効果を発揮するか？

効果的な心理療法のプロセスは、二つの視点から理解しうる。一つは改善をもたらす治療パッケージの構成要素を探る視点であり、もう一つは、治療を進めるにしたがって生じる患者の変化をみる視点である。認知療法におけるプロセス研究は比較的新しい試みであり、これまでほとんど行われてこなかった。されているとはいっても、その大半はうつ病の認知療法に関わるものである。以下に、数少ない研究から認知療法の効果のメカニズムについて何が明らかとなったのか、展望を試みる。

変化をもたらす認知療法の構成要素

ベック（Beck et al., 1979）によれば、認知療法の効果は歪んだ概念化とその背景にある非機能的なスキーマを同定し、現実の事象と比較検討し、修正するといった手続きをふむことでもたらされる。実際、いくつかの研究からこの主張は支持されている。

ドリュバイスとフィーリィ（DeRubeis & Feeley, 1990）は、共同研究心理療法評価尺度（Collaborative Study Psychotherapy Rating Scale: CSPRS; Hollon et al., 1988）に対する因子分析の結果から、認知療法の技法に二つのタイプが存在することを示した。具体的方法と抽象的方法である。具体的方法とは、患者に特定の信念を吟味させたり、それらの信念を直接的に検証させたり、ホームワークなどにおいてそれらの仮説を吟味するスキルを練習させたりすることによって、仮説を検証するスキルを教授することに焦点を置く方法である。抽象的方法は、患者がもつ思考（暗黙の前提）のより深い意味の探求や、治療セッションのあり方について話し合うことなどを含む。セラピストによる具体的方法の利用は患者の抑うつ気分の変容を予測したのに対して、抽象的方法は予測しなかった。

いくつかの具体的方法に含まれる技法が症状改善に役立つということについて、個別に検討されている。いくつかの研究において、患者自身に自分の信念を検証させ、ネガティブ思考の再構成を行わせる方法が、単にネガティブ思考

に関わる情報を収集するだけの場合よりも,自動思考や抑うつ気分の低減をもたらし(Persons & Burns, 1985; Teasdale & Fennel, 1982),治療の前後でうつ病の兆候が低減する割合が大きい(Hayes, Castonguay, & Goldfried, 1992; Jarrett & Nelson, 1987)ことが示された。

認知療法では,セッション中の仮説検証に加えて,セッションとセッションの間のホームワークにおいて,そうしたスキルを患者自身が現実場面に適用してみることの重要性を強調している。この点を支持する知見として,うつ病兆候の変化は,ホームワークの割り当てや(Hayes et al., 1992),その遂行率(Persons, Burns, & Perloff, 1988)との間に関連が見出されているほか,そうした効果は,セッションにおいて学んだ対処的スキルを積極的に利用しようという動機づけや欲求だけでは,説明しえないことが明らかとなっている(Burns & Nolen-Hoeksema, 1987)。今後は,フォローアップ期間を設けて,こうしたスキルの使用と認知変化,また症状との関係を追跡調査してもよいだろう。

全体として,さらなる研究は当然なされるであろうが,仮説検証スキルを教えることやホームワークでのスキルの練習が認知療法において積極的な役割を果たしていることを支持する研究はわずかしかない。このように,認知療法家が認知の変容に焦点化しているようではあるが,そうした介入が,本当に抑うつ関連のスキーマを変容することによりもたらされるのか(調節),抑うつスキーマの代わりに抑うつと無関連のスキーマを活性化させる,あるいは抑うつ的思考に対処するための補償的スキルや気分の変容方法を教えることによる効果なのか,といった点については,依然疑問が残されている(Barber & DeRubeis, 1989; Evans & Hollon, 1988)。

また,認知療法に特有と考えられる構成要素の重要性について吟味する際には,治療者の温かさ,サポート,共感,治療者-患者間のラポールなど,心理療法全般に重要と考えられる構成要素と比較して,認知療法の構成要素をとらえることが重要である。この点について,いくつかの研究において,うつ病に対する認知療法特有の介入が,一般的な治療要因によるうつ病低減効果よりも大きいことが示されている(Burns & Nolen-Hoeksema, 1992; DeRubeis & Feeley, 1990; Evans et al., 1992; Hayes et al., 1992)。同様に,不安障害に対する認知療法においても,一貫して単なるサポートよりも効果が大きいことが示されており,一般的な治療要因を越えた効果を発揮することが示唆されている

(Beck, Sokol, Clark, Berchick, & Wright, 1991; Heimberg & Barlow, 1991)。多くの治療者が共通して，心理療法を機能させるための基本的な構成要素として，促進的な対人的環境をつくりだしているようである。

患者の変化

もし本当に認知療法が仮説検証スキルを身につけさせることにより効果をもたらすとするなら，認知療法を受けた患者は，非認知的介入を受けた患者よりも認知的側面に大きな変化を示す，といった推論が成り立つ（e.g., Barber & DeRubeis, 1989; Beckham & Watkins, 1989; Whisman, Miller, Norman, & Keitner, 1991)。この点に関する知見は一定していないのが現状である。しかし，大多数の研究において，認知療法はうつ病（Barber & DeRubeis, 1989; Beckham & Watkins, 1989）やパニック障害（Clark et al., 1991; Margraf & Schneider, 1991）に対して，認知療法特有の効果を発揮するわけではないことが示されている。また，認知に対する認知療法特有の効果を発揮することを示したいくつかの知見（e.g., Blackburn & Bishop, 1983; Rush, Beck, Kovacs, Weissenburger, & Hollon, 1982）では，そうした効果は，認知療法が症状の低減に対して薬物療法よりも大きい効果をもつということだけで説明されている。

薬物療法と認知療法は同等の効果を示すものの，認知療法に特有の効果が現れることを示したものとして，四つの研究が挙げられる。インバーら（Imber et al., 1990）は，NIMHのうつ病治療共同研究プログラム（Elkin et al., 1989）において認知療法を受けた患者が，対人関係療法あるいはイミプラミンと支持的臨床的管理を受けた患者と比して，非機能的態度尺度（Dysfunctional Attitudes Scale: DAS; Weissman & Beck, 1978）の総得点，および多くの下位尺度得点において差はみられなかったものの，「社会的望ましさの希求」得点のみ有意に低減していたことを報告している。ドリュバイスら（DeRubeis et al., 1990）は，ホロンら（Hollon et al.,1992）の効果研究を分析し，治療前期から中期にかけての帰属スタイル質問票（Attributional Style Questionnaire: ASQ; Seligman, Abramson, Semmel, & von Baeyer, 1979），DASおよび絶望感尺度（Hopelessness Scale: HS; Beck, Weissman, Lester, & Trexler, 1974）の得点変化が，治療中期から後期にかけて認知療法による抑うつ低減を予測することを明らかにした。しかし，薬物療法の効果については予測されなかった。社

会恐怖症に対する介入研究においてマチック，ピータースとクラーク (Mattic, Peters, & Clark, 1989) は，認知的再体制化のみ，あるいは認知的再体制化＋エクスポージャーの介入を受けた患者は，恐怖対象の回避，ネガティブな自己評価，不合理な信念の各尺度において変化を示す一方，エクスポージャーのみを受けた患者は回避傾向のみの変化にとどまることをみいだしている。ホウィスマンら (Whisman et al., 1991) は，認知的変化は治療終結後に生じるため，治療終結時の認知的変化を比較する研究では，群間差を抽出することはできないのではないかと考えた。そこで，この点を検証するために，彼らは二つのうつ病外来患者グループを，治療終結直後，6カ月後，12カ月後の各段階で比較した。認知療法＋薬物療法＋環境調整を導入した群は，薬物療法と環境調整のみを行った群と比して，絶望感と認知バイアスの得点において各測定段階で低く，非機能的態度は6カ月後においてのみ低いことが示された。こうした認知指標の差がみられたにもかかわらず，うつ病の重症度については，いずれの測定段階においても差がみられなかったのである。

多くの研究者たちは，認知療法に特有の効果を抽出しようと試みてきたが，ベック (1985) 自身は，経験に対する認知構造の変化は多くの心理療法，またおそらく薬物療法にさえ共通する，治療的変化のための通過点であると主張している。この主張を支持するものとして，認知療法，エクスポージャー，薬物療法は，いずれも患者の身体感覚に対する破局的な解釈を変容し，そうした認知的変化が，それら三つの治療法の効果を媒介していることを示す，予備的な研究がある (Clark et al., 1991)。しかしながら，クラークらが指摘するように，各治療法が示す認知的変化は，治療終結段階では同じかもしれないが，それは異なったプロセスを経た結果である可能性もあり，また治療終結後の安定性も異なることも予想される。薬物療法を受けた患者における破局視の変化は，治療を終えた後にそれほど維持されないであろう。なぜならその変化は，薬物療法による単なるパニック関連の感覚の低減によりもたらされている可能性が高いからである。エクスポージャーや認知療法によりもたらされた変化は，薬物療法より持続しそうである。なぜならその変化は，もともとあった解釈に患者自身が挑んだ結果手に入れたものだからである。この違いは，パニック障害 (Clark et al., 1991) や社会恐怖 (Heimberg & Barlow, 1991; Mattick et al., 1989) にみられる，薬物療法と比較した場合の認知療法やエクスポージャーの再発率の低さにも，当然影響を与えていると考えられる。今後，さまざまな介入にみ

られる認知的変化の特徴や安定性に関する研究は，一般的な認知指標に対する特定の効果に関する研究よりも，実りの多いものとなるであろう。

認知療法の限界

　認知療法がうつ病と不安障害に対して効果的な介入方法であることについては，多くの研究が示してきた通りである。しかし，患者によってはあまり反応を示さなかったり，まったく効果が現れなかったりすることも事実である。そのため，反応を示さないのがどのような人々であり，そうした人々に認知療法をより効果的に適用していくために，どのようなことが可能なのか，しっかり見定めていくことが重要である。そのための方法の一つとして，ここでは，認知療法に反応しない人々の特徴について検討してみる。

　治療前のうつ病の重症度と認知の非機能の程度は，互いに影響を与えている可能性もあるが，いずれも認知療法の効果を妨げる要因と考えられている (Norman, Miller, & Dow, 1988; Rude & Rehm, 1991; Sotsky et al., 1991)。ノーマンら (Norman et al., 1988) は，約50％の抑うつ者は高度の認知の歪みを有しており，そうした患者は初診時により重症であると診断され，絶望感が強く，自動思考が多く，社会的サポートが少なく，社会適応が悪いと見積もっている。彼らには，急性のエピソード期間中だけでなく，緩解期においても自動思考が多く出現するのである。

　うつ病に対する認知療法の効果を妨げるその他の要因として，半数近い抑うつ者にみられる特徴である，配偶者との慢性的な不仲などの深刻な対人関係上の問題も挙げられる。配偶者との不仲 (Barnett & Gotlib, 1988; Beach, Sandeen, & O'Leary, 1990; Coyne, 1990) や家族とうまくいかないこと (Keitner, Ryan, Miller, & Norman, 1992) は，うつ病の発症とその過程に影響を及ぼす要因として，これまでにもよく記されてきた。また，抑うつ者とその家族との批判的なコミュニケーションの程度とうつ病の再発率に関連があることを示す知見もある (Hooley & Teasdale, 1989)。うつ病者の生活をしばしば特徴づける対人関係の問題は，対人関係療法 (Elkin et al., 1989) や，配偶者との不仲がある場合の行動論的夫婦療法がなぜ効果があるのかということも説明しうる (Jacobson, Dobson, Fruzzetti, Schmaling, & Salusky, 1991; O'Leary & Beach, 1990)。これらの知見は，患者の状況に対する歪んだ目の向け方だけ

ではなく，多くの患者がまさに直面している対人関係上の問題そのものに対しても，認知療法家が注意を払う必要があることを明示している。患者の対人関係の文脈にふれることは，不安障害の治療においても重要な鍵を握る (e.g., Barlow, 1988)。認知療法は，精神疾患の治療におけるこうした対人関係要因の重要性を示唆する知見を元に，認知行動夫婦療法とともに，このような領域まで拡大している (e.g., Baucom & Epstein, 1990; Dattilio & Padesky, 1990)。

　パーソナリティ障害を併発している場合，多くの研究において抑うつ治療への反応の悪さ，あるいは長期的にみた予後の不良との関連が指摘されている (Frank, Kupfer, Jacob, & Jarrett, 1987)。NIMHにおけるうつ病に対する共同研究は，明らかなパーソナリティ障害を伴う，あるいはその疑いのある患者 (74%) は，すべての治療法において有意に反応が悪く，治療終結段階において，パーソナリティ障害を伴わない者よりも社会的機能が劣っていたことを報告している (Shea et al., 1990)。バーロウ (Barlow, 1988) もまた，不安障害と併発する率の高いⅡ軸の障害に注意を向ける必要性を強調している。ヤング (Young, 1990) は，短期的認知療法における以下のような前提は，パーソナリティ障害の患者にはしばしば当てはまらないことを指摘している。(a) 患者は自分自身の気分にアクセスできる（パーソナリティ障害患者の中には，自分自身の気分を表現したり知ることが苦手なものもいる），(b) 患者は自分自身の思考やイメージにアクセスできる，(c) 患者はターゲットとなる問題をすぐに同定できる，(d) 患者はホームワークをすることに動機づけられる，(e) 患者は比較的迅速に協同的な治療関係を形成しうる，(f) 治療関係に取り組むことは，治療の主な目的としては必要ない，(g) 認知，感情，行動は実験的分析，論理的対話，実験，段階的練習などにより改善する。これらの方法は多くのパーソナリティ障害患者が知的洞察を行うためには有効であるが，情動的洞察，あるいは行動変容のためには有効ではないのである。

　治療に反応しない人々について検討するもう一つの方法は，治療場面において治療者が患者に何をしているかについて検討を行うことである。ヴァリスとショウ (Vallis & Shaw, 1987) は，通常の認知療法の手続きから「それて」しまった認知療法家のケースについて検討を行うことで，「治療しにくい」抑うつ患者の姿を描き出した。第三者よる評定の結果，治療のしにくい患者はインテーク面接の段階でよりうつっぽい印象を与え，活動水準が低く，自己探求への前向きな姿勢がみられず，治療者に対してネガティブな態度を示すことが示

された。こうした重度のうつ病患者は，特有の身体的徴候やネガティブ思考，場合によってはよりネガティブな対人関係の問題に圧倒され，認知療法にあまり参加できないか，その意欲を失ってしまっているのである。

　ヘイズら（Hayes et al.,1992）は，治療のインテーク時，終結時，および2年後のフォローアップ時のそれぞれの段階で，重度のうつ病患者に対して，認知療法家が介入の標的とした患者の機能的側面について検討した。その結果，より重度の抑うつ者に対して認知療法家は，行動の活性化をより重視し，仮説検証の方法を教えることは少なめになることが示された。このことは，仮説検証スキルが変化の過程において本当に重要なプロセスであるとしても，抑うつの程度が重度になるほどこの要素に対する指導が少なくなることを示している。治療終了時やフォローアップ時であまりうまくいっていないケースでは，治療者は，患者の不適応的な対人関係パターンや友人関係，そして，ネガティブ思考の評価と同定に焦点化していたことが多かった。治療者が認知療法における協力的構造の維持に焦点化するほど，治療終結時の改善の程度は少ないものの，そのことはフォローアップ段階での状態とは関係がなかった。もう一つの対人関係的変数といえる患者に対する他者の影響に対する重要視は，フォローアップ時の機能悪化と関連していた。治療者と患者の行動の因果を明らかにすることはできないが，これらのデータは，治療に反応しない者は，する者と比較して，検討すべきネガティブ思考が多く，多くの対人関係上の問題を有し，治療関係を維持するために多くの時間を割く必要があることを示唆している。このことはわれわれが先述した，非機能的な認知の高い集団（Norman et al., 1988）や，治療しにくい患者に対する記述（Vallis & Shaw, 1987）と類似しており，重症度，対人関係の問題，パーソナリティ障害などと関連して効果が上がらないという知見と一致する。次の項では，認知療法が反応の乏しさに関わる問題に対処するために従来の方法（Beck et al., 1979）からいかに発展していったかについて展望を行う。

認知療法の近年の発展

　認知療法が，通常の治療に反応しない患者の示す臨床上の問題に答えるため，またマホーニー（Mahoney, 1980）やアーンコフ（Arnkoff, 1980），コインとゴトリブ（Coyne & Gotlib, 1983）らによる認知療法に対する説得力のある批判

に答えるために，いかに改良され，洗練されていったかについて，数多くの研究者が議論を行っている。そうした発展をみるために，理論的枠組みや技法を他の心理療法から借りてくる場合もあるが，そうした努力の結果現れたものについては，新しい心理療法の登場というより，認知療法モデルの洗練化による展開と呼ぶのがふさわしい。なぜなら，それらの理論は，非機能的スキーマの役割を重視する点で従来の認知理論の枠組みを保持しているからである。実際，そうした認知療法の発展の多くは，ベックの初期の著作におけるオリジナルの認知療法の特定の側面を強調したり，洗練させたものである。しかし，その点は強調されなかった。同時に，他のアプローチを手がける研究者や学者もまた，力動精神療法やその他の療法を説明し直し，発展させるための言葉として，認知心理学や認知療法を見直し始めている（e.g., Ryle, 1985; Weaston, 1988）。

認知療法の発展には，以下の要素が含まれる。（a）「中核」スキーマと「周辺」スキーマとの区別，（b）スキーマに関連する事柄を避けようとする防衛プロセスの役割に対する積極的評価，（c）患者との治療関係の掘り下げや患者の一般的な対人関係に対する注目，（d）スキーマの誘発と変容における感情喚起の役割に対する注目，（e）不適応的なスキーマの形成に影響を与えている発達過程における経験に対する注目などである。そうした修正や注目の有用性についてはまだ実証的に検討はされていないが，われわれはそれらについていくぶん深く議論を行う。なぜなら，認知療法の実践や，将来の研究におけるそれらの重要性が，今後さらに増加すると予測されるからである。

中核と周辺のスキーマ

多くの研究者が，スキーマは階層的に構成されており，そのうちのあるものはより周辺に位置し，またある部分は中核に位置し，アイデンティティの基本的概念と本質的に関わっていると主張している（Guidano & Liotti, 1983; Kelly, 1955; Mahoney, 1982; Meichenbaum & Gilmore, 1984）。ヤング（1990）は，中核的信念は条件文の形式ではなく，言い切りの形式をとる傾向があると指摘している。たとえば，比較的周辺的な信念が，「もし誰かが私を拒否したら，私は価値のない人間だ」というものであるのに対し，より中核的な信念は，「私は愛されない」「私はダメな人間だ」となるというのである。そうした信念は，変化に対してより強い抵抗を示し，悪循環を引き起こしやすい傾向がある。

サフラン，ヴァリス，スィーガルとショウ（Safran, Vallis, Segal, & Shaw,

1986）は，中核的認知プロセスを評価するためのいくつかの基準を設定した。第一に，中核スキーマは自己関連の認知を反映する傾向がある。先述した垂直的探索あるいは下向き矢印法は，状況に関する認知からより中核にある自己に関係した認知にたどり着くために使うこともできる。第二に，中核スキーマはさまざまな状況において顕在化する傾向がある。そこで治療者は，患者の状況的一貫性を探ることができる。第三に，異なる患者にも共通するテーマが存在するが，それは特に，他者からの愛情（ソシオトロピー）と自分の能力（オートノミー）に関するものが多い。第四に，これまで述べてきたような「内容の目印」に加えて，「プロセスの目印」にも治療者は目を配る必要がある（たとえば，患者がどのように自分の経験を語るかなど）。中核スキーマが活性化したとき，強い感情が生起する傾向がある。最後に，サフランらは，治療者は，効果をもたらさなかった治療方略，治療関係上の問題，患者の抵抗といった中核スキーマへの関わりを示す事柄から，患者の中核スキーマに関する仮説を立てうると述べている。深層スキーマに関する仮説生成の段階においては，治療者が，やみくもに非機能的認知に挑戦しないことが重要である。患者自身の深層的信念にうまく到達するために，特にイメージなどを用いて，彼らのネガティブ思考をより精緻化するよう援助していくことが，時として初期の段階においては重要となるのである（Safran & Segal, 1990）。

　先に指摘したように，患者の深層スキーマには共通したテーマがみられる。ベック（1983）は，うつ病やその他の気分障害者は，個人の中核的事柄，対人関係の領域（ソシオトロピー），自律的到達度（オートノミー）のそれぞれにどの程度関係しているかによって区別しうることを指摘している。以下のような仮説（Beck, 1983）を支持する知見も，徐々に現れ始めている。（a）うつ病は，ソシオトロピーとネガティブな対人関係上の問題，またオートノミーとネガティブな自律的到達に関する問題のように，一致した相互作用には影響を受けるが，不一致の相互作用には影響を受けない（e.g., Hammen, Ellicott, Gitlin, & Jamison, 1989; Robins, 1990; Robins, Hayes, Block, Kramer, & Villena, 1993; Segal, Shaw, Vella, & Katz, 1992），（b）それぞれの性格特性の側面は，うつ病の異なる臨床像と関連している（Robins & Luten, 1991; Robins et al., 1993）。これらの予備的知見は，抑うつの理解のためにソシオトロピーとオートノミーという概念が有用であることを示すものである。しかし，これまでのところ，それらの特性と治療効果の関連を見出した研究はほとんどみあたらな

い。ペズロウ，ロビンス，サンフィリポ，ブロックとフィーヴ（Peselow, Robins, Sanfilipo, Block, & Fieve, 1992）は，オートノミーが抗うつ薬治療に対するポジティヴな反応を予測し，プラセボに対する反応の少なさを予測するのに対して，ソシオトロピーは抗うつ薬に対する反応の低さを予測すると報告している。この研究に続いて，認知療法に対する反応の予測因子としてソシオトロピーとオートノミーを検討したり，認知療法を行う上で，それらの概念が治療関係を重視する場合としない場合とに関連しているかどうかについても，検討することが重要である。ソシオトロピー傾向の強いものは，対人関係により注目した認知療法からより恩恵を受けるし，それを好むだろう。一方で，オートノミー傾向の強いものは，課題適応的アプローチを好むし，それが有効であると予測されるのである。

防衛過程

認知理論家たちの中には，人々は非機能的信念に気づいたり，それを表現したりすると不安が生じ，その不安があるがために，自分のもつ中核スキーマの内容に拮抗すると思われる一連の信念を発達させることによって自らを保護しようとすると主張するものもいる。たとえば，無価値観に関する中核スキーマを有する患者は，自分の長所や才能に関する一連の保護的スキーマを発展させ，気取った，自己陶酔的な態度を示すことがある。ヤング（1990）は，こうした保護的スキーマの活性化を「スキーマ補償」と呼び，またサフランとスィーガル（1990）も同様のスキーマがもつ「防衛演習」について議論している。ヤングはまた，もう一つの防衛過程として，「スキーマ回避」についても言及している。そこでは，スキーマは，記憶の抑圧，否定，脱個人化などにより認知的に回避されたり，つらい体験を無感覚化，解離，最小化することによって情動的に回避されたり，中核スキーマ活性化の引き金となりそうな状況が行動的に回避される。治療者には，患者をより脅威に陥れるようなこれらの過程に挑戦することよりも，そうした信念や関連する回避された感情に対する仮説を立て，患者がそれらに徐々に気づけるよう援助することが強く勧められている。

認知－対人関係サイクルと治療関係

心理療法の過程においてしばしば扱う必要の出てくる最も重要なスキーマが，対人関係スキーマである。これは，初期の人間関係に特に影響を受けるも

のの，総じて長期にわたる対人関係上の経験により形成される，対人関係の内的作業モデルと考えられている。患者が現状において抱えている困難の多くは，非機能的対人関係スキーマの働きを反映している。サフラン（Safran 1990; Safran & Segal, 1990）は，そうしたスキーマが持続する傾向があるのは，潜在的にであれ，拒絶的な人間関係があることに対して選択的に注意を向けようとしないからだけではなく，自分のスキーマに合致するような対人関係の成り行きに実際に出くわすように，スキーマがその人の行動に影響を及ぼすからであると主張し，その主張はとりわけ影響力をもってきている。たとえば，愛されないことに関する強力なスキーマを有するものは，愛情の確証に執着し，何とかそれを確認しようとするが，そのことがかえって人を遠ざけてしまい，結果的に愛されないというスキーマと一致した証拠となってしまうのである。こうした認知-対人関係サイクルに関しては，対人関係療法や精神分析的立場においても議論が展開されており（e.g., Leary, 1957; Ryle, 1985; Wachtel, 1977），認知理論と情動的問題に対する環境的決定因を強調する議論との隔たりをつなぐ架け橋となりそうである（e.g., Coyne & Gotlib, 1983）。この見地にたてば，うつ病やその他の情動的障害はほとんどの場合，状況的要因により発生することになる。しかし，その一方で，認知過程が状況の解釈だけでなく，多くの状況をつくりだす過程にも重要な役割を担っていることを忘れてはならない。このことは，患者の不適応的な認知-対人関係サイクルを検証し，変容するように患者を援助する介入の重要性を物語っている。さらに，患者の対人関係におけるネガティブな現実は，社会的スキル訓練，夫婦療法，問題解決といった方法により，直接的な介入がしばしば必要となる。

　治療場面以外での患者の人間関係を検討するだけでなく，治療関係そのものが患者の対人関係スキーマや行動を理解し，変容する絶好の機会を与えてくれる場合もある。近年，多くの認知療法家がこうした機会に注目を寄せている（e.g., Jacobson, 1989; Liotti, 1991; Persons, 1989; Safran & Segal, 1990）。他者の行動は，しばしば患者の不適応的スキーマの持続を助長しうる。そのためサフランとスィーガル（1990）は，患者に対する治療者自身の気分や行動の傾向に特に注意を向けることを推奨している。そしてそのことは，患者から「ひく」ことを反映しているようである（Ryle [1985] の相互役割手続き概念参照）。そこでの治療者の課題は，そのサイクルを持続させず，患者とともに患者の示す気分や行動傾向について「メタコミュニケーション」できるように，自分自

身をこの循環から「引き離す」方法を見つけ出し，そして，そうしたやりとりの間に患者が経験した思考や気分に対して患者自身が探索するのを援助することである。そうした探求を行う上で，特に有効な治療関係における相互作用のあり方の一つは，サフランとスィーガル（1990）が，同盟の断絶と呼ぶものである。このとき患者は，治療関係や治療そのものに対してネガティブな気分を抱いている様子がうかがえるか，治療者の提案にしたがうことをためらっている態度を示す。サフランとスィーガルは，単に治療における他の課題を「何とかこなしていく」ためだけではなく，本来患者の認知－対人関係スキーマを無力化する上で，そうした断絶を修復することそのものが治療的であることから，そうした同盟の断絶に対する理解と治癒にもっと注意を払うべきであると主張している。

　リオッティ（Liotti, 1990）をはじめとする研究者らは，アタッチメント理論（Bowlby, 1977）が治療関係の理解に役立つことを示唆している。アタッチメント理論では，人はすべて幼児期から自分にとって重要な大人に愛着を向けるという生得的な欲求をもっているとされる。アタッチメント行動のパターンは，そうした重要な大人の反応に影響を受け，その後の人間関係形成に関わる対人関係スキーマの基礎を形成する。分離に対する反応の発達的研究からは，不安定な三つのアタッチメント形式が示されている。**回避的アタッチメント**とは，幼児が保護者から一定時間の分離を経験した後，保護者を避ける傾向のことであり，保護者が拒否したり無視をしたりすることで生じるといわれている。**不安アタッチメント**とは，幼児が分離経験後，非常に長時間甘えてなだめてもらうことをねだる状態であり，保護者が過干渉で，過剰に口出しをするようなときにしばしばみられる。**拡散あるいは混乱アタッチメント**とは，分離経験後，幼児がぽーっとして，近接欲求と回避を交互に行う状態であり，幼児の両親が怖がっていたり混乱している場合や，幼児を怖がらせたり混乱させたりしている場合に生じる傾向がある。こうした両親の場合，彼らが子どもによって慰められたいと願っている場合が多い。リオッティ（1991）によれば，こうしたアタッチメント行動パターンは，人が耐えられないと感じ，保護者に助けを求める，まさに治療関係のような対人関係において特に活性化される。患者はまた，自分の初期の保護者と同様の対応を治療者に期待するかもしれない。そうなったときには，患者の不適応的な行動と対決して，より強い抵抗を生じさせるよりも，そうした行動パターンや期待を治療者が理解し，患者自身が理解できる

よう援助することが重要である。そうした理解なくして，不安定なアタッチメントの過去をもつ患者が認知療法に必要な協同的人間関係を築いていくことは，実際難しいといえる。

感情の役割

何人かの理論家たちは，根本的な変化が生じるのは，特に感情が適切に喚起される状況で，思考や態度が検証されるときであると指摘している。ベック（1976）自身も何年も前にこうした指摘を行っているが，これは他の理論家たちによってさらに十分に発展させられた。パーソンズとミランダ（Persons & Miranda, 1991）は，非機能的信念は患者が最も行きづまりを感じている治療の初期に最もアクセスされやすいため，治療が進展するまでふれにくいような信念であるとしても，そうした中核にある非機能的信念を引き出しておくという意味で，初期段階の治療は重要であると述べている。感情の喚起を利用して，非機能的信念にアクセスし，変容させる方法は数多く提案されている。たとえば，恥に挑戦する経験を用いた技法や，両親やもう一人の自分と想像の中で対話すること，最近あるいは過去のできごとに関するイメージ，夢を用いた方法，自分にとって重要な言葉を反復したり誇張して表現すること，ある瞬間に体験した気分と関連する身体感覚に注意を払うことなどである（Edwards, 1989; Ellis, 1974; Greenberg & Safran, 1987; Young, 1990）。治療的変化における感情の役割については，グリーンバーグとサフラン（Greenberg & Safran, 1987, 1989）がより詳細に検討している。彼らは，感情に焦点化した技法として，次の五つの方法を提案している。（a）情動を喚起し強める，（b）以前は意識できなかったような情動反応を患者自身が統合し受容することを促進する，（c）状態に依存的な中核的信念にアクセスする，（d）問題となる反応の背景にある認知-感情ネットワークを再構成する，（e）不適応的な情動反応を変容する。

発達的問題へのさらなる注目

認知療法家は主として患者の現状における機能に焦点を絞っているが，近年では，不適応的信念の生育的背景について患者と話し合うことの有用性を認める認知療法家も現れている。たとえば，ヤング（1990）は中核的信念を「初期の不適応的スキーマ」と呼んでいるが，多くの信念の中からこれを同定する方

法は，生育歴に慎重に目を向けることであると述べている。われわれの臨床経験からすると，単に発達過程における経験に注目しただけでは，スキーマの変容には至らない。しかし，患者自身が現在の信念や行動の発達的背景を理解するとき，しばしば自己非難は減り，習慣的行動を変容することへの無気力感も減る。両親や重要な他者との実際のやりとりを思い出すことが，当人の不適応的な期待や行動を反映するものとして解釈されなおしたときはじめて，自分は無能であるとか，無価値，あるいは愛されない存在であるといった患者の信念は，一般的な認知療法の方法により挑戦し，弱めることが可能となるのである（McKay & Fanning, 1991; Young, 1990）。その他，エドワーズ（Edwards, 1990）は，情動を喚起させる方法によって信念を探る際に，患者自身がもつ発達初期の記憶のイメージを利用することについて議論している。初期の重要な記憶は，虐待，継続的な無視，押しつけ，役割逆転といったトラウマ的なできごとに関するものが多い。特にトラウマ的記憶は，意識的，無意識的に回避されるため，漸進的に接近していく必要がある。そうした記憶を単に表出すること（カタルシス－馴化）にも意味があるのかどうかはわからないが，自己信頼感や他者との関係に関して，思い出されたできごとの意味についての患者のもつ潜在的な思いこみを評価する重要な機会を提供する。そうした記憶の開示に対する治療者の反応は，そのこと自体が強力な強化となったり，そのことに関する患者の信念を無力化するのを助けることとなる。

結 論

ベックの認知療法は，さまざまな臨床疾患に効果的な治療法であることが立証されてきた。それは決して閉じられたシステムではなく，臨床活動からの要求に応えて，理論的な，また経験主義的な課題を克服するために，他の治療法の理論や技法を統合させてきたシステムであり続けてきた。あたかも認知療法が利用可能な証拠のすべてを検証することを患者に教えるように，認知療法の支持者たちには，この治療法の限界に関わる証拠をふまえて認知療法を修正することを許容してきた。認知療法は，対人的機能不全やパーソナリティ障害といった領域に対しても適用範囲を広げ始めている。また，中核スキーマ，防衛過程，治療関係，感情喚起，発達初期の経験といった，他の流派で強調されてきた問題についても取り組み始めている。最近の著作でベック（1991）は，認

知変容が効果的な治療に共通する要因であり,さまざまな心理療法の技法を選択するための枠組みとして認知モデルを利用しうることから,認知療法を統合的治療法と呼んでいる。

認知療法は,明敏な臨床観察とその効果に対する体系的な実験的検証により発展してきた。こうした歴史と符合して,認知療法の近年の応用と発展を,経験主義的に精査するための多くの研究が今後行われなければならない。さらに,このアプローチのプロセス研究は揺籃期にあり,将来,認知療法の効果をもたらす成分,患者の変化のメカニズム,治療の構成要素と患者変数との交互作用などを特定するための研究は継続される必要がある。また,認知療法は,抑うつスキーマを脱活性化し新しいスキーマを活性化することで効くのか,ネガティブスキーマに対抗する新しい適応的スキーマの構築が効果をもたらすのか,古いスキーマの再構成か,はたまたスキーマを直接変容するのではなく,それを補償するスキルを教えることが治療につながるのかといった,治療効果のメカニズムに関する疑問も依然残されたままである。

認知療法がいかに機能するかという点を理解することは重要であるが,研究者にとってのもう一つの課題は,なぜ,誰に認知療法は効かないかを理解することである。効果を示さない者に対する研究や,そのような患者に対してどのように認知療法が施されているかといった研究はほとんどなされていない。しかし,認知療法がなぜ効果的であるのかを深く理解したうえで,こうした視点をもつことは,認知療法のさらなる拡大と改善に貢献しうるのである。

文　献

Arnkoff, D. B. (1980). Psychotherapy from the perspective of cognitive theory. In M. J. Mahoney (Ed.), *Psychotherapy process: Current issues and ficture directions* (pp. 339-361). New York: Plenum Press.

Barber. J. P., & DeRubeis, R. J. (1989). On second thought: Where the action is in cognitive therapy for depression. *Cognitive Therapy and Research, 13*, 441-457.

Barlow, D. H. (1988). *Anxiety and its disorders: The nature and treatment of anxiety and panic.* New York: Guilford Press.

Barlow, D. H., Craske, M. G., Cerny, J. A., & Klosko, J. S. (1989). Behavioral treatment of panic disorder. *Behavior Therapy, 20*, 261-282.

Barnett, P., & Gotlib, I. (1988). Psychosocial functioning and depression: Distinguishing among antecedents, concomitants, and consequences. *Psychological Bulletin, 104*, 97-126.

Baucom, D. H., & Epstein, N. (1990). *Cognitive-behavioral marital therapy.* New York: Brunner/Mazel.

Beach, S. R. H., Sandeen, E. E., & O'Leary, K. D. (1990). *Depression in marriage: A model, for etiology and treatment.* New York: Guilford Press.
Beck, A. T. (1967). *Depression: Clinical, experimental, and theoretical aspects.* New York: Harper & Row.
Beck, A. T. (1976). *Cognitive therapy and the emotional disorders.* Madison, CT: International Universities Press. 大野裕（訳）（1990）認知療法：精神療法の新しい発展. 岩崎学術出版社.
Beck, A. T. (1983). Cognitive therapy of depression: New perspectives. In P. J. Clayton & J. E. Barren (Eds.), *Treatment of depression: Old controversies and new approaches* (pp. 265-290). New York: Raven Press.
Beck, A. T. (1985). Cognitive therapy, behavior therapy, psychoanalysis, and pharmacotherapy: A cognitive continuum. In M. J. Mahoney & A. Freeman (Eds.), *Cognition and psychotherapy.* (pp. 325-347). New York: Plenum Press.
Beck, A. T. (1991). Cognitive therapy as the integrative therapy. *Journal of Psychotherapy Integration, 3,* 191-198.
Beck, A. T., Freeman, A., & Associates. (1990). *Cognitive therapy of personality disorders.* New York: Guilford Press. 井上和臣（監訳）南川節子, 岩重達也, 河瀬雅紀（訳）（1997）人格障害の認知療法. 岩崎学術出版社.
Beck, A. T., Rush, A. J., Shaw, B. F., & Emery, G. (1979). *Cognitive therapy of depression.* New York: Guilford Press. 坂野雄二（監訳）（2007）うつ病の認知療法. 岩崎学術出版社.
Beck, A. T., Sokol, L., Clark, D. A., Berchick, B., & Wright, F. (1991). *Focused cognitive therapy of panic disorder: A crossover design and one year follow-up.* Manuscript submitted for publication.
Beck, A. T., Weissman, A., Lester, D., & Trexler, L. (1974). The measurement of pessimism: The Hopelessness Scale. *Journal of Consulting and Clinical Psychology, 42,* 861-865.
Beckham, E. E., & Watkins, J. T. (1989). Process and outcome in cognitive therapy. In A. Freeman, K. Simon, L. Beutler, & H. Arkowitz (Eds.), *Comprehensive handbook of cognitive therapy.* (pp. 61-81). New York: Plenum Press.
Blackburn, I. M., & Bishop, S. (1983). Changes in cognition with pharmacotherapy and cognitive therapy. *British Journal of Psychiatry, 43,* 609-617.
Blackburn, I. M., Eunson, K. M., & Bishop, S. (1986). A two year naturalistic follow-up of depressed patients treated with cognitive therapy, pharmacotherapy, and a combination of both. *Journal of Affective Disorders, 10,* 67-75.
Bowers, W. A. (1990). Treatment of depressed inpatients: Cognitive therapy plus medication, and medication alone. *British Journal of Psychiatry, 156,* 73-78.
Bowlby, J. (1977). The making and breaking of affectional bonds: 1. Aetiology and psychopathology in the light of the attachment theory. *British Journal of Psychiatry, 130,* 201-210.
Burns, D. D. (1980). *Feeling good: The new mood therapy.* New York: Morrow.
Burns. D. D., & Nolen-Hoeksema, S. (1991). Coping styles, homework compliance, and the effectiveness of cognitive behavioral therapy. *Journal of Consulting and Clinical Psychology, 59,* 305-311.

Burns, D. D., & Nolen-Hoeksema, S. (1992). Therapeutic empathy and recovery from depression in cognitive-behavioral therapy: A structural equation model. *Journal of Consulting and Clinical Psychology, 60,* 441-449.

Clark, D. M., Salkovskis, P. M., Hackmann, A., & Gelder, M. (1991, November). *Long-term outcome of cognitive therapy for panic disorder.* Paper presented at the meeting of the Association for Advancement of Behavior Therapy, New York.

Coyne, J. C. (1990). Interpersonal processes in depression. In G. I. Keitner (Ed.), *Depression and families: Impact and treatment* (pp. 33-53). Washington, DC: American Psychiatric Press.

Coyne, J. C., & Gotlib, I. H. (1983). The role of cognition in depression: A critical appraisal. *Psychological Bulletin, 94,* 472-505.

Craighead, W. E., Evans, D. D., & Robins, C. J. (1992). Unipolar depression. In S. M. Turner, K. S. Calhoun, & H. E. Adams (Eds.), *Handbook of clinical behavior therapy* (2nd ed., pp. 99-116). New York: Wiley.

Dattilio, F. M., & Padesky, C. A. (1990). *Cognitive therapy with couples.* Sarasota, FL: Professional Resource Exchange.

DeRubeis, R. J., Evans, M. D., Hollon, S. D., Garvey, M. J., Grove, W. M., & Tuason, V. B. (1990). How does cognitive therapy work? Cognitive change and symptom change in cognitive therapy and pharmacotherapy for depression. *Journal of Consulting and Clinical Psychology, 58,* 862-869.

DeRubeis, R. J., & Feeley, M. (1990). Determinants of change in cognitive therapy for depression. *Cognitive Therapy and Research, 14,* 469-482.

Dobson, K. S. (1989). A meta-analysis of the efficacy of cognitive therapy for depression. *Journal of Consulting and Clinical Psychology, 57,* 414-419.

Edwards, D. J. A. (1989). Cognitive restructuring through guided imagery. In A. Freeman, K. Simon, L. Beutler, & H. Arkowitz (Eds.), *Comprehensive handbook of cognitive therapy* (pp. 283-297). New York: Plenum Press.

Edwards, D. J. A. (1990). Cognitive therapy and the restructuring of early memories through guided imagery. *Journal of Cognitive Psychotherapy, 4,* 33-50.

Elkin, I., Shea, T., Watkins, J. T., Imber, S. D., Sotsky, S. M., Collins, J. F., Glass, D. R., Pilkonis, P. A., Leber, V. R., Docherty, J. P., Fiester, S. J., & Parloff, M. B. (1989). National Institute of Mental Health Treatment of Depression Collaborative Research Program: General effectiveness of treatments. *Archives of General Psychiatry, 46,* 971-982.

Ellis, A. (1974). *How to stubbornly refuse to be ashamed of anything* [Cassette recording]. New York: Institute for Rational Living. 国分康孝, 国分久子, 石隈利紀 (訳) (1996) どんなことがあっても自分をみじめにしないためには:論理療法のすすめ. 川島書店.

Evans, M. D., & Hollon, S. D. (1988). Patterns of personal and causal inference: Implications for the cognitive therapy of depression. In L. Alloy (Ed.), *Cognitive processes in depression* (pp. 344-377). New York: Guilford Press.

Evans, M. D., Hollon, S. D., DeRubeis, R. J., Piasecki, J., Grove, W. M., Garvey, M. J., & Tuason, V. B. (1992). Differential relapse following cognitive therapy and pharmacotherapy for depression. *Archives of General Psychiatry, 49,* 802-808.

Frank, E:, Kupfer, D. J., Jacob, M., & Jarrett, D. (1987). Personality features and response to acute treatment in recurrent depression. *Journal of Personality Disorders, 1*, 14-26.
Freeman, A., Pretzer, J., Fleming, B., & Simon, K. (1990). *Clinical applications of cognitve therapy.* New York: Plenum Press. 高橋祥友（訳）（1993）認知療法臨床ハンドブック. 金剛出版.
Goldfried, M. R., & Robins, C. J. (1983). Self-schema, cognitive bias, and the processing of therapeutic experiences. In P. C. Kendall (Ed.), *Advances in cognitive-behavioral research and therapy* (Vol. 2, pp. 33-80). San Diego, CA: Academic Press.
Greenberg, L. S., & Safran, J. D. (1987). *Emotion in psychotherapy: Affect cognition, and the process of change.* New York: Guilford Press.
Greenberg, L. S., & Safran, J. D. (1989). Emotion in psychotherapy. *American Psychologist, 44*, 19-29.
Guidano, V. F., & Liotti, G. (1983). *Cognitive processes and emotional disorders.* New York: Guilford Press.
Haaga, D. A. F., Dyck, M. J., & Ernst, D. (1991). Empirical status of cognitive theory of depression. *Psychological Bulletin, 110*, 215-236.
Hammen, C., Ellicott, A., Gitlin, M., & Jamison, K. R. (1989). Sociotropy/autonomy and vulnerability to specific life events in patients with unipolar depression and bipolar disorders. *Journal of Abnormal Psychology, 98*, 154-160.
Hayes, A. M., Castonguay, L., & Goldfried, M. R. (1992). *The relationship between the focus of therapist interventions and treatment response in cognitive therapy for depression.* Manuscript submitted for publication.
Heimberg, R. G., & Barlow, D. H. (1991). New developments in cognitive-behavioral therapy for social phobia. *Journal of Clinical Psychiatry, 52*, 21-30.
Hollon, S. D., DeRubeis, R. J., Evans, M. D., Wiemer, M. J., Garvey, M. J., Grove, W. M., & Tuason, V. B. (1992). Cognitive therapy and pharmacotherapy for depression: Singly and in combination. *Archives of General Psychiatry, 49*, 774-781.
Hollon, S. D., Evans, M. D., Auerback, A., DeRubeis, R. J., Elkin, I, Lowry, A., Tuason, V. B., Kriss, M., & Piasecki, J. (1988). *Development of a system for rating therapies for depression: Differentiating cognitive theralby, interpersonal therapy, and clinical management with pharmacotherapy.* Unpublished manuscript, University of Minnesota, Minneapolis.
Hollon, S. D., & Najavits, L. (1988). Review of empirical studies on cognitive therapy. In A. J. Frances & R. E. Hales (Eds.), *Review of psychiatry* (Vol. 7, pp. 643-666). Washington, DC: American Psychiatric Press.
Hollon, S. D., Shelton, R. C., & Loosen, P. T. (1991). Cognitive therapy and pharmacotherapy for depression. *Journal of Consulting and Clinical Psychology, 59*, 88-99.
Hooley, J. M., & Teasdale, J. D. (1989). Predictors of relapse in unipolar depressives: Expressed emotion, marital distress, and perceived criticism. *Journal of Abnormal Psychology, 98*, 229-235.
Imber, S. D., Pilkonis, P. A., Sotsky, S. M., Elkin, I., Watkins, J. T., Collins, J. F., Shea, M. T., Leber, W. R., & Glass, D. R. (1990). Mode-specific effects among three

treatments for depression. *Journal of Consulting and Clinical Psychology, 58*, 352-359.

Jacobson, N. S. (1989). The therapist-client relationship in cognitive behavior therapy: Implications for treatment depression. *Journal of Cognitive Psychotherapy, 3*, 85-96.

Jacobson, N. S., Dobson, K., Fruzzetti, A. E., Schmaling, K. B., & Salusky, S. (1991). Marital therapy as a treatment for depression. *Journal of Consulting and Clinical Psychology, 59*, 547-557.

Jarrett, R. B., & Nelson, R. O. (1987). Mechanisms of change in cognitive therapy of depression. *Behavior Therapy, 18*, 227-241.

Keitner, G. L, Ryan, C. E., Miller, I. W., & Norman, W. H. (1992). Recovery and major depression: Factors associated with twelve-month outcome. *American Journal of Psychiatry, 149*, 93-99.

Kelly, G. A. (1955). *The psychology of personal constructs.* New York: Norton.

Leary, T. (1957). *Interpersonal diagnosis of personality.* New York: Ronald Press.

Liotti, G. (1991). Patterns of attachment and the assessment of interpersonal schemata: Understanding and changing difficult patient-therapist relationships in cognitive psychotherapy. *Journal of Cognitive Psychotherapy, 5*, 105-114.

Mahoney, M. J. (1980). Psychotherapy and the structure of personal revolutions. In M. J. Mahoney (Ed.), *Psychotherapy process: Current issues and future directions* (pp. 157-180). New York: Plenum Press.

Mahoney, M. J. (1982). Psychotherapy and human change processes. In J. H. Harvey & M. M. Parks (Eds.), *Psychotherapy research and behavior change* (pp. 73-122). Washington, DC: American Psychological Association.

Margraf, J., & Schneider, S. (1991, November). *Outcome and active ingredients of cognitive-behavioral treatments for panic disorder.* Paper presented at the meeting of the Association for Advancement of Behavior Therapy, New York.

Mattick, R. P., Peters, L., & Clark, J. C. (1989). Exposure and cognitive restructuring for social phobia: A controlled study. *Behavior Therapy, 20*, 3-23.

McKay, M., & Fanning, P. (1991). *Prisoners of belief: Expressing and changing beliefs that control your life.* Oakland, CA: New Harbinger Publications. 近藤裕（訳）（1999）「思いこみ」に気づく心理学：自分が変わる，生き方が変わる．大和書房．

Meichenbaum, D., & Gilmore, B. (1984). The nature of unconscious processes: A cognitive-behavioral perspective. In K. S. Bowers & D. Meichenbaum (Eds.), *The unconscious reconsidered* (pp. 273-298). New York: Wiley.

Miller, I. W., Norman, W. H., Keitner, G. I., Bishop, S. B., & Dow, M. (1989). Cognitive-behavioral treatment of depressed inpatients. *Behavior Therapy, 20*, 25-47.

Norman, W. H., Miller, I. W., & Dow, M. G. (1988). Characteristics of depressed patients with elevated levels of dysfunctional cognitions. *Cognitive Therapy and Research, 12*, 39-52.

O'Leary, K. D., & Beach, S. R. H. (1990). Marital therapy: A viable treatment for depression and marital discord. *American Journal of Psychiatry, 147*, 183-186.

Persons, J. B. (1989). *Cognitive therapy in practice: A case formulation approach.* New York: Norton. 大野裕（訳）（1993）実践的認知療法：事例定式化アプローチ．金剛

出版.
Persons, J. B., & Burns, D. D. (1985). Mechanisms of action of cognitive therapy: The relative contributions of technical and interpersonal interventions. *Cognitive Therapy and Research*, *9*, 539-551.
Persons, J. B., Burns, D. D., & Perloff, J. M. (1988). Predictors of dropout and outcome in cognitive therapy for depression in a private practice setting. *Cognitive Therapy and Research*, *12*, 557-575.
Persons, J. B., & Miranda, I. (1991). Treating dysfunctional beliefs: Implications of the mood-state hypothesis. *Journal of Cognitive Psychotherapy*, 15-25.
Peselow, E. D., Robins, C. J., Sanfilipo, M. P., Block, P., & Fieve, R. R. (1992).Sociotropy and autonomy: Relationship to antidepressant drug treatment response and endogenous/nonendogenous dichotomy. *Journal of Abnormal Psychology*, *101*, 479-486.
Robins, C. J. (1990). Congruence of personality and life events in depression. *Journal of Abnormal Psychology*, *99*, 393-397.
Robins, C. J., & Hayes, A. M. (in press). The role of causal attributions in the prediction of depression. In G. Buchanan, & M. E. P. Seligman (Eds.), *Explanatory style*. Hillsdale, NJ: Erlbaum.
Robins, C. J., Hayes, A. M., Block, P., Kramer, R. J., & Villena, M. (1993). *Interpersonal and achievement concerns and the depressive vulnerahility and symptom specifcity hypotheses: A prospective study*. Manuscript submitted for publication.
Robins, C. J., & Luten. A. G. (1991). Sociotropy and autonomy: Differential patterns of clinical presentation in unipolar depression. *Journal of Abnormal Psychology*, *100*, 74-77.
Rude, S. S., & Rehm, L. P. (1991). Response to treatments for depression: The role of initial status on targeted cognitive and behavioral skills. *Clinical Psychology Review*, *11*, 493-514.
Rush, A. J., Beck, A. T., Kovacs, M., Weissenburger, J., & Hollon, S. D. (1982). Comparison of the effects of cognitive therapy and pharmacotherapy on hopelessness and self-concept. *American Journal of Psychiatry*, *139*, 862-866.
Ryle, A. (1985). Cognitive theory, object relations and the self. *British Journal of Medical Psychology*, *58*, 1-7.
Safran, J. D. (1990). Towards a refinement of cognitive therapy in light of interpersonal theory: 1. Theory. *Clinical Psychology Review*, *10*, 87-105.
Safran, J., & Segal, Z. V. (1990). *Interpersonal process in cognitive therapy*. New York: Basic Books.
Safran, J. D., Vallis, T. M., Segal, Z. V., & Shaw, B. F. (1986). Assessment of core cognitive processes in cognitive therapy. *Cognitive Therapy and Research*, *10*, 509-526.
Segal, Z. V., Shaw, B. F., Vella, D. D., & Katz, R. (1992). Cognitive and life stress predictors of relapse in remitted unipolar depressed patients: A test of the congruency hypothesis. *Journal of Abnormal Psychology*, *101*, 26-36.
Seligman, M. E. P., Abramson, L. Y , Semmel, A., & von Baeyer, C. (1979). Depressive attributional style. *Journal of Abnormal Psychology*, *88*, 242-247.

Shea, M. T., Pilkonis, P. A., Beckham, E., Collins, J. F., Elkin, I, Sotsky, S. M., & Docherty, J. P. (1990). Personality disorders and treatment outcome in the NIMH Treatment of Depression Collaborative Research Program. *American Journal of Psychiatry, 147,* 711-718.
Simons, A. D., Murphy, G. E., Levine, J. L., & Wetzel, R. D. (1986). Cognitive therapy and pharmacotherapy for depression: Sustained improvement over one year. *Archives of General Psychiatry, 43,* 4348.
Sokol, L., Beck, A. T., Greenberg, R. L., Wright, F. D., & Berchick, R. J. (1989). Cognitive therapy of panic disorder: A non-pharmacological alternative. *Journal of Nervous and Mental Disease, 177,* 711-716.
Sotsky, S. M., Glass, D. R., Shea, T., Pilkonis, P. A., Collins, J. F., Elkin, I., Watkins, J. T., Imber, S. D., Leber, W. R., Moyer, J., & Oliveri, M. E. (1991). Patient predictors of response to psychotherapy and pharmacotherapy: Findings in the NIMH Treatment of Depression Collaborative Research Program. *American Journal of Psychiatry, 148,* 997-1008.
Teasdale, J. D., & Fennell, M. J. V. (1982).Immediate effects on depression of cognitive therapy interventions. *Cognitive Therapy and Research, 3,* 343-352.
Thase, M. E., Bowler, K., & Harden, T. (1991). Cognitive behavior therapy of endogenous depression: Part 2. Preliminary findings in 16 unmedicated inpatients. *Behavior Therapy, 22,* 469-478.
Vallis, T. M., & Shaw, B. F. (1987). *An investigation of patient difficulty and its relationship to therapist competence in cognitive therapy for depression.* Manuscript submitted for publication.
Wachtel, P. L. (1977). *Psychoanalysis and behavior therapy.* New York: Basic Books.
Weissman, A., & Beck, A. T. (1978, November). *Development and validation of the Dysfunctional Attitudes Scale: A preliminary investigation.* Paper presented at the annual meeting of the American Educational Research Association, Toronto.
Weston, D. (1988). Transference and information processing. *Clinical Psychology Review, 8,* 161-179.
Whisman, M. A., Miller, I. W., Norman, W. H., & Keitner, G. I. (1991). Cognitive therapy with depressed inpatients: Specific effects on dysfunctional cognitions. *Journal of Consulting and Clinical Psychology, 59,* 282-288.
Young, J. E. (1990). *Cognitive therapy for personality disorders: A schema focused approach.* Sarasota, FL: Professional Resource Exchange.

第III部
論理情動療法

第5章

論理情動療法再考

アルバート・エリス

　本章では，わずか数ページの中で，論理情動療法（RET）の発展を振り返り，今日のRETについて解説し，将来の方向性を示唆するといういささか無謀とも思える試みをさせていただく。

　今日の認知行動療法の最初のものとして，1955年のRETは，きわめて認知的，大いに実証主義的，そして非常に積極的かつ指示的であった。人間の心理的な障害に関するRETのABC理論においては，人は望ましくないできごと（activating events）（A）を経験し，これらの刺激に対して合理的な信念（rational beliefs）あるいは不合理な信念（irrational beliefs）（B）を抱く。そして，自らの合理的な信念（rB）が適応的な情動や行動という結果（appropriate emotional and behavioral consequences）（aC)を生成し，不合理な信念（irB)は非適応的，非機能的な結果(inappropriate and dysfunctional consequences）（iC）を生みだすとされている。当初，RETは主として，当時流行っていた論理実証主義という「科学的」な哲学に準拠しており，人間観察や人間の知覚に一致した実証的「事実」やデータの追求を好んでいた。嫌なできごとそのものによるのではなく，そのできごとに対する非現実的，非論理的な自己への語りかけが，情動的な障害をつくりだしたり，その「原因」となっていると考えられ，自分自身に対していかに仮説的，推論的に論ばくするのかを教えながら，不合理な認知に代わる合理的な認知や，クライエントの反実証的で一般化しすぎの自己陳述を積極的，指示的に論ばく（dispute）（D）することをRETは大いに支持していた（Ellis, 1962)。

　とはいえ，初期のRETは，人間性主義的，実存主義的，情動喚起的，全体論的な理論や実践を指向していた（Ellis, 1962)。それゆえに，RETは合理主義的，感覚論的，厳格に実証主義的であるという，これまでもときおり不当な

かたちで批判されてきたような理解のされ方と事実とはまったく異なっているのである。

時が経つにつれ心理学における認知革命は進歩し，心理療法は次第に認知行動的になっていった。しかし，私自身の何千というクライエントと関わった経験や，アーロン・ベック（Aaron Beck）や，ドナルド・マイケンバウム（Donald Meichenbaum），その他の認知的療法家たち——彼らの多くはあまりにも実験的過ぎて私には十分には哲学的ではないように思われる——による後のさまざまな業績と親しんだことで，私はより構成主義的，情動的な方向に進むことになっていった。さらに，1960年代の終わりには，RETをいくぶんエンカウンターのムーブメントと融合し，たくさんの論理的エンカウンターマラソンを実施し，RETにおける情動の表出を実際に行うことを盛りこんだ，かなり多くの集団療法や公開ワークショップの開催を始めた。

この活動の結果，私は一般的な認知行動療法と同義ととらえている一般的RETと，一般の認知行動療法とは部分的に重なるものの，同時にいくつかの重要な点では異なっている，一種のユニークな認知的療法であると私がとらえている選択的RETとを区別するようになった。選択的RETは，私がこれまでの15年間にわたって実践し，記述してきたものであり，明らかに構成主義的で人間性主義的である。このことについて以下に簡単にまとめておきたい。

1．RETでは，人間は主として自分の属する文化や家族から，物事がうまくいったり認められたりするために自分自身の目的や好みを学び，また，失敗したり反対されたりすると，適切なやり方で欲求不満に陥ったり，失望したりすると考えられている。しかし大概の場合は，人は自分の願望に対して絶対主義的な「ねばならない」や過度の欲望を構成する（というのも，人間はそもそも生来的にそうなるようになっているからである）。したがって，人が神経症的であるとき，その人は不快な環境によって乱されているのではなく，主として自分自身を情動的，行動的に非機能的にしているのである。

2．人間が自分自身や他者や自分が生活している状況に不合理（自己破滅的）な要求をするとき，自分の「ねばならない」からの派生物として，その混乱に大きく寄与している非現実的である誤った知覚，推論，帰属を構成する傾向もある。そのため，もし「ジョンは私を絶対に好きでなければならない」と主張したものの，実際にはジョンが無視したとしたら，その人は性急にも以下のよ

うに結論づけてしまう（あるいは本心から信じてしまう）のである。（a）「彼は私を嫌っているにちがいない！」，（b）「彼が私を嫌うなんて恐ろしいことだ！」，（c）「彼が私を嫌っているのは私に何の価値もないからだ！」，（d）まともな人は絶対に私を好きになりっこない！」。

　3．人が非機能的信念やそれらに付随している障害を克服するのを援助するために，RETは非現実的な推論や帰属を指摘したり，どのようにそれらを論ばくするのかを提示するだけでなく，普段は無意識的かつ暗黙的にその基底にあり，またこのような非機能的な命令を導いている命令的な「ねばならない」や過度な要求を明らかにする。RETは，自分の力で自分が必要なものを探せる方法を教え，神経症への「洗練された」RETによる解決に最終的に至るよう試みる方法を示す。それは，生涯，めったに（絶対にではない）自分の好みが過度な要求へと変容しないように，そしてそうすることによって自己があまり過度に混乱するようなことがないように調整することである。

　4．RETでは，認知，情動，行動それぞれが実際的に単一のものあるいは独立したものであるとはまったく考えておらず，総合的，全体的にそれぞれが相互に作用しあい，包含しあっていると考えている。かなり哲学的ではあるが，RETは感情と行動は信念に重要な影響を与え，信念は感情と行動に，感情は信念と行動に影響を与えることを完全に認めている（Ellis, 1962, 1988, 1991）。このようにして，RETは常に多面的で，かなり多くの認知，情動，行動的方法をたいていの患者に用いている。

　5．RETでは，人間は多くの場合，生物学的に自らの混乱を生み出す「ねばならない」思考や他の不合理な信念を激しくそして堅固に構成し，それらにしがみつく傾向があると理論化している。そのため，RETではクライエントに精力的に，力強く，粘り強く自分の厳しい要求に対抗して，考え，感じ，行動し，自分の好みに立ち返るよう説得し，教えようとする。結果として，RETではたいてい個人あるいは集団療法のクライエントに多くの感情喚起的な技法を用いる。これらの技法とは，セラピストによるクライエントの無条件の受容，論理－情動イメージ，羞恥心粉砕法，効果的対処陳述，ロールプレイ，励まし，ユーモア，その他の情動的技法などである（Ellis, 1988; Ellis & Dryden, 1987; Walen, DiGiuseppe, & Dryden, 1992）。

　6．RETでは，たとえ望ましくない結果をもたらすと「わかって」いても，人間には混乱をもたらすような思考，感情，行為が習慣化しており，容易に，

そして自動的にそれらを繰り返し続ける傾向があると考える。そのことを変容させるためには，かなりの不快を伴うが，自分自身の非機能的な習慣を打ち破るように強いなければならないときがしばしばある。しかし，欲求不満耐性が低く，「私は自分自身を変えるなんてことを**すべきではない**し，変えるための気楽で魔法のような方法を探さなくてはならない」と不合理的に信じこんでいることが多い。また，一次的な障害に対して「自己卑下」的に受け取るという二次的な障害を抱えることが多く，意識的あるいは無意識的に，「私はこんなばかげたやり方で混乱してはいけない！　そんなことをしたら私は価値のないばか者だ！」と主張することもある。RETは，多くの認知的，情動的技法を用いながら，一次的障害と同様に二次的なものも探し出し，根こそぎにすることに専念する。しかし，強化と罰，現実脱感作，内的破砕療法，反応妨害などといった行動的なホームワークにも力点を置いている。そのため，他のいくつかの認知行動療法よりも行動的な傾向が強い。

　7．RETは常に心理教育的であった。その結果，多くの読書療法，テープを聴くことによる療法，講座，ワークショップ，講義，その他の教授法を用いる。それが，非機能的なシステム（たとえば，危機を生み出しやすい家族）内にいるそれぞれの人が，そういったシステムをものともせずに，自分自身を変える際の一助となるのである。しかしながら同時に，自分たちが生活している環境やシステムを変えることができるように，問題解決やスキル訓練，そして社会を変える方法も教える。

　8．RETは，実質的にはすべての人間には，どのように育てられたとしても，以下の二つの相反する創造的な傾向があると理論づけている。（a）すでに述べたように，自分自身や他人をけなす，あるいは，神聖化することにより，自分自身を混乱させたり，非機能的にする，（b）より健康的に，またより混乱が少なくなるように自分自身を変容し，実現する。RETは，自己を混乱させるような傾向を減らすためにどのように自己実現するのかを示し，より楽しい人生を構成するよう試みるものである。

　9．RETは柔軟さに欠けていること，「ねばならない主義」，片寄ること，停滞することに対抗し，開かれていること，型にはまらない探求，反教条，柔軟性を強く支持するものである。科学は，本質的に知識を探求することであり，教条的ではなく，懐疑的で柔軟であり，そして世界に存在する謎や人間の幸福を増大させるためのより優れた（それでもやはり不完全ではあるが）解決法を見出すた

めに，経験論および論理を柔軟に用いる。この種の科学的見解は，メンタルヘルスとしばしば呼ばれるものと密接に関連している，とRETは仮定する。

　10．RETでは次のように考えている。人間は生来的に創造的かつ構成的であり，しかも必要以上に混乱したときはいつでも，自らが主として構成した自己破滅的なやり方を再構成するために，自分の非機能的な思考，感情，行動について考える性向と能力をもっている。しかしながらその一方で，人がいったん混乱すると情動的反応——特にパニック，抑うつ，自己嫌悪——は，多くの場合非常に強烈で破壊的なため，これらの情動が自己治癒力を妨げ，また構成力を破壊すると仮定される。また，上述したように，障害（一次的障害）についての障害（二次的障害）はしばしば変化を阻止する。

　結果的に，もし，セラピストとの実存的出会いの中でクライエント自身の思うがままにさせた場合，クライエントが救われることは少ないだろうし，より積極的かつ支持的なセラピストに導かれ教えられるよりも，さらに混乱を招くことになるだろう。何かを上手に成し遂げたからとか，重要な他者に認められたからという理由からではなく，ただ存在し，自己の受容を選択するというただその理由だけで，人は十分に自己を受け入れることができるという実存主義哲学を強く支持するのに加え，RETではもう一歩先に進み，自分自身，自分の存在，あるいは自分という全体を見積もったり評価したりする必要はまったくなく，単に各々の目的や好みに対して行った自分の行為，行い，振る舞いを評価するように選択すればよいことを，クライエントに教える。つまり，「私が成功して愛されるのは望ましいことだ」や「失敗して拒否されるのは嫌なことだ」ということはできるが，「私は成功したのでよい人間だ」とか「私は拒否されたので悪い人間だ」とはいえないということである。

　無条件の肯定的配慮は，セラピストがモデルとなることによって，そしてクライエントを無条件に受け入れることによって与えられると考えるカール・ロジャーズ（Carl Rogers）やその他の実存主義のセラピストとは異なり，RETの専門家はこの種の受容をすべてのクライエントに与えようとするだけではなく，その受容を自分自身に与える方法を教えようとする。このように，RETは人間性主義的・実存主義的でもあり，同時に教訓的かつ積極的・指示的でもある。

　RETは今後何を目指しているのであろうか？　それには可能性として以下のような多くのことが考えられる。RETはビジネス，マネジメント，政治，

経済,結婚,家族などその他多くの分野でますます利用されるようになっている。なかでも,私が最も強調したいのは教育の領域である。たとえRETと認知行動療法が順調に発展し続けたとしても,心理療法の将来はいささか限られたものとなるのが常であろう。というのも,心理療法そのものは,個人や集団に適用されるが,現在そして予想可能な将来においては,治療費を支払うことができる限られた数のクライエントのみが利用できるという重大な限界があるからである。しかし他のよく知られている多くの療法とは異なり,RETと認知行動療法は,本,オーディオカセット,ビデオ,講義,ワークショップ,その他マスメディアによる報道などで一般の人たちに適切に紹介され,したがって,それらを通じて膨大な数の人々に少なからぬ貢献をするというユニークな可能性がある。それらは保育園から大学院,生涯教育の場に至るまでの各々の教育場面ですでに幅広く利用されており,また今後も適用され続けることであろう。それゆえに,予測するに,RETの主要な未来は,心理教育的な適用にあるだろうし,また,この種の利用が治療の場のクライエントだけでなくさまざまな種類の自助グループに参加している人たちにも大きな助けになることを,私は願っている。さらには,おそらく自分自身をむやみに混乱させるいくつかのやり方を明確に理解するために,そして自らつくりだした情動的,認知的,行動的問題を克服するために,またはより自己実現的あるいは自己達成的な人間という存在になるために,個人やグループのいかなる治療も受けたことのない文字通り何千もの人々に援助の手を差し伸べることとなるであろう。

文　献

Ellis, A. (1962). *Reason and emotion in psychotherapy.* Secaucus, NJ: Citadel. 野口京子（訳）(1999) 理性感情行動療法. 金子書房.

Ellis, A. (1988). *How to stubbornly refuse to make yourself miserable about anything-yes, anything!* Secaucus, NJ: Lyle Stuart. 国分康孝,国分久子,石隈利紀（訳）(1996) どんなことがあっても自分をみじめにしないためには:論理療法のすすめ. 川島書店.

Ellis, A. (1991). The revised ABCs of rational-emotive therapy. *Journal of Rational-Emotive and Cognitive-Behavior Therapy, 9,* 139-192.

Ellis, A., & Dryden, W. (1987). *The practice of rational-emotive therapy.* New York: Springer. 稲松信雄,滝沢武久,橋口英俊,重久剛,野口京子,本明寛（訳）(1996) REBT入門:理性感情行動療法への招待. 実務教育出版.

Walen, S., DiGiuseppe, R., & Dryden, W. (1992). *A practitioner's guide. to rational-emotive therapy.* New York: Oxford University Press. 菅沼憲治（監訳）日本論理療法学会（訳）(2004) 論理療法トレーニング:論理療法士になるために. 東京図書.

第 6 章

論理情動療法の評価

デービッド・A・F・ハーガ, ジェラルド・C・デビソン

　論理情動療法（RET）は，1950年代に精神分析の効果と効率に不満を抱いたアルバート・エリス（Albert Ellis）によって開発された心理療法である（Ellis, 1957, 1962）。RETは，精神病理学から派生した「ABC」理論に基づいており，その中核的前提は，情動的あるいは行動的結果（C: consequences）を直接引き起こすのはできごと（A: activating events）そのものではなく，できごとに関する信念（B: beliefs）が感情や行動をもたらす最たる決定因であるとするものである。もし人が合理的な信念（エリスが，生きることと幸福であることを促進する信念とみなしたもので，個々の環境において経験に即したものを見出したり，好みを表現したものであるようだ）をもっているのならば，困難や喪失に遭遇したときに，悲しみ，いらだち，あるいは後悔などの「適切な」否定的感情がもたらされるであろう。反対に，もし不合理な信念（環境にそぐわないものであり，「立派にやり遂げて認められなければならない，さもなければ私は腐ったやつと評価されてしまう（Ellis & Bernard, 1985）」などのような「ねばならない」や欲求を反映したもの）をもっているのであれば，そういった困難に遭遇したときには，うつ，不安，極端な怒りといった「不適切な」否定的感情が引き起こされることになる。
　論理情動療法家は，患者たちに自身の不合理な信念を説得的に論ばくするよう教える。論ばくするとは，その信念をもつ根拠やそれをもつことの有用性を疑問視したり，患者が自分の状況から抽出した破局的な意味を検討したり，あるいはその信念が非論理的であることを論証（たとえば，もし人間の価値を正しく評価する方法がまったく存在しないとすると，どのようにしてある人がまったくもって価値がないということがいえるのであろうか？ [DiGiuseppe, 1991]）するといったことなどである。ときには，治療の焦点が信念の内容に

ついてよりもむしろその構造に向けられることがある。そういった介入では，「すべき」や「ねばならない」を，「だったらいい」に変化させることを目指す（たとえば，「アリスが私の友達の前で振る舞うようにはしなければいいとは思うけれど，そうだからといって，彼女がそうするべきではないというわけではない。そうしないで，と彼女に話すという方法もあるのだし」）。

　セッション中の言語的論ばくは，ときには系統的論理再構成（Goldfried, Decentceo, & Weinberg, 1974）などのイメージによる論ばくによって補われるのだが，自分で論ばくすることができるようにセルフモニタリングを促すようなホームワークが通常補足される。行動的な課題では，イメージによるエクスポージャーや患者にとって最も困難と思われる状況に関するものではなく，現実場面（in vivo）に即したものを扱うことが多い。たとえば，羞恥心粉砕法の練習では，対人的な不安をもつ患者が公衆の面前で何かばかげたことをして，破局的な結果が何も起こらないことを確認するといった課題を行うなどである。

　他の心理療法のアプローチと同様に，RETの適用可能性は，主として治療者がどのように患者の問題を構成するかということ次第である（Davison, 1991）。治療者に相談する際に，不合理な信念があると自覚している人はほとんどいないといってよいだろう（RETについて聞いたり読んだりしたことがあったり，自分の困難な状態を論理情動的な用語で概念化したことのある患者は，例外としてはいるであろうが）。RET適用の一例を挙げると，減量を望んでいる肥満の男性については，その願望はすべての人にいつでも気に入られたいという不毛な（不合理な）欲求から生じていると解釈され，それは社会に対して抱いている評価不安からの逃避という観点から，その男性の食行動を機能分析することで役立つ可能性がある。

　RETは，認知的な動向において歴史的に最前線の位置にいながら，心理療法という専門的職業に強い影響を与えてきた。この流れの中でアルバート・エリスは，臨床家たちによって，最大ではないとしても，最も大きな影響を与えた人物の一人であると考えられている（Smith, 1982; Warner, 1991）。RETは，これまで多くの臨床的な問題に創造的に適用されたり（Ellis & Grieger, 1986），セルフヘルプの一つの方法として一般の人に紹介されたり（Ellis & Harper, 1975），あるいは子ども向けの心理教育プログラムとして改変されてきた（Knaus, 1974）。RETの専門的職業への影響力と比較してあまり明確になって

いないのはRETの科学としてのありようであり，このことが本章の残りの部分で論じられる主題である。私たちは，この側面に関する進歩について，以下の三つの根本的な論点に関する議論から検証していく。（a）不合理な信念とは何か？（b）不合理な信念はどのように測定することができるだろうか？（c）RETとは何か，そして研究の結果からどのような効果が明らかになっているのか？　批判や異論を表明するということが，科学的な進歩を促すための効果的な手段であるということは，一般的に了解されていることである（Kenrick & Funder, 1988）。このことは，上に挙げた議論の最初の2点に関してRETの理論と研究には当てはまっていたのだが，治療研究それ自体に関してはこれまでのところそうではなかったということを以下で述べていきたい。

不合理な信念とは何か？

　詳しく検討してみると，不合理な信念に関するこれまでのいくつかの概念的定義は，問題をはらんでいるように思われる。たとえば，エリスとバーナード（Ellis & Bernard, 1986）は，「RETにおける合理的思考は，人間がより長生きし，より幸福になるのを助けるような思考であると定義される」（p. 7）としている。つまり，不合理な信念は非機能的であることをもたらすということのみが，忠実な定義であるということであろう。

　また，エリスとバーナード（1986）は，合理的な信念は正確な情報処理から得られると表現し，「困惑に陥っていない個人は，……こういった結果を評価する際に，論理的な規則と科学的方法を適用し……自らの感情や行為を調整する傾向がある（p. 9）」と述べている。こう定義することで，私たちは，困惑状態にない人々の思考の大部分は不合理であると結論づけなくてはならなくなるのかもしれない。というのは，かなり多くの研究が，人が生きるために自分自身に語るストーリー（Didion, 1979）には，錯覚という要因がしばしばみられるということを示しているからである（たとえば, Geer, Davison, & Gatchel, 1970; Taylor & Brown, 1988）。実際に，独創的なことや傑出したことを成し遂げるためには，目標とは関わりのない人には非現実的であるかのように思われるかもしれない信念をときに抱かなければならないのである（Bandura, 1986, p. 516）。エリス（1989）は次のように述べ，こういった考えを認めている。

いくつかの非現実的で非論理的な考え――たとえば，毎日神に祈りを捧げるならば，絶対に天国に行き，永遠の至福を経験する，というような独断的な信念――が障害をもたらすことはほとんどないだろうし，またそう考えることで得るものがあるかもしれない。そうであるため，こういった考えは容易に許容される。ただ，自滅的な「すべき思考」と「ねばならない思考」ばかりは潔く放棄してしまった方が身のためだろう！ (p. 203)

　非現実的な見方が問題をもたらす（「自滅的」な考え）という説明は，不合理性に関する定義を，エリスとバーナード（1986）により提唱された「同語反復的な性質を本質的に含んでいる定義」とより類似したものにしがちである。
　このように，科学的方法と経験的な的確さの観点から，正確で一貫性のある不合理性の定義を案出することは難しい。結局のところ，RETの治療者，そしてその患者は，あるやり方でこの世界をとらえると，その個人にとってより有効で，それゆえによりよいだろうということから合理性を判断している。この判断は，人が信じているものは機能的なことであり，必ずしも厳密な意味で客観的であるとか理にかなっている必要はないということに基づいている（Davison & Neale, 1990）。これは，すべての心理社会的介入がまさにそうであるように（Davison 1976, 1991），RETの重要な側面は，その価値体系であるということを意味している。というのは，そもそも有用性という概念のことをそれとなく表している定義は，暗黙的であろうが明示的であろうが，有益で価値ある存在からなる，ある価値の総体を前提としているからである。エリスは，他のすべての治療者と同様に，しかしたいていの者以上に明確で率直であるのだが（Woolfolk & Sass, 1989），こういった倫理的なシステムを支持している。すなわち，エリスが概して想定しているのは，人間は幸福で健康な人生を送るものであり，この目的を達成するために，「他者のコントロールや指示に服従するのではなく，人間の個性，自由，自らの興味を最大限に発揮する」(Ellis, 1990, p. 88) ことが特に望ましいということである。
　RETの不合理性を定義するという課題への実際的な解決策は，これまでは実例によって不合理な信念を定義するというものであった。その実例に関しては，臨床実践で一般的に遭遇する1ダース程度のそういった信念の一覧から始まって（Ellis, 1962），何百もの特有の信念の一覧や，いくつかの一般的なカテゴリーとそこから派生する数多くの信念（Ellis & Bernard, 1985）へと進んできた。これらの実物連想定義に関する理論的な適切さを疑問視するということ

は，ひいては不合理性を概念的に定義する新たな試みを促してきた。たとえば，ローラー（Rorer, 1989a, 1989b）は，包括的な批判的合理主義（Bartley, 1984）の観点からRET理論を再公式化し，以下の二つの不合理な信念に関するカテゴリーを導き出している。それらは「①世界，他者，あるいは何かは，私がそう望んでいるのだから，それや他者は今あるあり方とは違ったあり方をすべきであるという誇大な信念，および，②評価は，どのように定義するかによるものではなく，事実・実体に基づいてなされるという信念（Rorer, 1989a, p. 484)」である。

不合理な信念の測定可能性

　論理情動理論の研究において根本的に必要とされるのは，不合理性を実証的に測定することである。一連の展望（たとえば，Smith, 1989）と実証的な研究（たとえば，Zurawski & Smith, 1987）において，スミス（Smith）と彼の共同研究者たちは，最もよく用いられる不合理な信念の指標には弁別的妥当性が欠けていると指摘している。特に，論理行動尺度（Rational Behavior Inventory [RBI; Shorkey & Whiteman, 1977]）および不合理な信念テスト（Irrational Beliefs Test [Jones, 1968]）は，うつや不安の指標と高い相関関係にあり，それと同程度に両尺度間の相関性も高く，このことから，この二つの測定尺度は幅広い否定的な感情の傾向を測定している可能性を示唆していると考えられる（Watson & Clark, 1984）。不合理な信念の指標と否定的感情の指標とが交絡していることは，RET理論の検証を目指した研究として，不合理な信念と苦悩は相互に関連しているという研究や，不合理な信念の変化は苦悩の変化に関連しているという研究の結果の解釈を困難にしている。

　この問題は，弁別的妥当性を最大化することを目的とした最近のいくつかの質問紙の開発を通じて取り組まれてきており，RBIの「私は，物事が悪い方向に向かうと動揺することが多い」（Robb & Warren, 1990, p. 304）といった情動的な陳述を含まない項目を設けるなどの努力が部分的に行われている。たとえば信念尺度（The Belief Scale; Malouff & Schutte, 1986）は，情動的あるいは行動的な結果ではなくむしろ信念のみを反映している項目を含めるために，独立した評定者たちにより評定された（Robb & Warren, 1990）。その結果，その指標はそれなりの弁別的妥当性のエビデンスを示すこととなり，不安とうつの

指標とは正の相関を示しはするが，他の不合理な信念の指標とはさらに強い相関が示されるということが明らかにされている（Malouff & Schutte, 1986; Malouff, Valdenegro, & Schutte, 1987）。

このように，不合理な信念のアセスメントに対する批判は，よい影響を与えたという楽観的な見方がある。この領域における次の段階では，初期に実施した不合理な信念の実例の一覧を挙げることよりも，ローラー（1989a, 1989b）のように，さらに洗練された不合理性の理論的定義に基づいた指標を開発することが目指されるであろう。また，研究者たちは，標準化された質問紙以外の測定形式の使用可能性を探るかもしれない。そうするのは，個人の特に重要な目標を妨げる（Ellis, 1991）といったストレスフルな状況以外では，ある不合理な信念はめだたないという可能性（Davison, Feldman, & Osbornm 1984; Muran, 1991）に対して，このような新しい方法がより敏感に対応できることを期待しているためである。

RETとは，そして研究が明らかにしたその効果とは何か？

これまでRETは治療効果研究のメタ分析の展望でよい結果を提示してきた。最初の心理療法のメタ分析では（Smith & Glass, 1977），主要な10の心理療法の中で，RETは（系統的脱感作に次いで）2番目に高い平均効果量を示したことが明らかにされている。70のRETの効果研究に関する量的展望（Lyons & Woods, 1991）では，RETは無治療（平均d ＝ 0.98）や待機リスト統制（平均d ＝ 1.02）よりも効果が上回ることが示されている。RETと行動的技法（d ＝ 0.30），あるいはRETと別の認知行動療法的技法（d ＝0.14）を比較した際の平均効果量も，上に述べた場合よりずっと値は小さいものの，肯定的な結果であった。

しかしながら，質的展望を行っている研究者たちは，このような量的な研究のまとめが基づいている根拠の多くが，方法論的に妥当性を保持しているかという点について批判的である（Haaga & Davison, 1989a; Kendall, 1984; Zettle & Hayes, 1980）。おそらく，この観点に関しては，ホロンとベック（Hollon & Beck, 1986）が最も明確に述べている。

RETは，主だった（認知行動療法の）どの変形の立場からも，明確な実証的支持を

得ることが最も少ないように思われる。しかしながら，同時に，この事態は，このアプローチを含んだ大半の試みは，早い時期の，あまり厳格に取り組んでいないものだったという事実によるかもしれない (p. 476)。

RETの効果研究に関するこのような否定的な評価とそのことによる影響は，以下の二つの主な原因から生じているものと私たちは考えている。

RET独自の仮説に関する不十分な検証

第一に，RETと他の治療法の全体的な効果が概括的に比較されてきたにもかかわらず，変化のメカニズムに関するRET独自の仮説は，これまであまり検証されてこなかった (Haaga & Davison, 1989b)。たとえば，RETは，無条件の自己受容を促進したり，問題を抱えること自体に対して自己批判的になるといった「二次的問題」を減少させるという理由から，他の認知行動的治療による効果を上回ると仮定されている (Boyd & Grieger, 1986)。この観点は（明らかにカール・ロジャーズを彷彿させる），行動療法における最近の動向で受容の側面がますます強調されている (Hayes, 1987; Linehan, 1987) ことと符合しているが，こういった側面はRETの研究にはまだ反映されておらず，現在までのところは，自己受容の指標ではなく，伝統的な自尊感情の指標が用いられる傾向がある (Haaga & Davison, 1989a)。

一般的に適用可能な方法論的基準への注意の不足

第二に，RET効果研究は，一般的な方法論的基準の点ではかなり不十分になりがちであった (Kazdin, 1986)。経験の少ない治療者が準臨床的問題に対して簡単な集団RETを行い，フォローアップの評価は行わず，効果はそのほとんどが自己報告による症状と不合理な信念によって測定される，というのが通例であった。このような限界があるため，たとえ明らかに良好な結果が示されたとしても，その妥当性に疑いを差しはさまざるをえない。しかしながら，これらの問題については以下のライアンとウッズ (Lyons & Woods, 1991) による量的展望から抜粋することでいくらか再確認できるだろう。彼らは，被験者が学生であった研究よりも，患者を対象とした研究の方が，より大きい効果量が得られたことを明らかにし，それと同時に，内的妥当性が高い（たとえば，反応性の低い指標や無作為割付けを用いた）研究の方が効果量が大きいことも

明らかにしている。

この点に関して残されているいくつかの問題の原因は以下の通りである。（a）治療効果の臨床的意義が報告されていない（Jacobson & Revenstorf, 1988），（b）フォローアップデータを集めた研究が少ない（Lyons & Woods [1991] によって検討された70の研究のうち57の研究ではフォローアップの結果が報告されていなかった），（c）参加者のドロップアウトに対する軽視（70の研究のうち61がドロップアウト率について報告していなかった; Lyons & Woods, 1991）。ドロップアウトを考慮に入れることは，エリスが主張している説得的な介入スタイルというものを考慮する際に特に重要であるように思われる。というのは，説得的な介入スタイルは，ある研究者によればドロップアウトを促進させると仮定されたり（たとえば, Young, in Ellis, Young, & Lockwood, 1987），患者の側の抵抗を促進させる（Goldfried & Davison, 1976）と仮定されているからである[1]。

不合理な信念の測度から情動的な内容を取り除くことができるように，これらの包括的に関連した方法論的基準を守ることは実行可能であるように思われ，いくつかのRET研究はすでにそういった試みを実施している。たとえば，メルシュ，エメルカンプとその共同研究者たちは（Mersch, Emmelkamp, Bogels, & van der Sleen, 1989; Mersh, Emmelkamp, & Lips, 1991），慎重な手続きによって診断された社会恐怖患者に対するRETと社会的スキル訓練とを比較検討している。そこでは自己報告および観察による効果の指標，14カ月フォローアップアセスメント，被験者のドロップアウト理由やフォローアップ期間中に何人の参加者がさらに治療を求めたかといった幅広い情報を用いながら，患者の特性に準拠したこれらの治療に対して，患者がどのような異なる反応を示すかを予測することに特に焦点を当てている。確かに，実質的な結果は期待はずれとみなされるかもしれないが（どちらの治療法も役に立つようであり，どちらかが他方よりも顕著に有用というわけではなく，また社会的スキル

1）重要な問題は，RET実践家が実際にこの点に関するエリスの指導にしたがっているかどうかである。調査データによると，熟練のRET治療者の多くは，「過剰な」治療者の暖かさが承認欲求に関する不健康な信念を強化するというエリスの見方とは異なった意見をもち，約半数（47％）が「強い説得調の論ばくは，より穏やかで，おそらく間接的な論ばくよりもたいてい効果的である」（Warren & McLellarn, 1987, p. 85）という主張に異を唱えている。

の低さや不合理な信念の高さといった患者が抱える相対的な問題に合わせた治療は，合わせていない治療と比べても効果に変わりがない），その方法はさまざまな意味で理にかなっていたと思われる。

　RETの研究者にとって満たすのがより難しい方法論的基準は，RETの明確な定義づけとRET自体つまり独立変数を測定することである（Haaga, Dryden, & Dancey, 1991）。RET研究の現状に関する矛盾した評価は，RETという名称に含まれるものと除外されるものに関する異なった解釈に起因していることがしばしばである（Ellis, 1989; Lazarus, 1989; Mahoney, Lyddon, & Alford, 1989）。私たちのRETに関する初期の質的展望についてコメントして，エリス（1989）は，「これらのRET実験はほとんどいつも，RETとは本当のところ何であるかについて明確に定義されておらず，RETの主要な手法を一部分だけしか含んでいない」(p. 229)，そして「ハーガとデビソン（Haaga & Davison）によって言及された効果研究のうち，選好的で「本当の」RETを扱った研究は実質的には一つもない。いくつかの研究（たとえばForsterling, 1985）を除けば，RETはいまだ検討されていない」(p. 231)[2]，と述べている。

　発表されている41のRETの効果研究を概観してみると，その大多数（n = 23）の研究が，治療にしたがうことの測定を試みず，またどの程度その治療がRETの内容に合致しているのかという情報を提供していないことが明らかになる（Haaga et al., 1991）。さらに，ほとんどの研究（n = 38）が対照治療からのRETの弁別可能性の（評定者の盲検化による）査定をしておらず，一つを除いたすべての研究がRET介入の質を測定していなかった。例外として，セッションのテープに基づいたアルバート・エリスによる治療者の能力に関する全体的評価を用いた研究はあるが（Warren, McLellarn, & Ponzoha, 1988）。そのため，治療の統合性の低さや治療者の能力の低さが原因である場合でも，RETはよい結果をもたらさないという説明がされてしまうのかもしれない。逆に，好ましい結果については，懐疑的な人には，RETの条件に偶然組みこまれたRET介入以外の要因がもたらしていると理解される可能性がある。

　治療の統合性および質を評価する必要性に対する認識が不十分であるという

2）フォースターリング（Forsterling, 1985）は，治療効果研究ではなく，（不）合理的信念と成功と失敗に対する情動的反応の関係に関する学生の考え方の一連の研究であった。

ことが，この点に関する唯一の問題であるとすれば，今後の研究でただちに修正できることだろう。しかしながら，研究者がRETを理論家が描いた通りにどの程度的確に提示し評価しうるかというと，そもそも限界があるのかもしれない。エリス（1980）は，研究者たちがRETの特殊性として一般的に重点を置いて取り組んできた側面（たとえば，不合理な信念に対する説得的論ばく）を，RETの「洗練された」あるいは「特殊化された」（Dryden & Ellis, 1988）形態として，または他の認知行動的アプローチ全体を，本質的には「洗練されていない」あるいは「一般的な」形態として包括しながら，RETを広範に定義している。定義に広がりがあるということは，きわめて基本的な意見の相違をもたらすことにもなる。たとえば，現実曝露法は不安障害に対するRETの介入であると考えられるべきなのか，あるいはこれはまた別のアプローチなのでRETを評価する際には統制されるべきなのか（Lazarus, 1991），あるいは除外されるべきなのだろうか（Mersch et al., 1989），といったことが挙げられる。あるいは，本書の構成や理論（Haaga & Davison, 1991）が含意しているように，あるいはこの二者の実証的（DiGiuseppe, McGowan, Sutton, Simon, & Gardner, 1990）比較によって含意されているように，ベック（Beck, 1964）の認知療法はRETとは別のものなのだろうか？　あるいはその認知療法は，特殊化されたRETの説得的論ばくがうまくいかないときに使われる一つの代替的なRET技法なのだろうか？

結語：今後の方向性

　RETに関するこれまでの展望では，関連アプローチとの区別を行ったり，関連アプローチとの差異が効果の差異をもたらすかということを評価しながらも，治療システムとして何を包含し何を除外するのかを正確に特定することの難しさが指摘されてきた。他のシステムとの差異を明確化することはもとより，ある条件下での治療技法を標準化するということに対して多くの研究者が高い評価をしているということは，ドハティ（Docherty, 1984）が心理療法の「技術モデル」と評したものを受け入れていることを意味している。なおいっそうの理論的洗練を促進することによって，何がRETで，何がRETでないか，標準化された技術としてどのように適用され測定されるのかといったことに関していっそうの合意が得られる可能性がある。そうはいっても，歴史を振り返る

と，こういった見通しに対して，際限なく楽観的ではいられない。読者がこれらの結果をどのように考えたらいいのかに確信がもてないほどに，何がなされたのかが非常にあいまいである（Haaga et al., 1991）というスキラと，一面ではその支持者が部分的かつ不十分であるとRETを詳述する（Ellis, 1989）というカリュブディス（＊訳者注）との狭間で，研究者たちが進退窮まっているかのようにみえる。

　おそらく，RETは伝統的な科学的方法によって効果が評価される対象としては適していないかもしれないという可能性を考慮するときがきたのかもしれない。ちょうど「行動療法」の研究（e.g., Saloane, Staples, Cristol, Yorkston, & Whipple, 1975）が，たとえばパニック発作の呼吸再訓練に関する研究に移行してきたように，おそらくRETの研究はある特定の状況における特有の方策に関する研究（たとえば，全体的に否定的自己評価をする抑うつ者には，自己評価に関する論理的論ばくをする）に取って代わられるだろう。このような研究は，RET特有の方法が，いつ，そして誰にとって有益であるのかという理論的にも臨床的にも興味深い問題に焦点を当て始める契機となりうる。

　現在，エリスは，最初に特殊化されたRETの論ばく技法を用い，次に「もし個々のケースでそれらがあまりうまくいかないようであれば,さまざまな他の治療モダリティを付け加える」（Ellis, 1989, p. 218）というやり方を支持している。彼はこの最初の論ばくの段階で30％の患者に反応があると見積もってきた（Ellis et al., 1987）。この患者たちはどのような特性をもった人であるのか，その他の人たちには特殊化されたRETの論ばくを最初に使うのではなくて治療の後期に用いた方がより有益なのか，あるいは哲学的な論ばく自体をすっかり省略してしまった方がより効果があるのか。予後に関わるこのような因子について明らかにする研究は，これらの変数がRETの効果に直接的に影響するかどうかについて，専門家のコンセンサスがたとえ得られなくとも，きわめて価値ある営みであるといえるだろう。

（＊訳者注）ギリシャ神話：シチリア島の北東にある危険な岩であるスキラと相対する巨大な渦巻カリュブディス。ここを通る船は一方の危険から逃れようとすると，もう一方の危険にあうことになる。

文 献

Bandura, A. (1986). *Social foundations of thoughts and action: A social cognitive theory.* Englewood Cliffs, NJ: Prentice-Hall. 原野広太郎（訳）(1979) 社会的学習理論：人間理解と教育の基礎. 金子書房.

Bartley, W. W. III. (1984). *The retreat to commitment* (2nd ed.). New York: Knopf.

Beck, A. T. (1964). Thinking and depression: 2. Theory and therapy: *Archives of General Psychiatry, 10*, 561-571.

Boyd, J., & Grieger, R. M. (1986). Self-acceptance problems. In A. Ellis & R. M. Grieger (Eds.), *Handbook of rational-emotive therapy* (Vol. 2, pp. 146-161). New York: Springer.

Davison, G. C. (1976). Homosexuality: The ethical challenge. *Journal of Consulting and Clinical Psychology, 44*, 157-162.

Davison, G. C. (1991). Constructionism and morality in therapy for homosexuality. In J. C. Gonsiorek & J. D. Weinrich (Eds.), *Homosexuality: Research implications for public policy* (pp. 137-148). Newbury Park, CA: Sage.

Davison, G. C., Feldman, P. M., & Osborn, C. E. (1984). Articulated thoughts, irrational beliefs, and fear of negative evaluation. *Cognitive Therapy and Research, 8*, 349-362.

Davison, G. C., & Neale, J. M. (1990). *Abnormal psychology* (5th ed.). New York: Wiley. 村瀬孝雄（訳）(1998) 異常心理学. 誠信書房.

Didion, J. (1979). *The white album.* New York: Pocket Books.

DiGiuseppe, R. (1991). Comprehensive cognitive disputing in RET. In M. E. Bernard (Ed.), *Using rational-emotive therapy effectively: A practitioner's guide* (pp. 173-195). New York: Plenum Press.

DiGiuseppe, R., McGowan, L., Sutton Simon, K., & Gardner, F (1990). A comparative outcome study of four cognitive therapies in the treatment of social anxiety. *Journal of Rational Emotive and Cognitive-Behavior Therapy, 8*, 129-146.

Docherty, J. P. (1984). Implications of the technological model of psychotherapy. In J. B. W. Williams & R. L. Spitzer (Eds.), *Psychotherapy research: Where are we and where should we go?* (pp. 139-147). New York: Guilford Press.

Dryden, W., & Ellis, A. (1988). Rational-emotive therapy. In K. S. Dobson (Ed.), *Handlbook of cognitive-behavioral therapies* (pp. 214-272). New York: Guilford Press.

Ellis, A. (1957). Outcome of employing three techniques of psychotherapy. *Journal of Clinical Psychology, 13*, 344-350.

Ellis, A. (1962). *Reason and emotion in psychotherapy.* New York: Lyle Stuart. 野口京子（訳）(1999) 理性感情行動療法. 金子書房.

Ellis, A. (1980). Rational-emotive therapy and cognitive behavior therapy: Similarities and differences. *Cognitive Therapy and Research, 4*, 325-340.

Ellis, A. (1989). Comments on my critics. In M. E. Bernard & R. DiGiuseppe (Eds.), *Inside rational-emotive therapy: A critical appraisal of the theory and therapy of Albert Ellis* (pp. 199-233). San Diego, CA: Academic Press.

Ellis, A. (1990). Special features of rational-emotive therapy. In W. Dryden & R. DiGiuseppe (Eds.), *A primer of rational-emotive therapy* (pp. 79-93). Champaign,

IL: Research Press.
Ellis, A. (1991). The revised ABC's of rational-emotive therapy (RET). *Journal of Rational-Emotive and Cognitive-Behavior Therapy, 9*, 139-177.
Ellis, A., & Bernard, M. E. (1985). What is rational-emotive therapy (RET) ? In A. Ellis & M. E. Bernard (Eds), *Clinical applications of rational-emotive therapy* (pp. 1-30). New York: Plenum Press.
Ellis, A., & Bernard, M. E. (1986). What is rational-emotive therapy? In A. Ellis & R. M. Grieger (Eds), *Handbook of rational-emotive therapy* (Vol. 2, pp. 3-30). New York: Springer.
Ellis, A., & Grieger, R. M. (Eds.). (1986). *Handbook of rational-emotive therapy* (Vol. 2) New York: Springer.
Ellis, A., & Harper, R. A. (1975). *A new guide to rational living.* North Hollywood, CA: Wilshire.
Ellis, A., Young, J., & Lockwood, G. (1987). Cognitive therapy and rational-emotive therapy: A dialogue. *Journal of Cognitive Psychotherapy: An International Quarterly, 1*, 205-255.
Forsterling, F. (1985). Rational-emotive therapy and attribution theory: An investigation of the cognitive determinants of emotions. *British Journal of Cognitive Psychotherapy, 3*, 12-25.
Geer, J. H., Davison, G. C., & Gatchel, R. I. (1970). Reduction of stress in humans through nonveridical perceived control of aversive stimulation. *Journal of Personality and Social Psychology, 16*, 731-738.
Goldfried, M. R., & Davison, G. C. (1976). *Clinical behavior therapy.* New York: Holt, Rinehart & Winston.
Goldfried, M. R., Decenteceo, E. T., & Weinberg, L. (1974). Systematic rational re-structuring as a self-control technique. *Behavior Therapy, 5*, 247-254.
Haaga, D. A. F., & Davison, G. C. (1989a). Outcome studies of rational-emotive therapy. In M. E. Bernard & R. DiGiuseppe (Eds.), *Inside rational-emotive therapy: A critical appraisal* (pp. 155-197). San Diego, CA: Academic Press.
Haaga, D. A. F., & Davison, G. C. (1989b). Slow progress in rational-emotive therapy outcome research: Etiology and treatment. *Cognitive Therapy and Research, 13*, 493-508.
Haaga, D. A. F., & Davison, G. C. (1991). Disappearing differences do not always reflect healthy integration: An analysis of cognitive therapy and rational-emotive therapy. *Journal of Psychotherapy Integration, 1*, 287-303.
Haaga, D. A. F., Dryden, W., & Dancey, C. P. (1991). Measurement of rational-emotive therapy in outcome studies. *Journal of Rational Emotive and Cognitive Behavior Therapy, 9*, 73-93.
Hayes, S. C. (1987). A contextual approach to therapeutic change. In N. Jacobson (Ed.), *Psychotherapists in clinical practice: Cognitive and behavioral perspective* (pp. 327-387). New York: Guilford Press.
Hollon. S., & Beck, A. T. (1986). Cognitive and cognitive-behavioral therapies. In S. L. Garfield & A. E. Bergin (Eds.), *Handbook of psychotherapy and behavior change* (3rd ed., pp. 443-482). New York: Wiley.

Jacobson, N. S., & Revenstorf, D. (1988). Statistics for assessing the clinical significance of psychotherapy techniques: Issues, problems, and new developments. *Behavior Assessment, 10*, 133-145.

Jones, R. (1968). *A factored measure of Ellis's irrational belief system*. Unpublished doctoral dissertation, Texas Technological College, Lubbock.

Kazdin, A. E. (1986). Comparative outcome studies of psychotherapy: Method-ological issues and strategies. *Journal of Consulting and Clinical Psychology, 54*, 95-105.

Kendall, P. C. (1984). Cognitive processes and procedures in behavior therapy. In C. M. Franks, G. T. Wilson, P. G. Kendall, & K. D. Brownell (Eds.), *Annual review of behavior therapy: Theory and practice* (Vol. 10, pp. 123-163). New York: Guilford Press.

Kenrick, D. T., & Funder, D. C. (1988). Profiting from controversy: Lessons from the person-situation debate. *American Psychologist, 43*, 23-34.

Knaus, W. (1974). *Rational-emotive education: A manual for elementary school teachers*. New York: Institute for Rational Living.

Lazarus, A. A. (1989). The practice of rational-emotive therapy. In M. E. Bernard & R. DiGiuseppe (Eds.), *Inside rational-emotive therapy: A critical appraisal of the theory and therapy of Albert Ellis* (pp. 95-112). San Diego, CA: Academic Press.

Lazarus, A. A. (1991). A plague on Little Hans and Little Albert. Psychotherapy, 28, 444-447.

Linehan, M. M. (1987). Dialectical behavior therapy: A cognitive-behavioral approach to parasuicide. *Journal of Personality Disorders, 1*, 328-333.

Lyons, L. C., & Woods, P. J. (1991). The efficacy of rational-emotive therapy: A quantitative review of the outcome research. *Clinical Psychology Review, 11*, 357-369.

Mahoney, M. J., Lyddon, W. J., & Alford, D. J. (1989). An evaluation of the rational-emotive theory of psychotherapy. In M. E. Bernard & R. DiGiuseppe (Eds.), *Inside rational-emotive therapy: A critical appraisal of the theory and therapy of Albert Ellis* (pp. 69-94). San Diego, CA: Academic Press.

Malouff, J. M., & Schutte, N. S. (1986). Development and validation of a measure of irrational belief. *Journal of Consulting and Clinical Psychology, 54*, 860-862.

Malouff, J. M., Valdenegro, J., & Schutte, N. S. (1987). Further validation of a measure of irrational belief. *Journal of Rational-Emotive Therapy, 5*, 189-193.

Mersch, P. P. A., Emmelkamp, P. M. G., Bogels, S. M., & van der Sleen, J. (1989). Social phobia: Individual response patterns and the effects of behavioral and cognitive interventions. *Behaviour.Research and Therapy, 27*, 421-434.

Mersch, P. P. A., Emmelkamp, P. M. G., & Lips, C. (1991). Social phobia: Individual response patterns and the long-term effects of behavioral and cognitive interventions: A follow-up study. *Behaviour Research and Therapy, 29*, 357-362.

Muran, J. C. (1991). A reformulation of the ABC model in cognitive psychotherapies: Implications for assessment and treatment. *Clinical Psychology Review, 11*, 399-418.

Robb, H. B. III, & Warren, R. (1990). Irrational belief tests: New insights, new direction. *Journal of Cognitive Psychotherapy: An International Quarterly, 4*, 303-311.

Rorer, L. G. (1989a). Rational-emotive theory: 1. An integrated psychological and philosophical basis. *Cognitive Therapy and Research, 13,* 475-492.

Rorer, L. G. (1989b). Rational-emotive theory: 2. Explication and evaluation. *Cognitive Therapy and Research, 13,* 531-548.

Shorkey, C. T., & Whiteman, V. L. (1977). Development of the Rational Behavior Inventory: Initial validity and reliability. *Educational and Psychological Measurement, 37,* 527-534.

Sloane, R. B., Staples, F. R., Cristol, A. H., Yorkston, N. J., & Whipple, K. (1975). *Psychoanalysis versus behavior therapy.* Cambridge, MA: Harvard University Press.

Smith, D. (1982). Trends in counseling and psychotherapy. *American Psychologist, 37,* 802-809.

Smith, M. L., & Glass, G. V. (1977). Meta-analysis of psychotherapy outcome studies. *American Psychologist, 32,* 752-760.

Smith, T. W. (1989). Assessment in rational-emotive therapy: Empirical access to the ABCD model. In M. E. Bernard & R. DiGiuseppe (Eds.), *Inside rational-emotive therapy: A critical appraisal of the theory and therapy of Albert Ellis* (pp. 135-153). San Diego. CA: Academic Press.

Taylor, S. E., & Brown, J. D., (1988). Illusion and well-being: A social psychological perspective on mental health. *Psychological Bulletin, 103,* 193-210.

Warner, R. E. (1991). A survey of theoretical orientations of Canadian clinical psychologists. *Canadian Psychology, 32,* 525-528.

Warren, R., & McLellarn, R. W. (1987). What do RET therapists think they are doing? An international survey. *Journal of Rational-Emotive Therapy, 5,* 71-91.

Warren, R., McLellarn, R., & Ponzoha, C. (1988). Rational-emotive therapy versus general cognitive-behavior therapy in the treatment of low self-esteem and related emotional disturbances. *Cognitive Therapy and Research, 12,* 21-38.

Watson, D., & Clark, L. A. (1984). Negative affectivity: The disposition to experience aversive emotional states. *Psychological Bulletin, 96,* 465-490.

Woolfolk, R. L., & Sass, L. A. (1989). Philosophical foundations of rational-emotive therapy. In M. E. Bernard & R. DiGiuseppe (Eds.), *Inside rational-emotive therapy: A critical appraisal of the theory and therapy of Albert Ellis* (pp. 9-26). San Diego, CA: Academic Press.

Zettle, R. D., & Hayes, S. C. (1980). Conceptual and empirical status of rational-emotive therapy. In M. Hersen, R. M. Eider, & P. M. Miller (Eds.), *Progress in behavior modification* (Vol. 9, pp. 126-166). San Diego, CA: Academic Press.

Zurawski, R. M., & Smith, T. W. (1987). Assessing irrational beliefs and emotional distress: Evidence and implications of limited discriminant validity. *Journal of Counseling Psychology, 34,* 224-227.

第IV部
構成主義心理療法

第 7 章

人間の認識プロセスに関する構成主義的な一考察

ヴィットリオ・F・グイダーノ

　認知行動アプローチは，1970年代に出現したものであり，従来の連合主義パラダイムが発展したものと考えることができる。認知行動アプローチが生じたことで，単一の信念，内的対話や思考の歪みを記述し，分析し，変容させることが可能になった。しかしながら，根本的な問題は未解決のままであった。応用認知心理学の成立に関わる問題，すなわち，人間の認識がどのように発達し，構造化を遂げるかという問題である。最近，明らかにされつつあることだが，個人の知覚や行動には，自己や世界に関する既存の知識が重要な調整機能を果たしている。自己や世界に関する知識の重要性を裏づけるデータは，実験認知心理学，神経心理学や人工知能など，基礎研究の分野で見出されている。同様にわかり始めたことであるが，個人の知識が発達や保続，あるいは変化する場合には，さまざまな認知領域を通じて，（必ずしも厳密ではないものの）一貫したプロセスが現れるようである。個人というものは，状況に応じて，多種多様でときに相矛盾するような信念，意見，気持ちや振る舞いをみせることがある。そのようなときでも，自己を自明なものとみなしており，また，他者からも一貫したものとして認識されている。

　こうした問題に直面する以上，依然として，連合主義－行動主義パラダイムの適用範囲を広げようとするのは不適切なように思える。むしろ，新たな認識論的枠組みに移行した方が有望である。人間の認知プロセスをより統合的に理解するモデルが得られるからである (Guidano, 1987, 1991; Guidano & Liotti, 1983; Mahoney, 1980, 1982, 1991; Weimer, 1982)。本章の目的は二つある。非連合主義的な認識論を前提として，重要な理論を導き，その概要について述べ

ること，また，そうした観点から，認知の発達と構造化をとらえなおし，その主な成果について検討することである。

構成主義の枠組み

構成主義の枠組みは，進化論的認識論の仮説に基づいてつくられている (Cambell, 1974; Lorenz, 1973; Popper, 1972; Popper & Eccles, 1977; Radnitzky & Bartley, 1987)。その仮説の概略については，以下のようにまとめることができる。

進化のプロセスとしての認識

認識の発生と進化の問題は，生物学で取り扱われた結果，自然科学の領域に位置づけられるようになった。それまで人間の認識は哲学や形而上学の論題とされるのが一般的であったが，哲学や形而上学からは明確に区別されるようになった。また，そうした区別のおかげで，近代科学の方法論と同様の手続きによって認識についての研究が進められるようになった。支持する有効な理論と入手した観察データから仮説を導き，反証可能な実験により，その仮説の検証を試みるアプローチである。

認識の構造を生命現象の進化様式（環境圧の負荷に応じて徐々にかたちづくられたもの）として考えれば，生物の行動は，環境との相互作用の重要な特徴ということになる (Popper, 1975)。実際，精神に関するどの理論を調べても，生物と環境の相互作用モデルが暗に前提とされており，両者の相互作用を媒介するプロセスが定義されている。連合主義では，生物と環境の相互作用において，知覚が最も基本的な媒介であるとみなされる。それに対して，構成主義では，生物の行動そのものが基本的媒介であるとみなされる。構成主義のアプローチは，感覚に基づく知覚の重要性を否定するものではない。生物の行動は，運動レベル（環境の探索），感覚レベル（知覚による秩序の構成），認知レベル（仮説の生成と比較）において常に現れている。したがって，ピアジェ (Piaget, 1970) が主張した通り，対象の認識とは，本質的には，対象に働きかけることなのである。

構成主義の考えでは，認識は持続的で，進化論的なプロセスとして理解される。生物が自らの経験を能動的に組織化し，その試みが徐々に洗練されていく

中で現れるプロセスである。ワイマー (Weimer, 1975) が適切な表現をしているが，生物とは能動的，統合的な「自らの環境についての理論」である。この観点によれば，精神機能の主なプロセスは，連合主義が提唱したようなものではない。つまり，連合の形成や解除は，受動的な時間経過に伴う随伴関係（古典的条件づけ）や結果的な随伴関係（オペラント条件づけ）によるものではない。精神機能は，期待や仮説，理論を能動的に（しかもおおよそ暗黙のうちに）生み出すことで，構成的な経験の土台を築くものである。学習はすべて先行する知識と関わるものであり (Hamlyn, 1981)，認識は必然的に，時間に拘束された，歴史的なプロセスになる。

認識のプロセスは，認識主体とその媒体との相互作用が続く中で，創発的に生じるものである。そう仮定した場合，認識それ自体は，現実の単なる感覚的コピー（経験論），あるいは，個人の内部で活性化するスキーマが単に発現したもの（生得論）とはまったく異なるように思える。認識は，実在に関するモデルを漸進的に，階層的に構成するもののようである。こうして生まれた作業モデルの表象的な妥当性については，技術的にも理論的にも判断することができないが，構成主義の認識論者にとっては，作業モデルの生存可能性こそがより重大な関心事となっている (Bowlby, 1988; Mahoney, Miller, & Arciero, 第8章参照; Maturana & Varela, 1987)。この作業モデルは，重要な役割を果たしており，個人と世界の相互作用のあり方を導いている。実際，このモデルによって，世界を（同様に自己を）把握するパターンが定まるのである。作業モデルは，経験の幅と形式を定めることで，個人の認識を制限している。精神病理の理解や心理療法の実践を考える場合には，きわめて重要な現象である。

精神の活動理論

上述した観点によれば，人間の精神は，能動的で，建設的なシステムのように思える。出力情報だけではなく，基礎的な感覚を含む，入力情報のかなりの部分までも構成することができる。近年では，「感覚理論」，すなわち，精神を単なる感覚の収集装置とみなす考えは，支持を失いつつある。感覚理論は，学習理論や初期の情報処理モデルで支持された考えであるが，客観主義の前提に立つものであった。つまり，感覚受容器に対する比較的受動的な入力を通じて，外部の現実から神経系に指示がなされるという，主客の一致を本質的に想定するものであった。これに対して，感覚理論と競合するのが精神の「活動理論」

である。過去数年間で少しずつ支持を集めるようになった理論であるが (Hayek, 1952, 1978; Piaget, 1970; Popper, 1972; Weimer, 1977)、この理論によると、人間の精神は、経験や行動に相関的な秩序をもたらす、抽象的ルールのシステムであると考えられる (Weimer, 1982)。ハイエク (Hayek, 1978) が指摘した通り、人間が知覚する世界は豊かなものであるが、そこから精神の抽象化が始まるわけではない。それとは逆に、豊かな世界は、精神が豊かな経験を目指して大規模な抽象化を行った結果、生じたものなのである。精神の機能を説明する場合、具体的なものが基礎となり、そこから抽象的なものが引き出される、という考えが自明とされてきたが、今や、この考えは主観的な経験に基づく誤りのように思える。進化の過程で人間の精神が獲得した、複雑で自動的な秩序化の能力によるものである (Hayek, 1952)。認識プロセスのモデルを概説しようとする場合、精神の活動理論については、二つの本質的な要素をふまえる必要がある。(1) 無意識のプロセスの重要性、および、(2) 認識の暗黙的、明示的レベルの関連性についてである。

無意識的プロセスの重要性

構成主義の観点によると、精神活動には暗黙的なプロセスが認められる。それは深層構造における秩序化のルールであり、現在の経験を組織化し、将来の経験を予測するものである。人間の経験には、抽象的な暗黙のプロセスが広く作用しているが、**抽象的**あるいは**暗黙的**という言葉が示す通り、そうした作用は人間の意識が及ばないところに生じる。もっとも、そうしたプロセスは、必ずしも下意識のレベルで作用しているわけではない (今日でも、暗黙の認識プロセスを下意識の領域に追いやる傾向が残っているが、この傾向は、過去数十年間、精神分析理論が支配的であったことによるものだろう)。ハイエク (1978) の議論では、暗黙の秩序化のプロセスは、鮮明な (言語的な) 意識下で作用するものでは決してない。意識を**超えて**作用する、と表現する方が正確であるという。暗黙のプロセスは、下意識のレベルではなく、**超意識** (super conscious) のレベルで作用している。表層に現れることなく、意識のプロセスを制御しているのである (Franks, 1974; Polanyi, 1966; Reber & Lewis, 1977; Turvey, 1974; Weimer, 1973, 1982)。

認識の暗黙的レベルと明示的レベル

　こうした観点から認識のプロセスを理解すると，必然的に，認知構造の深層と表層（認識の暗黙的レベルと明示的レベル）を区別する考えが生じる。実証的証拠が徐々に集まりつつあることだが，認知プロセスの深層と表層には，密接に関連した二つの認知プロセスの間の構造的な違いが現れている（Airenti, Bara, & Colombetti, 1980, 1982; Tulving, 1972; Weimer, 1975）。暗黙のプロセスは，必要な組織化をもたらし，「懸念」や予期のように機能することで，注意を方向づけ，詳細な経験を構成する。このように，暗黙の認識（深層的な秩序化のルールという個人のシステム）は，明示的な認識（期待，信念，情動，行為など）に表現されている。こうしたモデルによると，認知とは，表層レベルと深層レベルの認識，すなわち，明示的レベルと暗黙的レベルの認識が相互作用する中で，発生するものなのである。

　暗黙的な認識は，明示的な認識に変換され，明示的な認識は暗黙的な認識に変換されている。ただし，変換の手順は，単純な割り振りというよりも，建設的で，生成的なプロセスである（Piaget, 1970; Reber & Lewis, 1977）。プロセスの全体は，一貫性の追求や，差異を補う感受性によって，調整されているようである。つまり，入力情報は，現在利用できる認知構造に沿うかたちで，識別，あるいは，形成されている（ピアジェが同化と呼ぶプロセスである）。そうした傾向が，暗黙の秩序化プロセスにバイアスをもたせているのかもしれない。矛盾（経験上の予期せぬ例外）が知覚された場合，暗黙の秩序が変化することもある（ピアジェが調節と呼ぶプロセスである）。一貫性を追求する能力は，認識の主体にとって生得的なものであるが，矛盾から学ぶ能力は，進化論的にも，比較的最近になって発達したものであろう。後者の能力は，言語的能力の発達とともに，めざましく進歩した。言語的能力のおかげで，記号的な否定の能力が備わったのである。

　人間の認識には，差異を通じて秩序を求め続ける本質的な性質がある。そのため，統合的で包括的な認識パターンが次第に実現されていく。矛盾の幅をとらえる能力は，絶えず修正されており，現在の認識はさらに洗練される。構成の能力が，環境に対する精神の能動的作用を表すのだとすれば，一貫性（識別する能力）と矛盾は，相互作用が営まれる，やりとりの現場であるということになる（Mahoney, 1982, 1991）。暗黙的な認識と明示的な認識の間には，能動的で持続的な相互依存の関係が認められる。暗黙の認識プロセスには，「フィ

ードフォーワード」の傾向が示され，適応に必要なものが頻繁に予測される。明示的な認識および表層構造の活動は，フィードバックのプロセスによって，より瞬間的に引き起こされる。認識のプロセスにとっては，これらのプロセスの調和を保つことが重要な課題となる。システム全体の一貫性を求める操作と比べて，矛盾がその臨界点を超えないようにしなければならない。

認識プロセスの組織化

以上の議論をふまえた場合，人間の認識プロセスについて，いくつかの推論を行うことができる。他の論文でも説明を試みたことだが，認知プロセスをどう理解するかということが，心理療法の試みすべての中心となる（Guidano, 1987, 1991）。ここで筆者の意見を要約し，四つの関連テーマにまとめたいと思う。（1）人間の自己組織化の能力，（2）統合的なパラダイムとしてのアタッチメント理論，（3）自己認識の再体制化としての発達，そして，（4）動的な均衡化プロセスとしての認識の進化である。

人間の自己組織化の能力

近年，多くの実証的証拠が集められているが，進化的発生にとって，生物学的な個体化が重要な役割を果たしている（Ferracin, Panichelli, Benassi, DiNallo, & Steindler, 1978; Popper & Eccles, 1977; Varela, 1979）。しかしながら，もっと臨床的な関心を引く事実がある。それは，他の動物と比べて，人間には，個体化を複雑に，精密に進める力が備わっているということである。この能力は，まぎれもなく，「言語化」の能力と関係しており，心理療法の適用に対しても，はかりしれない重要性をもっている。個人の独自性や歴史的連続性という感覚によって，人間存在の意味は，根本的に特徴づけられている。実際，個人的な同一性や，同一性がもたらす安定性が失われたら，「高次」の認知プロセスと考えられているものは，心理学的に成立しなくなるだろう。（知覚作用から抽象作用に至るまで）人間の経験には，ある程度の安定性と一貫性が前提となっている。人間の性質に関する伝統的な見方では，客観主義や連合主義，精神の感覚理論という考えが浸透していたため，外的な現実が，経験の安定性を支える主要な起源であると考えられていた。最近ますます明らかになっているが，個人が経験する一貫性や安定性には，認識する個人の働きが大き

く寄与しているのである。

　個人の生活を理解するには，以上の観点をふまえることが重要であるが，その重要性は簡単に強調できるものではなく，どのような言葉でも十分に表現することができない。あえていうならば，個人として同一性の感覚を維持することは，ほぼ人生そのものと同じくらい，重要なことなのである。行為や経験の中核として自己が感じられなければ，日常的な機能を保つことはほぼできなくなるだろう。まさにこうした特殊事情に基づき，心理療法はすべて究極的には自己の心理療法である，そして，生涯続く「個体化」のプロセスを正当に評価しなければ，心理療法のプロセスは適切に理解できない，と筆者は考えている（Guidano, 1987, 1991）。

アタッチメント理論：人間発達の統合的パラダイム

　人間は生まれながらにして，生得的で複雑なスキルや，注目に値する能力を備えており，自己の組織化を進めることができる。しかしながら，新生児は，心理学的な意味においては，まだ自己ではない。自己の発達（自己認識の発達）とは，能動的な学習プロセスであり，ある種の進化論的制約から生じるものである。「自己になることを学ぶ」（Popper & Eccles, 1977）とは，基本的なプロセスを示した言葉である。つまり，人間という生物は，自己の認識を学び，自己に関する認識を次第に明確な，比較的安定した同一性にまとめ，ついには，自己を現実の中心（つまり，あらゆる認識の中心）に位置づけるのである。

　人間は他者との交流を通じて自己認識を獲得するといわれる（Cooley, 1902; Mead, 1934）。この著名な理論は，現在，霊長類の研究，子どもの発達研究，心理療法のプロセス研究など，たくさんの実証的証拠によって支持されている（Curtiss, Fromkin, Krashen, Rigler, & Rigler, 1974; Guidano, 1987, 1991; Hayes & Nissen, 1971; Hill, Bundy, Coallup, & McClure, 1970; Linden, 1974; Mahoney, 1991; von Senden, 1960）。子どもは，自らの環境に対して探索を行い，能動的に関わることで，認識することを学ぶ。その際，明らかに，他者がその環境内での最も重要な対象となる（Brazelton, Koslowski, & Main, 1974; Lewis & Lee-Painter, 1974）。他者との交流には質的な側面があり，そこから子どもは不変的な性質を見極めるようになる。分離した独自の人間として自らを明確化し，評価できるようになる。これについては，鏡映効果として知られる有名な現象があり，ポパー（Popper）が次のように説明している。「人間は自己の姿を，

鏡でみることを学ぶ。それと同様に,子どもが自己を意識するようになるのは,他者意識という鏡に映った自己をみるようになってからである」(Popper & Eccles, 1977, p.110)。

鏡映効果の影響を論理的に考えれば,対人関係や社会関係が自己認識の発達に決定的な役割を果たすことがわかる。ジョン・ボウルビー(John Bowlby)が提唱したアタッチメント理論は,発見的で探索的な枠組みであり,自己認識の発達に関する,従来の見解をまとめたものである(Ainsworth, Blehar, Waters, & Wall, 1978; Bowlby, 1969, 1973, 1980, 1988)。まさに人間発達のパラダイムこそが,包括的,組織的に,自己認識の構造化に寄与する要因を明らかにしてくれる。アタッチメント理論によれば,自己認識とみなせる自己の感覚やその他の感覚はすべて,対人的な基盤に由来しているのである。

自己認識の再体制化としての発達

アタッチメント理論の観点によれば,発達段階というものは,自己組織パターンの基礎的な構造化に始まり,自己同一性の構造化に至る,漸進的な一連の質的変化とみることができる。この段階的な経過の中で,自己概念は,構造上,以前到達したレベルの影響のもとで生じ,また,その先の可能性を方向づけるものである。その時々に生まれる自己認識はどれも,形態(構造)は新しいが,内容はまったく新しいものではない(Broughton, 1981)。意識の反省的な側面と関わり,認識の構造レベルを高める,構造的な再体制化のすべてが現れたものである。

包括的な見方をすると,人間の発達は,構造的なギャップが特徴的なプロセスとみることができる。一方では,経験の足場が漸進的に固められ,以前よりも複雑な,抽象的ルールのシステムが形成される。他方では,ゆっくりと発達する認知的能力がある。知能が発達する後期の段階,通常は青年期になってから(部分的にせよ)確認できるものである。この段階まで個人の発達が進むと,前論理的で,情緒的な自己認識および世界観は,概念的な再検討を迫られ,その後の自己組織化の中核となる,意識的な自己像へと変容する。自己認識の発達段階については,主に以下のように記すことができる。

1. 幼児期・未就学の時期(約2歳6カ月から5歳まで)

自己認識の基本的な核は,この段階で実現される,認知の発達レベルに応じ

て形成される。深層構造の基本的な関係が組織されることで，自己や世界の知覚的パターンが安定化する。この発達プロセスには，自己認識のその後の発達に影響する，生得的なバイアスが認められる。幼い子どもが選択的な構成により生み出した，意味の領域による制約である。

２．幼年時代（おおよそ小学生の時期に相当）

ここで可能となる認知的発達は，ピアジェ（1970）のいう具体的操作段階に相当するものである。認識能力が質的に変化するおかげで，経験を比較的複雑に組織することができるようになる。どちらかといえば直接的で，具体的な質を重視する特徴がみられる。自己認識が発生し，洗練されることで，この段階では，自己が対象として見出される（Dickstein, 1977）。

３．青年期（約12歳から18歳まで）

発達の第3段階は，ピアジェのいう形式的操作段階に相当する。認識が質的に変化するため，自己を既存のものとして，さらには，自省により見出されるものとして，経験できるようになる。いいかえると，「認識主体」として現れる自己には，自己同一性の十分な感覚と，自己組織化に対する能動的な役割が備わっている。こうした認識論的な理解とともに，大人時代が幕を開けるのである（Chandler, 1975; Dickstein, 1977）。

ダイナミックな均衡化のプロセスとしての認識の進化

ダイナミックな均衡（equilibrium）は，その時々の認識の進化を特徴づけるものであり，揺れ動くフィードフォーワードのプロセスを通じて発現する。このプロセスでは，自己や現実のモデルが，統合性を増しながら，断続的に姿を現している。フィードフォーワードの過程は，認識の展開を支える基礎的なメカニズムに基づいている。経験の秩序化が進むことで，不変的な暗黙のルールが統合性を増し，断続的に構造化されるのである。すでに論じた通り，暗黙的な認識と明示的な認識の関係は，一貫性と矛盾のダイナミックなバランスが定めている。一貫性の追求（プロセスの維持）は，自己同一性と自己意識を有効なレベルで構築し，安定させるための基礎的なプロセスである。また，矛盾を知覚することで生じる情緒的な動揺は，主に調整的に働くことによって，自己同一性や自己意識の統合を導く，再構成をもたらす（プロセスの変化）。つまり，変化のプロセスは，中核的スキーマを信念や思考に変換するときに引き起こされ，維持のプロセスによっても，段階的に調整される。維持のモデルは，

自己の構造に特有な機能的連続性と同一性の保持を目指すものである。自己や世界の概念が変化することをある程度一貫して認めるためには，個人は，構造化された主観的連続性を破綻させることなく，もう一つの自己像を徐々につくりあげる必要がある。重大な破綻が生じれば，まさに現実感が損なわれるだろう。こうして，維持と変化のプロセスは，対極的どころか，相互依存的で重複したプロセスであることがわかる。認識が成立するその時々に，同時に機能しながら，異なる様相を示すのである。維持プロセスは，連続的なものであるが，変化のプロセスは，あくまで脅威や可能性があるときだけ継続する。

　実際，強調されるべきことだが，認識のその時々の進化は，連続的な，円滑なプロセスではなく，むしろ，断続的で，段階的なプロセスである。次の段階への進化は，進み方の方法やタイミングのどちらをとっても，予想がつきにくいプロセスである。したがって，**揺れ動く（oscillative）** という用語は，人間の変化のプロセスを特徴づける，このように不確かなパターンを意味する（Mahoney, 1991の用語に似ている）。揺れ動くパターンがみられるのは，何らかの開放系が進化する際に，構造的な変化が認められる場合である。このことは，専門性の異なるさまざまな研究者が指摘する通りである（Jacob, 1977; Kuhn, 1962; Lakatos, 1974; Nicolis & Prigogine, 1977; Prigogine, 1978; Waddington, 1975）。

結　論

　ここまで理論的な概略を示してきたが，最後に，認知構造のその時々の進化に関わる問題点について述べる。よく知られる問題として，発達初期の異常体験が成人後の精神病理にどのように影響するのかという問題がある（e.g., Rutter, 1972; 1979）。発達初期のトラウマに対する反応には，個人差や弾力性が認められることが証明されつつある。しかしながら，正当的な通説では，そうしたトラウマは，発達が進むにつれて，心理的脆弱性と結びつくのが通例とされている。トラウマと脆弱性のつながりを示す仮説は，つい最近まで，決定論的な傾向をもつもの（精神分析の心的決定論や行動主義の環境的決定論）に限られていたが，構成主義は，それらとは別の可能性を示している。筆者が本章で述べた通り，初期経験の影響によって，暗黙の自己認識が構造化されるのだとすれば，のちに明らかとなる精神病理への脆弱性は，現行の（自己を存続

させる）認識能力の限界が現れたものと考えることができる。いいかえれば，初期経験は認識の発達と組織化に影響をもたらすが，その影響は能動的で，建設的なプロセスであるとみることができる。認識の進んだ段階が現れる中で，そのプロセスの生成的な能力が徐々に伸びていくのである。

特筆すべきもう一つの問題は，一般的な現象に由来している。自己同一性による統制機能は，加齢とともに次第に強化される傾向がある，というものである。青年期どころか，中年期においてさえも，老年期と比べてみれば，私的な同一性の再構築を続けることは，難しくないように思える。老年期では，同一性の重大な変化が一般的に減少すると考えられている。ラックマン（Luckmann, 1979）によると，私的な同一性は，人生の歴史というかたちをとることが多い。その他にも，「人生設計」（Popper & Eccles, 1977）や「人生のテーマ」（Csikszentmihalyi & Beattie, 1979）という用語が用いられており，一生涯の認識や行動を特徴づける，連続的な統一性が示されている。伝記を読むときのことを思い出せば，主人公自身がほとんど気づいていなくても，ある道筋や脚本をたどっていたように思えることがよくある。

構成主義の観点では，人生のテーマというものは，明らかに，刻一刻，日々，毎年，漸進的に，ダイナミックに構成されるものである。個人の私的な「存在形式」は，一連のライフイベントや，そこから引き出される行動や意味をふまえた上で，展開していく。個人としての選択や行動は，結果としてイベントになり，個人の記憶に統合され，統一された，包括的な自己や人生のイメージをもたらす。構成主義アプローチは，発達初期の認識構造に自己産出的な惰性を認めているが，その一方で，私的な自己意識（そして世界観）の変化には，認識論的な再体制化が必要になることも強調している。その再体制化は，決定論的なアプローチが想定するよりもはるかに複雑なものである。認識論的な再体制化に影響を及ぼす要因は何なのか。こうした問いは，最も難しい問題として，構成主義の理論家，研究者，セラピストの今後に託されている。

文 献

Ainsworth, M. D. S., Blehar, M. C., Waters, E., & Wall, S. (1978). *Patterns of attachment*. Hillsdale, NJ: Erlbaum.

Airenti, G., Bara, B., & Colombetti, M. (1980). Semantic network representation of conceptual and episodic knowledge. In R. Trappl (Ed.), *Advances in cybernetics and system research* (Vol. 11). Washington, DC: Hemisphere.

Airenti, G., Bara, B., & Colombetti, M. (1982). A two level model of knowledge and

belief. In R. Trappl (Ed.), *Proceedings of 6th E.M.C.S.R.* Amsterdam: North Holland.
Bowlby, J. (1969). *Attachment and loss: vol. 1. Attachment.* New York: Basic Books. 黒田実郎（訳）（1991）母子関係の理論1：愛着行動．岩崎学術出版社．
Bowlby, J. (1973). *Attachment and loss: Vol. 2. Separation: Anger and anxiety.* New York: Basic Books. 黒田実郎，岡田洋子，吉田恒子（訳）（1991）母子関係の理論2：分離不安．岩崎学術出版社．
Bowlby, J. (1980). *Loss, sadness and depression.* London: Hogarth Press.
Bowlby, J. (1988). *A secure base.* New York: Basic Books. 二木武（監訳）（1993）母と子のアタッチメント：心の安全基地．医歯薬出版．
Brazelton, T. B., Koslowski, B., & Main, M. (1974). The origins of reciprocity: The early mother-infant interaction. In M. Lewis & L. A. Rosenblum (Eds.), *The effect of the infant on its caregivers.* New York: Wiley.
Broughton, J. M. (1981). The divided self in adolescence. *Human Development, 24,* 13-32.
Campbell, D. T. (1974). Evolutionary epistemology. In P. A. Schilpp (Ed.), *The philosophy of Karl Popper.* LaSalle, IL: The Library of Living Philosophers.
Chandler, M. J. (1975). Relativism and the problem of epistemological loneliness. *Human Development, 18,* 171-180.
Cooley, C. H. (1902). *Human nature and the social order.* New York: Scribner.
Csikszentmihalyi, M., & Beattie, O. V. (1979). Life themes: A theoretical and empirical exploration of their origins and effects: *Journal of Humanistic Psychology, 19,* 45-63.
Curtiss, S., Fromkin, V., Krashen, S., Rigler, D., & Rigler, M. (1974). The linguistic development of Genie. *Language, 50,* 528-555.
Dickstein, E. (1977). Self and self-esteem: Theoretical foundations and their implications for research. *Human Development, 20,* 129-140.
Ferracin, A., Panichelli, E., Benassi, M., DiNallo, A., & Steindler, C. (1978). Self-organizing ability and living systems. *Biosystems, 10,* 307-317.
Franks, J. J. (1974). Toward understanding understanding. In W. B. Weimer & D. S. Palermo (Eds.), *Cognition and the symbolic processes.* Hillsdale, NJ: Erlbaum.
Guidano, V. F. (1987). *Complexity of the self A developmental approach to psychopathology and therapy.* New York: Guilford.
Guidano, V. F. (1991). *The self in process: Toward a post-rationalist cognitive therapy.* New York: Guilford.
Guidano, V. F., & Liotti, G. (1983). *Cognitive processes and emotional disorders.* New York: Guilford.
Hamlyn, D. W. (1981). Cognitive systems, "folk psychology" and knowledge. *Cognition, 10,* 115-118.
Hayek, F. A. (1952). *The sensory order.* Chicago: University of Chicago Press. 穐山貞登（訳）（1989）感覚秩序．西山千明，矢島鈞次（監修），ハイエク全集4．春秋社．
Hayek, F. A. (1978). *New studies in philosophy, politics, economics and the history of ideas.* Chicago: University of Chicago Press.
Hayes, K. J., & Nissen, C. H. (1971). Higher mental functions in a home-raised chimpanzee. In A. M. Schrier & F. Stollnitz (Eds.), *Behavior of nonhuman primates.*

New York: Academic Press.
Hill, S. D., Bundy, R. A., Gallup, G. G., & McClure, M. K (1970). Responsiveness of young nursery reared chimpanzees to mirrors. *Proceedings of the Louisiana Academy of Science, 33*, 77-82.
Jacob, F. (1977). Evolution and tinkering. *Science, 196*, 1161-1166.
Kuhn, T. S. (1962). *The structure of scientific revolutions*. Chicago: University of Chicago Press. 中山茂（訳）（1971）科学革命の構造. みすず書房.
Lakatos, I. (1974). Falsification and the methodology of scientific research programmes. In I. Lakatos & A. Musgrave (Eds.), *Criticism and the growth of knowledge*. Cambridge: Cambridge University Press.
Lewis, M., & Lee-Painter, S. (1974). An interactional approach to the mother-infant dyad. In M. Lewis & L. Rosenblum (Eds.), *The effects of the infant on its caregivers*. New York: Wiley.
Linden, E. (1974). *Apes, men and language*. New York: Penguin.
Lorenz, K. (1973). *Behind the mirror*. New York: Harcourt Brace Jovanovich. 谷口茂（訳）（1996）鏡の背面：人間的認識の自然誌的考察. 新思索社.
Luckmann, T. (1979). Personal identity as an evolutionary and historical problem. In M. von Cranach, K. Foppa, W. Lepenies, & D. Ploog (Eds.), *Human ethology*. Cambridge: Cambridge University Press.
Mahoney, M. J. (1980). Psychotherapy and the structure of personal revolutions. In M. J. Mahoney (Ed.), *Psychotherapy process*. New York: Plenum.
Mahoney, M. J. (1982). Psychotherapy and human change processes. In J. H. Harvey & M. M. Parks (Eds.), *Psychotherapy research and behavior change*. Washington, DC: American Psychological Association.
Mahoney, M. J. (1991). *Human change processes*. New York: Basic Books.
Maturana, H. R., & Varela, F. J. (1987). *The tree of knowledge*. Boston: Shambala. 管啓次郎（訳）（1997）知恵の樹. 筑摩書房.
Mead, G. H. (1934). *Mind, self and society*. Chicago: University of Chicago Press.
Nicolis, G., & Prigogine, I. (1977). *Self-organization in nonequilibrium systems: From dissipative structures to order through fluctuations*. New York: Wiley. 小畠陽之助, 相沢洋二（訳）（1980）散逸構造：自己秩序形成の物理学的基礎. 岩波書店.
Piaget, J. (1970). *L'epistemologie génétique*. Paris: Presses Universitaires de France. 滝沢武久（訳）（1972）発生的認識論. 白水社.
Polanyi, M. (1966). *The tacit dimension*. Garden City, NY: Doubleday. 佐藤敬三（訳）（1980）暗黙知の次元：言語から非言語へ. 紀伊国屋書店.
Popper, K. R. (1972). *Objective knowledge: An evolutionary approach* (2nd ed.). Oxford: Clarendon Press. 森博（訳）（1974）客観的知識：進化論的アプローチ. 木鐸社.
Popper, K. R. (1975). The rationality of scientific revolutions. In R. Harre (Ed.), *Problems of scientific revolutions*. Oxford: Clarendon Press.
Popper, K. R., & Eccles, J. C. (1977). *The self and its brain*. New York: Springer International.
Prigogine, I. (1978). Time, structure, and fluctuations. *Science, 201*, 777-785.
Radnitzky, G., & Bartley, W. W. (Eds.) (1987). *Evolutionary epistemology*. LaSalle, IL: Open Court.

Reber, A. S., & Lewis, S. (1977). Implicit learning: An analysis of the form and structure of a body of tacit knowledge. *Cognition, 5*, 333-361.
Rutter, M. (1972). *Maternal derivation reassessed.* Harmondsworth, England: Penguin Books.
Rutter, M. (1979). Maternal deprivation 1972-1978: New findings, new concepts, new approaches. *Annals of the Academy of Medicine, 8*, 312-323.
Tulving, E. (1972). Episodic and semantic memory. In E. Tulving & W. Donaldson (Eds.), *Organization of memory*, New York: Academic Press.
Turvey, M. T. (1974). Constructive theory, perceptual systems and tacit knowledge. In W. B. Weimer & D. S. Palermo (Eds.), *Cognition and the symbolic processes*, Hillsdale, NJ: Erlbaum.
Varela, F. J. (1979). *Principles of biological autonomy.* New York: North Holland.
von Senden, M. (1960). *Space and sight: The perception of space and shape in the congenitally blind before and after operation.* Glencoe, IL: Free Press.
Waddington, C. H. (1975). *The evolution of an evolutionist.* Edinburgh: Edinburgh University Press.
Weimer, W. B. (1973). Psycholinguistics and Plato's paradoxes of the Meno. *American Psychologist, 28*, 15-33.
Weimer, W. B. (1975). The psychology of inference and expectation: Some preliminary remarks. In G. Maxwell & R. M. Anderson (Eds.), *Induction, probability and confirmation* (Minnesota Studies in the Philosophy of Science, No. 6). Minneapolis: University of Minnesota Press.
Weimer, W. B. (1977). A conceptual framework for cognitive psychology: Motor theories of the mind. In R. Shaw &. J. D. Bransford (Eds.), *Perceiving, acting, and knowing: Toward an ecological psychology.* Hillsdale, NJ: Erlbaum.
Weimer, W. B. (1982). Hayek's approach to the problems of complex phenomena: An introduction to the theoretical psychology of The Sensory Order. In W. B. Weimer & D. S. Palermo (Eds.), *Cognition and the symbolic processes.* Hillsdale, NJ: Erlbaum.

第8章

構成主義的メタ理論と心的表象の性質

マイケル・J・マホーニー,H・マーチン・ミラー,
ジャンピエロ・アルシエロ

　どのような時代であっても,それが過去から未来へとつながる重要な過渡期であると主張することができるし,またそのように考えられる何らかの根拠も常にあるものである。しかし,それでもやはり,ある時代には,質的にであれ量的にであれ,他の時期と比べて,異なる変化がある。心理学にとっては,20世紀後半がそのような時代であり,大きな理論の変化や方法論の発展があったとみなすことができる。このような見解は,もちろんわれわれだけのものではなく,今日の多くの研究者が果敢に論じてきたことでもある (Altman, 1987; Fiske & Schweder, 1986; Mahoney, 1991; Manicas, 1987)。このような発展が,どの程度生じ,どのような性質をもち,またどれだけ重要かということについては,いうまでもなく解釈の問題であり,個々の研究者によってまったく見方が分かれるところである。
　いわゆる認知革命も然りである。それを擁護する者は,認知革命を喜んで受け入れ,その発展に期待もするが (e.g., Gardner, 1985),反対者にとっては,そういう動向は認められないものとして映る。しかし,本章の目的は,認知革命を擁護するものでもなければ,現在もなお特定の分野で続けられているこの手の議論についてコメントすることでもない。むしろ,ここでの目的は,精神活動の性質やその機能について議論するにあたって,重要となってくる認知研究の動向について,手短に論じることである。ここで主張されるのは,**構成主義的メタ理論**なるものが,従来の情報処理モデルに取って代わりうるものであるということである。たしかに,**構成主義**について認知科学者が注目し始めたのはごく最近のことであるが,歴史的には,ジャンバッティスタ・ヴィーコ (Giambattista Vico),イマニュエル・カント (Immanuel Kant) や,ハンス・

ファイフィンガー（Hans Vaihinger）の著作にさかのぼることができる（cf. Berlin, 1976; Pompa, 1975; Vaihinger, 1911/1924; Verene, 1981; Vico, 1725/1948; von Forester, 1984; von Glasersfeld, 1984; Watzlawick, 1984）。まず，構成主義的メタ理論の主な理論的特徴を概観し，次に，心的表象や認知プロセスについての議論に対する構成主義の示唆を簡単にまとめたい。

構成主義的メタ理論の基本的特徴

はじめに，「メタ理論」というものが，単一の理論や一枚岩の概念体系ではなく，むしろ前提や主張を共有することで互いに関係しあう諸理論の集合体であるということに留意しておく必要がある。つまり，メタ理論とは，それ自身を規定する理論的特徴の域を越えない限りにおいて，個々の理論のもつ無限の多様性を許容する抽象概念の集合体である。次節では，構成主義的メタ理論の中心的特徴と考えられている，（1）認知プロセスの能動性，（2）心理的組織化の中核構造，（3）心理的発達の自己組織性，という三つのテーマを概観する。

認知プロセスの能動性

構成主義の基本的な特徴として，人間の認識プロセスが自発的で，予期的で，また文字通り「構成的」（形成的）であるという主張がある。他の理論が示す精神や精神過程についての受動的な見解とは対照的に，構成主義では，精神作用は能動的であり，生成的で，かつ身体的であるとみなす。そういう点で，構成主義は，われわれは自らが反応する「現実」の共同構成者であると主張している。このような考え方は，少なくとも，ヴィーコやカントといった18世紀の著作までさかのぼることができ，19世紀から20世紀にかけて，ファイフィンガー（1911/1924）やヴント（Wundt, 1912），ブレンターノ（Brentano, 1929/1981），バートレット（Bartlett, 1932），ピアジェ（Piaget, 1970），ケリー（Kelly, 1955; Maher, 1969も参照）などによって，発展させられてきた。構成主義的メタ理論は，このような能動的な精神過程を描き出し，知識過程について「ボトムアップ」というよりは，「トップダウン」のアプローチを採用している(*訳者注)（Gardner, 1985; Guidano, 1987, 1991; Hayek, 1952; Mahoney, 1988, 1991; Weimer, 1977）。

別の言い方をするならば，構成主義的メタ理論は，情報が環境から有機体へ

と，小ぎれいに包装された「ビット」のように，感覚器官を通して変換され，転送されるという主張に対して異議を唱えている。構成主義では，「情報」というのは，むしろ語源が示す通り，in formare，つまり内側から形成されるものなのである（Varela, 1979）。ここで，有機体が自らの体験をどのくらい組織化するのかという自律性の程度の問題が，理論上の細かな区別に関わってくる。「急進的構成主義」は，体験されるあらゆる秩序が自生的であり，有機体において再帰的であると主張し，極端な観念論へ向かう傾向がある。他方，「批判的構成主義」は，「外的」世界もまた有機体の構成を制約するということを認める。この区別についての詳細は，バートレー（Bartley, 1987），ブラックモア（Blackmore, 1979），マトゥラーナとヴァレラ（Maturana & Varela, 1980, 1987），ワイマー（Weimer, 1977, 1979, 1982a, 1982b）を参照されたい。

もう一つここで指摘しておきたいのは，構成主義の諸理論が**客観主義**と呼ばれる伝統，すなわち，人が唯一の安定した外部の現実について，絶対的で確かな知識を獲得できるという考え方に挑戦していることである（例：Johnson, 1987; Lakoff, 1987）。これについては後で触れるが，このことは，情報というものがどこからくるのかということを，どのように仮定するかということと関係している。特に，感覚データがどのような役割を果たすか，また保証可能な知識過程におけるエビデンスをどう仮定するかという問題である。構成主義では，知識発達における情報とは，本来，それが感覚データであれ，科学データであれ，自らの行為を導く仮説を選択したり，検討したりする際に機能するものだと考える。このように，構成主義では，情報，あるいはデータとは，権威をもって**妥当**な知識なるものの基盤を「正当化」したり，その基礎をなしたりするものではなく，あまり**実行可能**でない探索や憶測を選択的に消去していくものである。このような妥当性と実行可能性との区別は，構成主義的な認知療法の流派と「合理主義」的な流派とを区別する中心的概念でもある（Mahoney, 1988; Mahoney & Gabriel, 1987）。たとえば，構成主義心理療法で

（*訳者注）：これは外部世界を「ボトム」，人間の精神過程を「トップ」とした場合の表現である。本章の後のほうにも書いてあるように，構成主義は，本来，知識過程が身体から形成されることを強調するが，その場合，身体が「ボトム」，中枢，また場合によっては外部世界が「トップ」とされることが多く，知の「ボトムアップ」が主張されることが多い。今日の構成主義では，トップダウンでもあり，ボトムアップでもあるという言い方がしばしばなされる。

重要となるのは、堅固な妥当性ではなく、むしろクライエント自身がどう理解するかという実践的有用性である（Mahoney, 1988, 1991, 1995）。そのような意味では、構成主義は、複雑であるが、常識的なアプローチといえる。

ここで認知プロセスの能動性についての話に戻すと、合理主義と構成主義とでは、「表象」というものの性質やその意味が異なっているということに気づくだろう。一般に、合理主義を背景にする理論では、人間の精神は比較的に受動的な器官であり、その主たる機能は自らの内部に外的世界を妥当に写し出すことである。この写しによって、刺激とそれに対応する反応とが、貯蔵された記憶を通して結びつけられ、行動と情動経験が生じると考えられている。このように、合理主義のメタ理論では、心的表象のいわゆる**対応説**を支持している。つまり、精神内部の写しは、不完全であっても、外的世界の存在と対応していると主張する。合理主義のこの考え方は、プラトンやデカルトの心物二元論にもつながり、また行動主義のいう入力－出力のドグマ「ブラックボックス」とも深く関係する。

　　これらの立場に共通するのは、認知は「外部から内部へ」ととらえられなければならない、認知は、本来、感覚システムによって感覚情報を構造化するものである、そして認知の産物が（まるでできちゃった結婚のように）何らかのかたちで行為と結合している、ということである（Weimer, 1977, p. 270）。

近年の認知科学の分野では、この入力－出力二元論や感覚－運動二元論こそ、行動主義と合理主義が人間についての十分な理論を構築できなかった、そもそもの原因だということが示されている。刺激と反応、あるいは入力と出力とが別物とされるかぎり、心理学者は、それらがどのようにして連係するのかということを何とかして説明しなければならなくなる。これこそ、「ヘフディング・ステップ」（感覚データから知覚への飛躍）として知られる歴史的な問題に深く関係しており、これが刺激置換のパラドックスとともに、行動主義と連合主義の学習モデルについて事実上の反証となってきた（Bever, Fodor, & Garrett, 1968; Hayek, 1952; Weimer）。

精神についての合理主義のメタ理論は、認知プロセスの描写において、基本的に「感覚的」であり、受動的である。学習についてのジョン・ロック（John Locke）の学説である「タブラ・ラサ」を考えても、合理主義者にとっ

て，精神とは感覚と精神内部の写しが貯蔵された，頭の中にある貯蔵庫にすぎない。いみじくも，哲学者のカール・ポパー（Karl Popper, 1972）はこれを「精神のバケツ理論」と命名している。これと対照的な立場が構成主義であり，感覚，知覚，概念作用といったあらゆる認知プロセスの広範な自発性を強調するため，「運動的」（Weimer, 1977）と呼ばれている。

　運動メタ理論が唱えるのは，感覚と機能的領域にある神経系の運動的な構成要素は，明確に分離しておらず，精神的・認知的領野は，あらゆる神経系と同じく，元来，運動的なのだということである。精神は，本質的に，運動システムであり，人が外的事象と同様に自らを理解できるようにする感覚秩序は，……正確に解釈された構成的な運動技能の生成物である（Weimer, 1977, p. 272）。

ハイエク（Hayek, 1952）もまた，「外的世界についてわれわれが知っていると信じていることの多くは，事実，われわれ自身についての知識なのである」（穐山訳, 1998, p.7）と同様の指摘をしている。

ただし，構成のプロセスは，構成主義者の（構成した）空想の所産ではない。神経生理学や運動学習についての膨大な研究が示しているように，人間の脳の活動には，知覚や行動のパターンに能動的に影響を与える強力な「**フィードフォワード・メカニズム**」がある（Eccles, 1977; Granit, 1977, 1982; Mahoney, 1991; Pribran, 1971; Roy, 1980; Weimer, 1977）。環境の相互作用や認知プロセスなども視野に入れられる，よりバランスのとれた人間のモデルにするためには，サイバネティクスでよくいわれるフィードバックの概念に加えて，フィードフォワードという概念も補足する必要がある。積極的に脱領域的な相補性を認めることは，その相補的関係が感覚－運動であれ，有機体－環境であれ，構成主義のメタ理論の基本的特徴にほかならない。

中核的形態生成構造

構成主義的メタ理論の第二の特徴は，「中核的形態生成構造」と呼ばれるものであり，人は，中心－周辺構造とともに組織化されるという理論である。すなわち，人間の中心的（中核的）プロセスには，（ａ）負荷（つまり変化）から守る特殊な「保護」があり，（ｂ）周辺的レベル（表層構造）で創発する事象の範囲を制限している。**形態生成**とは，「かたちをつくること」であり，**中核**とは中心を基軸とした構造上の組織化である。構成主義のこの特徴は，言語

学でいう**深層構造**と**表層構造**というチョムスキー（Chomsky）の区分に相当する。深層構造は，表層構造での有意味な表現に制約を課す抽象概念の秩序化からなる。ハイエク（1978）は，これを「抽象の第一義性」と名づけ，表層－深層構造という区別は，（言語だけでなく），**あらゆる**精神活動に応用できると論じている。

　……住んではいるものの，精神が余すところなく分析することができない感覚世界の豊かさは，精神が抽象を行う出発点ではなく，精神が事象の豊かさを体験するために必要とする広範な抽象範囲の対象である（p. 44）。

ハイエク（1952）は，「感覚秩序」とは，人間の神経系が，瞬間瞬間の体験の流れの中に，自らが絶え間なく改訂しつづける秩序を投影する分類複合体だと考え，論考を深めている。

とりわけ，人間経験の構造は，抽象プロセスを必要とし，暗黙的，あるいは無意識的なプロセスを必然的に伴うとされる。**無意識**という用語を使うと，精神分析を連想させるかもしれないが，ここでフロイト（Freud）の意図した意味とハイエクのこめた意味合いに関するハイエク（1978）自身の区別について述べておくことは価値がある。

　一般に，意識経験は，心的事象のヒエラルキーの最上位に位置していると考えられ，意識的でないものは，それがまだ上位のレベルに達していないがために，下意識にあるのだと当然のように思われている。……私の考えが正しければ……［われわれが自らの精神で起こっているほとんどのことに気づいていないのは］，それがあまりにも下位のレベルで進行しているからではなく，きわめて高いレベルで生じているからだ。そのようなプロセスは，現前することなく意識を司っているため，下意識ではなく，超意識と呼んだほうがよいだろう（p. 45）。

このように，ハイエクの抽象秩序生成プロセスについての考え方は，フロイトとはまったく異なり，「無意識」が抑圧された衝動の貯蔵庫であるとはみなしていない。また，人間の神経系の組織と機能は，本来，並列・連立的であり，分散管理を行う複合的な制御システムであって，単純直列的な階層状のシステムでもなければ，中央集権的な制御システムでもないという認識も高まってきている（cf. Bienenstock, 1985; Hilgard, 1977; Weimer, 1987）。

深層－表層構造という区別，また抽象（無意識）秩序生成プロセスの第一義

性に加え，形態生成構造の構成主義的特徴には，理論的にも実践的にも深い意味がある。たとえば，構成主義では，人というシステムの深層構造，あるいは中核部には，容易にたどり着けない，変化しにくい部分があると考えられている（cf. Guidano, 1984, 1987, 1991; Guidano & Liotti, 1983; Kelly, 1955; Liotti, 1987; Mahoney, 1980, 1991）。

したがって，自己や世界，そしてそれらの関係についての観念を制約する暗黙的な秩序生成の規則性は，それを把握し記述するのが難しいとみなされるだけではなく，人の周辺的な特性よりもずっと変化への抵抗が大きいと認められている。これが，構成主義の立場からみた**抵抗**の最重要ポイントである（Mahoney, 1991, 1995）。現実性，アイデンティティ，能力，誘意性という中核的テーマは，専門家の援助のあるなしにかかわらず，最も変化しにくいものに含まれる，と本章の第一著者は別の所で仮定した。

ここで特筆すべき最後の点は，「構造」という言葉の意味合いについてである。とりわけ北米の心理学者によって使われてきた意味は，ヨーロッパの研究者が昨今使っている意味と対照的である。前者では，**構造主義**は，一般にティチェナー（Titchener）に由来する立場に絡めて，精神の「建築様式」や体験の構造的特性を特定するために使われてきた。だが一方，現代ヨーロッパの心理学者の多くは，**構造主義**という言葉を，ソシュール（de Saussure），ヤーコブソン（Jakobson），レヴィ＝ストロース（Levi-Strauss），マルクス（Marx），グレマス（Greimas），バルト（Barthes）といった立場との理論上の関連を示すために使っている。いうまでもなく，この立場が元になって，ラカン（Lacan）やフーコー（Foucault），デリダ（Derrida）といった「ポスト構造主義」の革新的な著作が生み出されてきた（Harland, 1987; Kurtzman, 1987; Sheridan, 1980）。こういった使用法の違いは，このように大きいものであり，少なくともそれに言及しておくべきである。

構成主義的な見方をすれば，構造とは，幅広い意味の対象にまで及ぶ。この問題で特に重要なのは，北米では主に**静的な**秩序関係が強調されるのに対して，ヨーロッパでは，構造を**ダイナミックで発達を伴う弁証法**としてとらえる傾向が強いことである。ピアジェは後者の好例である。われわれの考えでは，ダイナミックで発達を伴うほうが，静的な構造主義よりも，理論的に期待できるように思われる。この立場からすると，ある適応系の「平衡点」は，固定された設定値ではなく，流動的な平衡を意味している。

自己組織的発達

構成主義の特徴を決める第三の次元は,先述した二つの次元と確実に関係しているが,発達の自己組織性に関連するものである。このことは基本的に,人というシステムが,**自らの統合性を保護し,維持するために,自分自身を組織化し,また構造的分化を経ながら発達すること**を強調する。この見解からすると,人は,あらゆる体験と生存努力の基準となる中心点といえる。このことは,グイダーノ(Guidano, 1987)の迫力ある分析が記された『自己の複雑性』の序言で述べられている。

> ここ10年で,生命システムについて,進化論的で,ホリスティックな,そしてプロセス指向のアプローチが現れ,階層的組織化や変化過程,動的平衡への関心が高まりつつある。これにより,人間の知識システムが自己言及的で,組織化された複雑性であり,自己組織化をその特徴としていることが明らかになってきた……。
> この立場では,人間の知識システムの自己組織性が,高次の認知能力の発達を通して,独自性や時間的継続性といった固有の感覚とともに,自己の同一性の完全な感覚を進行的に構造化する,進化上の基本的な制約であると考えられている。この安定的で構造化された自己同一性を獲得することによって,時間的生成と常に変化する現実に直面しながらも,継続的で一貫した自己知覚と自己反省が可能となる。このため,知覚された自己の同一性を維持することが,人生そのものと同じ位に重要事となる。それなくしては,人は正常に機能することができなくなり,同時に,現実の感覚さえ失いかねない(p.3)。

構成主義では,心理的現実は本質的に個人的であり,重要な心理学的変化の場は自己の領域であり,その「自己」は対人関係に始まり,またそれによって変化させられるダイナミックな複雑性をもつと考えられている。いまや,自己心理学,対象関係論,アタッチメント理論などにみられるように,自己システムの発達を理解し,実現を目指すことの重要性が,広範な学問領域で指摘されている(e.g., Bowlby, 1988; Goldberg, 1985; Guidano, 1987, 1991; Harter, 1983; Hartman & Blankstein, 1986; Kegan, 1982; Leahy, 1985; Mahoney, 1991; Marsella, Devos, & Hsu, 1985; Rosenberg, 1979; Schore, 1994; Wilber, Engler, & Brown, 1986)。この他にも,心理学の研究ではめったに認められることはないが,少なくともここで若干は言及しておくべき関連分野が二つある。

自己組織化とオートポイエーシス

そのような分野の一つは,**自発的に自己秩序化する複雑な現象**に関連してい

る。この分野の研究は，10年以上にわたって勢いを増してきており，時として科学的発展の最先端とも考えられている。自発的な自己組織性についての初期の研究例としては，自己触媒的な「ハイパーサイクル」を最初に記述し，ノーベル賞を受賞したマンフレート・アイゲン（Manfred Eigen）のものが挙げられる（cf. Eigen & Schuster, 1979; Jantsch, 1980）。アイゲンの研究は，分子レベルにおけるものであったが，有機体と無機体の世界をむすびつける大きな一歩となった。簡潔にいえば，あるエネルギー交換のダイナミックなパターンがハイパーサイクルと呼ばれる継続可能な構造を創発させ，それによって，有機システムにおける生命維持プロセスの高次秩序のための基盤が形成されるというわけである。「ハイパーサイクルというのは，一つ，あるいはそれ以上の反応参加者が自己触媒の役割を果たすような，変換的，あるいは触媒的プロセスの閉回路である」(Jantsch, 1980, p. 32; 芹沢・内田, 1986, p. 84)。換言すると，それまでランダムであったエネルギーのダイナミックスから安定性が創発し，その安定性が自らの永続性を導く再帰的な（自己言及的な）メカニズムによって維持されるということである。

　この分野に大きく貢献した第二の業績は，1977年に「散逸構造」についての研究でノーベル賞を受賞したイリヤ・プリゴジン（Ilya Prigogine）によるものである（Prigogine, 1980; Prigogine & Stengers, 1984）。プリゴジンは，理論的にも，また実験的にも，熱力学の第二法則が開放系には適用できないことを示した。開放系には，自己組織化する力があり，動的平衡を維持し，拡張しうる。内部の，あるいは環境の負荷による揺らぎが，システムの同化力を超えれば，そのシステムは，大規模な構造上の再組織化につながる組織解体のサイクルへと突入する（これはピアジェの調節概念を思い出させる）。その組織解体の中から構造の変化が創発し，実行可能であれば，その変化によって，当該システムが揺らぎによる負荷を調節し，時が経つにつれ，高次の（一般により複雑な）自己組織化へと向かっていく。

　プリゴジンの研究は，開放系の自己組織性や非平衡のダイナミックな役割を重点的に取り扱っている。したがって，この領域の成果は，閉鎖系での安定するエネルギー構造に焦点を当てたアイゲンの研究と相補的な関係にあるとみてよいだろう。これら両者を射程に入れて，生命科学を論ずる第三の発展は，**オートポイエーシス**という分野である。これは，マトゥラーナとヴァレラ（1980）による造語であり，自己組織化するシステムを指している。彼らは，とりわけ

システムの実行可能性における「アイデンティティ」維持の重要性を強調する。つまり,オートポイエティックなシステムとは,自らの組織化(諸関係のネットワークの画定)が必須の不変項であるシステムである。オートポイエーシスの理論とその研究は,先の二つの領域に端を発する研究と効果的につながっている (Atlan, 1972; Bienenstock, Soulie, & Weisbuch, 1986; Eigen & Schuster, 1979; Jantsch, 1980, 1981; Varela, 1979; Zeleny, 1980)。自己組織化現象の心理療法との関連については,もっと検討されてよい (cf. Brent, 1978, 1984; Dell, 1982; Keeney, 1983; Mahoney, 1991)。

進化論的認識論

ここで触れておきたいもう一つの分野は,**進化論的認識論**と呼ばれるが,これは知識システムにおける進化や発達の理論を指している。進化論的認識論のパイオニアは,世紀の変わり目に登場してきたハーバート・スペンサー (Herbert Spencer) やジェームズ・マーク・ボールドウィン (James Mark Baldwin) であり,のちにドナルド・キャンベル (Donald Cambell, 1974) やカール・ポパー (1972) によって精緻化された。ここ数年のうちに,この分野の研究が確実に盛んになってきている (cf. Butterworth, Rutkowska, & Scaife, 1985; Depew & Weber, 1985; Kauffman, 1982; Kohn, 1985; Pollard, 1984; Wuketits, 1984)。知識過程の進化についての研究が示唆しているのは,個人的レベルと集合的レベルの知識発達の双方に同様のプロセスが当てはまるということである (Callebaut & Pinxten, 1986; Radnitzky & Bartley, 1987)。この点については,バートレー (1987) が明確に述べている。

> 人間の知識は,……盲目的変異と選択的保持の産物[として],あるいは,ポパーのフレーズを借りれば,推測と論ばくを通して,動物の適応のごとく発達するようである。そうであるがゆえに,科学は,**完全に正当化されることではなく,また正当化されうるものでもない**。それはある種の憶測であり,すべてのエビデンスをはるかに超える大胆な推測である。科学を正当化するという問題は筋違いである。特定の変化が正当化されるか否かという問いにしても,それは的を外れている。むしろ,問うべきは変異の実行可能性であり,新たな理論の生存可能性である。この問いは,自然淘汰の圧力や,批判や反証にさらすことで解消できる。ただし,このプロセスでの生存は,生存者を正当化しない。数千年生き残った種でさえ,絶滅することがある。数世代も生き長らえた理論も,次第に論ばくされていく。ニュートンの理論がそうであった。すなわち,正当化が一切できないのである。正当化されない変異に始まるプロセ

スは，正当化されない生存者で終わるのである（p. 24）。

もっとも，知識が堅固な土台の上に積み上げられるとか，それによって知識が正当化されたり，あるいは権威づけられたりすると考える人たちにとっては，この結論は安心して受け入れられるものではない。しかし，同時に「ニュールック」の知識哲学（非正当化認識論）や，「ニュールック」の進化論（新ダーウィン派の能動－受動問題）が，ここにきて収束し始めているのはおもしろい。たとえば，知識発達に関する基本的な原理は，以下のように簡単にまとめられる。

1．変異はきわめて重要であるが，しばしば危険を伴い，未知への探索というかたちで行動的に表現されることが多い。
2．選択プロセスによって，生存可能性の低い変異が消去される。
3．霊長類の種類によっては，代理学習や象徴過程があるが，個体そのものよりも，個体「内部」の選択プロセスによって仮説が消去される。

進化論的認識論の研究は，知識の発展における開かれた交流の重要性を支持するものであるが，これは科学や心理療法のあり方にも適用できる要点である（Mahoney, 1985a, 1985b）。

とらえどころのない精神作用の性質

これまで構成主義的メタ理論の三つの特徴を概観したが，これは精神構造や精神機能に関する現在のモデルについての難問を考えるための道具である。しかし，以下では，時間と紙面，および言語の制約により，知識システムの研究の複雑かつ相互依存的な諸問題を単純化して論じる必要がある。この問題について関心があるならば，特にグイダーノ（1987, 1991），ハイエク（1952, 1978），ジョンソン（Johnson, 1987），レイコフ（Lackoff, 1987），マホーニー（Mahoney, 1991），マトゥラーナとヴァレラ（1987），ワイマー（1977, 1982a, 1982b, 1987）をお薦めしたい。いうまでもなく，これらの研究が明らかに構成主義的な内容をもっていることは単なる偶然ではない。まだ完成しているとはいえないが，すでに現れ始めている「ニュールック」の認知科学が，複雑性

の理論や再組織化（学習）のダイナミックスの研究，そして機能的可塑性と創造的生成を伴った，バランス時の構造的安定性における再帰的（自己言及的）プロセスの役割といった研究テーマとますます共鳴しているが，それらがたまたま時を同じくしているわけではないのと同じである。このような術語や理論を使うわれわれは，すでに専門的既知性の縁にきており，それによって人間の認知研究でもっと多用されている概念や問題をみえにくくしてしまう側面もあるだろう。

そこで，今度は認知における表象の問題をめぐる簡潔な記述をみてみることにする。シャノン（Shanon, 1987）は最近，次のようにまとめている。

> 事実上，現代のあらゆる認知科学が，自然派であれ，人口派であれ，表象的－計算主義的枠組みで研究を行っている。この立場は，以下のような原理で定義される。
>
> 1．人は知識があるがゆえに行動できる。
> 2．知識は，心的表象，つまり適格な意味構造において体系づけられた明確な象徴でつくられる。
> 3．認知活動は，これらの象徴的操作，つまり計算によって成立する（p. 33）。

つづけて，シャノンは従来の表象的－計算主義的な精神観の限界を示し，「表象」は認知活動の所産であり，そのプロセスや原材によって成り立つわけではないと結論づけている。

このような議論は，すでに多くの研究者によってなされており，線形モデルや直列モデル，また還元主義的な精神モデルに対する不満がますます広がりつつあるようである（cf. Fischer, 1987）。「認知科学者のような計算論者は，30年も前のフォン・ノイマン型計算機のような，メモリのパッシブアレイにワイヤを束ねて接続されたCPUのある直列処理の理論的枠組みに立つばかりに，身動きが取りにくくなる傾向がある」（p. 69）とワルツとポラック（Waltz & Pollack, 1985）は述べている。直列処理モデルから離れていくこの動向は，認知研究における「分散」モデル，「超並列」モデル，「コネクショニズム」モデルなどの発展によっても，いくらか促進されている側面がある（Anderson, 1987; Feldman & Ballard, 1982; McClelland & Rumelhart, 1985; Waltz & Pollack, 1985; Winograd, 1980）。たとえば，ウィノグラード（Winograd, 1980）は，マトゥラーナらに賛同し，言語理解の理論を大幅にシフトさせ，伝統的な

認知の表象論を斥けている。

> 表象が「神経系に存在する」と考えると，誤った具体性を想定することになり，対応メカニズムを掴もうとする不毛な探求に終始しがちになる（p. 227）。
> マトゥラーナは，神経系について，入力，出力，記憶，知覚といった，通常の概念によっては構成されないものとして理解することを提案している。代わりに，神経系を，自らの活動によってそのシステム内のさらなる活動を誘発する構成要素からなるシステムとして理解するという方向性を打ち出している。そのシステムは，自らの活動が常にその時々の構造（あるいは状態）によって完全に決定されるという意味で，「構造決定的」である。その構造が自らの活動によって変化させられ，常にあらゆる活動前史を巻きこみ，また構造を変化させようとしている点で，そのシステムは可塑的である。その活動は，当該システムが知覚する外部世界の反映だとはみなされず，そのシステムは自らの構造と活動によって決定されることのみ遂行可能であるため，そのシステムは「閉鎖的」といえる（pp. 222-223）。

このアプローチを神経生物学や短期シナプス可塑性の観点から応用することによって，最近，認知科学と神経科学との間できわめて刺激的な対話が発展しつつある（Bienenstock, 1985; Edelman, 1987; LeDoux & Hirst, 1986; Malsburg & Bienenstock, 1986; Schoner & Kelso, 1988）。

簡単にではあるが，関心のある方のために，ここに心的表象についての構成主義的メタ理論のごく基礎的な主張をまとめておく。

1. **表象**という用語は，指示物の代理になるような具体的な象徴を暗に意味するため，精神作用の内容やプロセスに適用しようとするのは，不適切であり，誤解を招きかねない。
2. 精神活動を記述するために使う術語や概念，記号は，それだけで精神活動と同型ではないということは，強調すべきである。
3. 表象モデルや計算主義モデルとともに引き合いに出される精神活動は，その指示物に対応，あるいは近似するアイコンのような「写し」でもなければ，形式的な象徴的命題でもない。
4. 伝統的に認められてきた記憶の「貯蔵」，「検索」，象徴的操作といった機能は，精神内容が働きかけられる必要のあるものだというニュアンスを誤って伝えてしまい，精神内容が継続的な自己組織化プロセスの産物であることを認識させにくい。

5. 現時点で判明していることだけからしても，心的「表象」は，複雑で，ダイナミックで，抽象的な活動パターンを伴っており，それがいわゆる精神内容を構成している。

このような主張は，ハイエク（1952, 1978）やマトゥラーナとヴァレラ（1980, 1987），ワイマー（1977, 1982a, 1982b）などの著作で，明確に述べられていることである。心的表象の理論化の問題は，科学の諸理論とそれが対象とする領域との「対応」問題に多くの点で類似している。科学哲学における対応問題では，理論とは，本質的に一連の構造的連関であると議論されている（Hanson, 1970; Maxwell, 1970; Weimer, 1979）。ある理論とその関連領域との対応は，それぞれの間の2点を接続しただけのマッピングではなく，関係的構造のパターンを可変的に再構成するものである。

ここまで議論してきたように，人間は心的表象をもっておらず，内的であれ，外的であれ，自らの住む世界の解釈そのものである。いいかえれば，われわれの活動そのものが，これまで急進的認知主義が頭の中に見出そうとしてきた継続的な推測プロセスや構成プロセスであって，われわれ自身が身体化された理論だということである。大脳中心の理論に比べて，身体化された精神作用理論や適応理論が疑いの余地なく適切だと考えるのは，この意味においてである（Johnson, 1987; Lakoff, 1987）。

結　論

認知科学は発展し続け，精神活動の機能とその性質について今もなお議論が続いているが，本稿はある結論へと向かっている。構成主義的メタ理論の三つの特徴を概観することで，認知心理学における基本的な前提や主張をみてきた。本稿は，あらゆる精神作用が能動的で，運動を伴い，また思考と感情および行動が機能的に分割できないことを強調する現代の構成主義の研究に賛意を表明している。関連した立場として，精神についての並列モデルや分散モデル，またコネクショニズムのモデルに対し，ますます関心が高まっているのは，この分野の発展が期待できることを表している。心的表象の性質に関する議論は，自己組織化するシステムの研究成果も加勢して，指示領域（例：認知活動対その記述）や，知識の研究における主－客，あるいは観察者－観察対象を区別す

る上での必然的な複雑性に関して，より原理的で認識論的な問題を生み出しつつある (Anderson, 1987; Kosslyn, 1980; Pattee, 1973, 1978; Pylyshlyn, 1984; Shanon, 1987)。もっとも，本検討は，今日の認知科学で次々と提起される新たな問題へ解答を与えるものではないが，少なくともこれらの問題の重要性と将来への期待を示すことができたとしたら幸いである。

謝辞 本稿を執筆するにあたって，ウォルター・B・ワイマーやオスカー・F・ゴンサルベスとの交流が大きな助けになった。ここに感謝の意を表する。

文 献

Altman, I. (1987). Centripetal and centrifugal trends in psychology. *American Psychologist, 42*, 1058-1069.
Anderson, J. R. (1987). Methodologies for studying human knowledge. *Behavioral and Brain Sciences, 10*, 467-505.
Atlan, H. (1972). *L'organisation biologique et la theorie de l'information.* Paris: Hermann.
Bartlett, F. C. (1932). *Remembering.* Cambridge: Cambridge University Press.
Bartley, W. W. (1987). Philosophy of biology versus philosophy of physics. In G. Radnitzky & W. W. Bartley (Eds.), *Evolutionary epistemology, theory of rationality, and the sociology of knowledge* (pp. 7-45). LaSalle, IL: Open Court.
Berlin, I. (1976). *Vico and Herder: Two studies in the history of ideas.* New York: Viking. 小池銈（訳）(1981) ヴィーコとヘルダー：理念の歴史・二つの試論．みすず書房．
Bever, T. G., Fodor, J. A., & Garrett, M. (1968). A formal limit of associationism. In T. R. Dixon & D. L. Horton (Eds.), *Verbal behavior and general behavior theory* (pp. 582-585). Englewood Cliffs, NJ: Prentice-Hall.
Bienenstock, E. (1985). Dynamics of the central nervous system. In J. P. Aubin, D. Saari, & K. Sigmund (Eds.), *Dynamics of macrosystems* (pp. 3-20). New York: Springer Verlag.
Bienenstock, E., Soulie, F. F., & Weisbuch, G. (Eds.) (1986). *Disordered systems and biological organization.* New York: Springer Verlag.
Blackmore, J. (1979). On the inverted use of the terms "realism" and "idealism" among scientists and historians of science. *British Journal for the Philosophy of Science, 30*, 125-134.
Bowlby, J. (1988). Developmental psychiatry comes of age. *American Journal of Psychiatry, 145*, 1-10.
Brent, S. B. (1978). Prigogine's model for self-organization in non-equilibrium systems: Its relevance for developmental psychology. *Human Development, 21*, 374-387.
Brent, S. B. (1984). *Psychological and social structures.* Hillsdale, NJ: Erlbaum.
Brentano, F. (1981). *Sensory and noetic consciousness.* New York: Routledge & Kegan Paul. (Original work published in 1929)

Butterworth, G., Rutkowska, J., & Scaife, M. (Eds.) (1985). *Evolution and developmental psychology.* Brighton, England: Harvester Press.

Callebaut, W., & Pinxten, R. (Eds.) (1986). *Evolutionary epistemology: A multiparadigm program.* Boston: Reidel.

Campbell, D. T. (1974). Evolutionary epistemology. In P. A. Schilpp (Ed.), *The philosophy of Karl Popper* (Vol. 14, Parts 1 & 2, pp. 413-463). LaSalle, IL: Open Court. (Reprinted in Radnitzky & Bartley, 1987)

Dell, P. F. (1982). Beyond homeostasis: Toward a concept of coherence. *Family Process, 21*, 21-41.

Depew, D. J., & Weber, B. H. (Eds.) (1985). *Evolution at a crossroads: The new biology and the new philosophy of science.* Cambridge, MA: MIT Press.

Eccles, J. C. (1977). *The understanding of the brain* (2nd ed.). New York: McGraw-Hill.

Edelman, G. M. (1987). *Neural Darwinism: The theory of neuronal group selection.* New York: Basic Books.

Eigen, M., & Schuster, P. (1979). *The hypercycle: A principle of natural self-organization.* New York: Springer Publishing Co.

Feldman, J. A., & Ballard, D. H. (1982). Connectionist models and their properties. *Cognitive Science, 6*, 205-254.

Fischer, R. (1987). On fact and fiction-the structure of stories that the brain tells itself about itself. *Journal of Social and Biological Structures, 10*, 343-351.

Fiske, D. W., & Schweder, R. A. (Eds.) (1986). *Metatheory in social science: Pluralisms and subjectivities.* Chicago: University of Chicago Press.

Gardner, H. (1985). *The mind's new science: A history of the cognitive revolution.* New York: Basic Books.

Goldberg, A. (Ed.) (1985). *Progress in self psychology.* New York: Guilford.

Granit, R. (1977). *The purposive brain.* Cambridge, MA: MIT Press.

Granit, R. (1982). Reflections on the evolution of the mind and its environment. In R. Q. Elvee (Ed.), *Mind in nature* (pp. 96-117). San Francisco: Harper & Row.

Guidano, V. F. (1984). A constructivist outline of cognitive processes. In M. A. Reda & M. J. Mahoney (Eds.), *Cognitive psychotherapies: Recent developments in theory, research, and practice* (pp. 31-45). Cambridge, MA: Ballinger.

Guidano, V. F. (1987). *Complexity of the self A developmental approach to psychopathology and therapy.* New York: Guilford.

Guidano, V. F. (1991). *The self in process: Toward a post-rationalist cognitive therapy.* New York: Guilford.

Guidano, V. F., & Liotti, G. (1983). *Cognitive processes and emotional disorders.* New York: Guilford.

Hanson, N. R. (1970). A picture theory of theory meaning. In R. G. Colodny (Ed.), *The nature and function of scientific theories: Essays in contemporary science and philosophy* (pp. 233-274). Pittsburgh, PA: University of Pittsburgh Press.

Harland, R. (1987). *Superstructuralism: The philosophy of structuralism and post-structuralism.* London: Methuen.

Harter, S. (1983). Developmental perspectives on the self-system. In P. H. Mussen

(Ed.), *Handbook of child psychology. Vol. 4: Socialization, personality, and social development* (pp. 275-385). New York: Wiley.
Hartman, L. M., & Blankenstein, K. R. (Eds.) (1986). *Perception of self in emotional disorder and psychotherapy*. New York: Plenum.
Hayek, F. A. (1952). *The sensory order*. Ghicago: University of Chicago Press. 穐山貞登（訳）（1989）感覚秩序. 西山千明, 矢島鈞次（監修）ハイエク全集4. 春秋社.
Hayek, F. A. (1978). *New studies in philosophy, politics, economics, and the history of ideas*. Chicago: University of Ghicago Press.
Hilgard, E. R. (1977). *Divided consciousness: Multiple controls in human thought and action*. New York: Wiley.
Jantsch, E. (1980). *The self-organizing universe: Scientific and human implications of the emerging paradigm of evolution*. New York: Pergamon. 芹沢高志, 内田美恵（訳）（1986）自己組織化する宇宙. 工作舎.
Jantsch, E. (Ed.) (1981). *The evolutionary vision: Toward a unifying paradigm of physical, biological, and sociocultural evolution*. Boulder, CO: Westview Press.
Johnson, M. (1987). *The body in the mind: The bodily basis of meaning, imagination, and reason*. Chicago: University of Chicago Press. 菅野盾樹, 中村雅之（訳）（1991）心のなかの身体：想像力へのパラダイム転換. 紀伊国屋書店.
Kauffman, S. A. (1982). Filling some epistemological gaps: New patterns of inference in evolutionary theory. *Journal of the Philosophy of Science Association*, *2*, 292-313.
Keeney, B. P. (1983). *Aesthetics of change*. New York: Guilford.
Kegan, R. (1982). *The evolving self Problem and process in human development*. Cambridge, MA: Harvard University Press.
Kelly, G. A. (1955). *The psychology of personal constructs*. New York: Norton.
Kohn, D. (Ed.) (1985). *The Darwinian heritage*. Princeton, NJ: Princeton University Press.
Kosslyn, S. M. (1980). *Image and mind*. Cambridge, MA: Harvard University Press.
Kurtzman, H. S. (1987). Deconstruction and psychology: An introduction. *New Ideas in Psychology*, *5*, 33-71.
Lackoff, G. (1987). *Women, fire, and dangerous things: What categories reveal about the mind*. Chicago: University of Chicago Press.
Leahy, R. L. (Ed.) (1985). *The development of the self*. New York: Academic Press.
LeDoux, J. E., & Hirst, W. (Eds.) (1986). *Mind and brain: Dialogues in cognitive neuroscience*. London: Cambridge University Press.
Liotti, G. (1987). The resistance to change of cognitive structures: A counterproposal to psychoanalytic metapsychology. *Journal of Cognitive Psychotherapy: An International Quarterly*, *1*, 87-104.
Maher, B. (Ed.) (1969). *Clinical psychology and personality: The selected papers of George Kelly*. New York: Wiley.
Mahoney, M. J. (1980). Psychotherapy and the structure of personal revolutions. In M. J. Mahoney (Ed.), *Psychotherapy process: Current issues and future directions* (pp. 157-180). New York: Plenum.
Mahoney, M. J. (1985a). Open exchange and epistemic progress. *American*

Psychologist, 40, 29-39.
Mahoney, M. J. (1985b). Psychotherapy and human change processes. In M. J. Mahoney & A. Freeman (Eds.), *Cognition and psychotherapy* (pp. 3-48). New York: Plenum.
Mahoney, M. J. (1988). The cognitive sciences and psychotherapy: Patterns in a developing relationship. In K. S. Dobson (Ed.), *Handbook of cognitive-behavioral therapies* (pp. 357-386). New York: Guilford.
Mahoney, M. J. (1991). *Human change processes: The scientific foundations of psychotherapy*. New York: Basic Books.
Mahoney, M. J. (1995). *Constructive psychotherapy*. New York: Guilford.
Mahoney, M. J., & Gabriel, T. J. (1987). Psychotherapy and the cognitive sciences: An evolving alliance. *Journal of Cognitive Psychotherapy: An International Quarterly, 1*, 39-59.
Malsburg, C., & Bienenstock, E. (1986). Statistical coding and short-term synaptic plasticity: A scheme for knowledge representation in the brain. In E. Bienenstock, F. F. Soulie, & G. Weisbuch (Eds.), *Disordered systems and biological organization* (pp. 247-270). Berlin: Springer Verlag.
Manicas, P. T. (1987). *A history and philosophy of the social sciences*. New York: Basil Blackwell.
Marsella, A. J., Devos, G., & Hsu, F. L. K. (Eds.) (1985). *Culture and self Asian and Western perspectives*. London: Tavistock.
Maturana, H. R., & Varela, F. J. (1980). *Autopoiesis and cognition: The realization of the living*. Boston: Reidel. 河本英夫 (訳) (1991) オートポイエーシス：生命システムとは何か. 国文社.
Maturana, H. R., & Varela, F. J. (1987). *The tree of knowledge: The biological roots of human understanding*. Boston: Shambhala. 管啓次郎 (訳) (1997) 知恵の樹. 筑摩書房.
Maxwell, G. (1970). Theories, perception, and structural realism. In R. G. Colodny (Ed.), *The nature and function of scientific theories: Essays in contemporary science and philosophy* (pp. 3-34). Pittsburgh, PA: University of Pittsburgh Press.
McClelland, J. L., & Rumelhart, D. E. (1985). Distributed memory and the representation of general and specific information. *Journal of Experimental Psychology: General, 114*, 159-188.
Pattee, H. H. (Ed.) (1973). *Hierarchy theory: The challenge of complex systems*. New York: George Braziller.
Pattee, H. H. (1978). The complementarity principle in biological and social structures. *Journal of Biological and Social Structures, 1*, 191-200.
Piajet, J. (1970). *Psychology and epistemology: Towards a theory of knowledge*. New York: Viking.
Pollard, J. W. (Ed.) (1984). *Evolutionary theory: Paths into the future*. New York: Wiley.
Pompa, L. (1975). *Vico: A study of the "New Science."* Cambridge: Cambridge University Press.
Popper, K. R. (1972). *Objective knowledge: An evolutionary approach*. London:

Oxford University Press. 森博(訳)(1974)客観的知識:進化論的アプローチ. 木鐸社.
Pribram, K. R. (1971). *Languages of the brain*. Englewood Cliffs, NJ: Prentice-Hall.
Prigogine, I. (1980). *From being to becoming: Time and complexity in the physical sciences*. San Francisco: W. H. Freeman. 小出昭一郎, 安孫子誠也(訳)(1984)存在から発展へ:物理科学における時間と多様性 みすず書房.
Prigogine, I., & Stengers, I. (1984). *Order out of chaos: Man's new dialogue with nature*. New York: Bantam. 伏見康治, 伏見譲, 松枝秀明(訳)(1987)混沌からの秩序. みすず書房.
Pylyshlyn, Z. W. (1984). *Computation and cognition: Toward a foundation for cognitive science*. Cambridge, MA: MIT Press. 佐伯胖(監訳)(1988)認知科学の計算理論. 産業図書.
Radnitzky, G., & Bartley, W. W. (Eds.) (1987). *Evolutionary epistemology, theory of rationality and the sociology of knowledge*. LaSalle, IL: Open Court.
Rosenberg, M. (1979). *Conceiving the self*. New York: Basic Books.
Roy, E. A. (1980). Cerebral substrates of action: Implications for models of motor behavior and rehabilitation. In P. Klavora & J. Flowers (Eds.), *Motor learning and biochemical factors in sport* (pp. 117-134). Toronto: University of Toronto.
Schoner, G., & Kelso, J. A. S. (1988). Dynamic pattern generation in behavioral and neural systems. *Science, 239*, 1513-1520.
Schore, A. N. (1994). *Affect regulation and the origin of the self*. Hillsdale, NJ: Erlbaum.
Shanon, B. (1987). On the place of representations in cognition. In D. N. Perkins, J. Lochhead, & J. Bishop (Eds.), *Thinking.: The second international conference* (pp. 33-49). Hillsdale, NJ: Erlbaum.
Sheridan, A. (1980). *Michel Foucault: The will to truth*. London: Tavistock.
Vaihinger, H. (1924). *The philosophy of "as if."* London: Routledge & Kegan Paul. (Original work published 1911)
Varela, F. J. (1979). *Principles of biological autonomy*. New York: Elsevier North Holland.
Verene, D. P. (1981). *Vico's science of imagination*. Ithaca, NY: Cornell University Press.
Vico, G. (1948). The new science. (Trans. T. G. Bergin & M. H. Fisch). Ithaca, NY: Cornell University Press. (Original work published 1725) 清水純一, 米山喜晟(訳)(1980)新しい学. 清水幾太郎(編)ヴィーコ 世界の名著33. 中央公論社, pp. 41-553.
Von Foerster, H. (1984). On constructing a reality. In P. Watzlawick (Ed.), *The invented reality* (pp. 41-61). New York: W. W. Norton.
Von Glaserfeld, E. (1984). An introduction to radical constructivism. In P. Watzlawick (Ed.), *The invented reality* (pp. 18-40). New York: W.W. Norton.
Waltz, D. L., & Pollack, J. B. (1985). Massively parallel parsing: A strongly interactive model of natural language interpretation. *Cognitive Science, 9*, 51-74.
Watzlawick, P. (Ed.) (1984). *The invented reality: Contributions to constructivism*. New York: W. W. Norton.
Weimer, W. B. (1977). A conceptual framework for cognitive psychology: Motor theories of the mind. In R. Shaw & J. Bransford (Eds.), *Perceiving, acting, and*

knowing (pp. 267-311). Hillsdale, NJ: Erlbaum.
Weimer, W. B. (1979). *Notes on the methodology of scientific research*. Hillsdale, NJ: Erlbaum.
Weimer, W. B. (1982a). Ambiguity and the future of psychology: Meditations Leibniziennes. In W. B. Weimer & D. S. Palermo (Eds.), *Cognition and the symbolic processes* (Vol. 2, pp. 331-360). Hillsdale, NJ: Erlbaum.
Weimer, W. B. (1982b). Hayek's approach to the problems of complex phenomena: An introduction to the theoretical psychology of The Sensory Order. In W. B. Weimer & D. S. Palermo (Eds.), *Cognition and the symbolic processes* (Vol. 2, pp. 267-311). Hillsdale, NJ: Erlbaum.
Weimer, W. B. (1987). Spontaneously ordered complex phenomena and the unity of the moral sciences. In G. Radnitzky (Ed.), *Centripetal forces in the sciences* (pp. 257-295). New York: Paragon House.
Wilber, K., Engler, J., & Brown, D. P. (1986). *Transformations of consciousness: Conventional and contemplative perspectives on development*. Boston: New Science Library.
Winograd, T. (1980). What does it mean to understand language? *Cognitive Science, 4*, 209-241.
Wuketits, F. M. (Ed.) (1984). *Concepts and approaches in evolutionary epistemology*. Boston: Reidl.
Wundt, W. (1912). *An introduction to psychology*. New York: MacMillan.
Zeleny, M. (Ed.) (1980). *Autopoiesis, dissipative structures, and spontaneous social orders*. Washington, DC: American Association for the Advancement of Science.

第9章

パーソナル・コンストラクト療法における認知と感情

ケネス・W・スーウェル

　1955年のこと，ジョージ・ケリー（George A. Kelly）は，パーソナリティに関する自説を公表した。2巻からなる『パーソナル・コンストラクトの心理学』を出版したのである。ケリーの理論は，構成主義的代替主義（constructive alternativism）の基本哲学に基づいており，一つの公理と11の系に端的に示されている（表9.1参照）。今日の心理療法家は，ケリーの理論やそれを支持した研究者のおかげで，多くのことを学ぶことができる。

　この章で焦点を当てるのは，パーソナル・コンストラクト理論もしくはパーソナル・コンストラクト療法家による「感情」のとらえ方，とりわけ「認知」という概念との関わりについてである。まず，パーソナル・コンストラクト療法について簡単に説明し，人間がどのように心的に経験を「構成している」かについて，ケリーの理論をまとめる。その際，認知と感情の伝統的な区分に関わるケリーの仮説についても触れる。構成主義の心理学からみた感情の役割について説明し，ケリーの見解と比べてみる。「感情障害」の調査結果をふまえて，伝統的に感情と呼ばれる現象（機能的なものと非機能的なものの両方）の基礎について，さらには，心理療法に対する感情の影響について推論する。最後に，認知と感情に関するケリーの見解を採用することは，他の考え方を採用するよりも，理論的にも実践的にも望ましいだろうことを論じる。事例は，ケリーの考えを治療関係に生かした実際の例を紹介するために提示されている。

表9.1　パーソナルコンストラクト理論：構成主義的代替主義，基本的公理と系

構成主義的代替主義：世界の構成（解釈）のしかたにはいくつかのものがあり，いつでも別のやり方を選ぶことができる。
　つまり，必然的な仮定として，世界に関する解釈はすべて改訂や交替を免れないものといえる。
基本的公理：個人の精神過程は，その人が物事をどう予測するかによって心理的に方向づけられている。
　（1）構成の命題：
　　個人は，物事の複製を構成することによって物事を予測している。
　（2）個性の命題：
　　物事の構成のしかたは，個々人によって異なる。
　（3）組織化の命題：
　　個々人は，物事をうまく予測するために，構成システムを個性的に進化させる。
　　構成システムにはコンストラクト同士の階層関係がある。
　（4）二項対立の命題：
　　個人の構成システムは，有限数の，二項対立するコンストラクトからなる。
　（5）選択の命題：
　　個人は，二分したコンストラクトのうち，どちらか一方を自ら選び取る。
　　構成システムの拡大と明確化について，より大きな可能性を予測させる方である。
　（6）適用範囲の命題：
　　あるコンストラクトは，もっぱら限られた範囲の物事を予測することに役立つ（適用できる）。
　（7）経験の命題：
　　個人の構成システムは，物事の複製を構成し続ける中で，変化する。
　（8）調節の命題：
　　個人の構成システムは，コンストラクトの浸透性（可変性）の制限を受け，
　　その適用範囲内で変化することができる。
　（9）断片化の命題：
　　個人は，論理的に相矛盾するものであっても，さまざまな構成の下位システムを相次いで適用することができる。
　（10）共通性の命題：
　　経験の構成のしかたが他者と類似している場合，その程度に応じて，その他者に類似した心理的な変化が生じる。
　（11）社会性の命題：
　　他者の構成の変化を構成する場合，その程度に応じて，その他者を含む社会的状況の中で，ある役割を演じることができる。

パーソナル・コンストラクト療法

　パーソナル・コンストラクト療法（PCT）は，社会性の原理をもとに展開する（表9.1参照）。まずは，クライエントを理解するため，そして，クライエントの経験予測のしかたに介入するため，である。介入計画は，パーソナル・コンストラクト心理学の具体的なパーソナリティ理論をもとに作成する。ただし，個々の技法は，内容や形式を多種多様に変化させる。介入法は言語を用いたものが多い。たとえば，意図的なやりとりでは，経験を具体的に理解するときに上位のコンストラクトで言語的な要約を行う。PCTの技法はまた，非常に経験的なものでもある。たとえば，役割固定課題では，クライエントが新しい人格の仮面を「試しに被ってみる」。その仮面のおかげで，経験の領域がひらかれ，新たな社会的フィードバックを得ることができる。こうした技法を両極端として，通常のPCTでは介入の調和が保たれている。たとえば，問題のある状況や重要な場面で即興的に演じる，といった技法による経験の度合いをまず考える。そして，あらかじめ安全とわかっている面接室の中で，そうした経験の言語的な検証（あるいは反証）を行うのである。各技法はパーソナル・コンストラクト心理学によって具体的に導かれるものであるが，PCTはクライエントを理解するための枠組みであり，一個人に当てはまる介入法を創造する。単なる技法の寄せ集めではない。したがって，パーソナル・コンストラクト療法家にとって，一人のクライエントをいかに理解するか，ということが，既存の技法を身につけることよりも重要視される。クライエントがセラピストのもとを訪れるのは，たいてい自分の「気分が良くないから」である（「考えが間違っている」とか「行動がまずい」というわけではない）。いかに感情／情動を理解するか，ということが，何にもまして重要なことなのである。

パーソナル・コンストラクト理論の概観

　パーソナル・コンストラクト理論の基本仮説では，人間が「個人的な科学者」のように振る舞っていると考えている。人間は科学者のように，経験をもとにしながら絶えず概念的な鋳型（個人的なコンストラクト）をつくりあげている。ケリー（1955）の定義によれば，「コンストラクト」とはエレメント（物質，

人間など環境にあるもの）の一側面であり，「エレメントが他のエレメントと類似したり，対立したりする際の基準である」(P.61) [1]。コンストラクトのおかげで人間は，解釈し，予測し，適切に反応しながら経験を積むことができる (Neimeyer, 1985)。パーソナル・コンストラクト理論は，1950年代以前の決定論的な時代精神とは完全に異なっていた。時代精神の一方は，徹底的行動主義による環境決定論であり，他方は，古典的精神分析による精神内的決定論であった。ケリーの理論の焦点は，構成という精神活動の構造と機能に向けられていた。パーソナル・コンストラクト理論で最も関心が向けられているのは，個人の私的なコンストラクトがどのように組織化され，経時的にどのように変化するのかという問題である (Neimeyer, 1985)。本章ではPCTの重要問題として扱っているが，実際のところ，構成主義的な心理療法家すべてが関心を抱く問題でもある（同じことかもしれないが）。

心理療法は，心理療法家の場合と同様，「認知」か「感情」か，どちらの内容とプロセスにどの程度注意を傾けるか（結果として，セラピストとクライエントがどの程度の想像力を傾けるか）で分類されることが多い[2]。こうした二分法にしたがって，認知理論家は，認知理論や認知療法の中に感情を一貫して位置づけている (e.g., Tomkins, 1992)。本章の残りの部分では，認知と感情の二分法に対して疑問を投げかけ，パーソナル・コンストラクトの視点から，新たなコンストラクトを採用することで心理療法の効率が上がることを示したい。

構成システムの発達

「感情」を包括的に理解するには，構成する個人の発達初期について調べる必要がある。ケリーは，構成システムの発達初期に関して考えをもっていたが，

---

1) 実は，この定義はケリーが用いたものの一つにすぎない。この定義は，最も操作的で，理論的にもはっきりとしたものである。他の概念的定義については，ケリー (1955) を参照のこと。

2) 伝統的な心理学の三分法（認知・情動・行動）のうち，二つしか含まれていないことに注意してもらいたい。その理由は，行動が常に何らかのかたちで，変化のプロセスを構成しているからである。問題となる行動が内的，言語的なものの場合でも，すなわち，旧来の行動論的唯物論の埒外にある場合でも，同様である。

自説を発表する前に亡くなった（Bannister & Fransella, 1980）。しかしながら，ケリーの理論には，もともと子どもの発達に関する示唆が残されていた。そうした点は多く指摘することができるし，実際に多くの点が指摘されている。

パーソナル・コンストラクト理論では，子どもは「動きの状態」といわれる（Bannister & Fransella, 1980, p.82）。どの構成体も個人が生み出すものであるが，その個人は以前の構成体に由来するものなのである。つまり，そのときどきの構成上の問題と向き合うのは，同一の個人ではないということができる。発達がこのように流動的なものならば，子ども時代を別々の「段階」に分けて考えてしまうと，構成システムの発達を理解し損ねることになる。発達というものは，段階的なものというよりも，世界を把握するための実験が枝分かれして組織化するもの，すなわち，深まり（例：Xについて自分がどれほど知っているか？）や広がり（Xの要素をいくつ理解し，各要素の関係をどれほど理解しているか？）が増す複雑なもの，として理解される。

すでに指摘した通り，パーソナル・コンストラクト理論では，経験したできごとを区別することが基本となる。ごく幼い子どもの場合には，こうした区別を行うための言語的なラベルが存在しない。もっとも，言語的なラベルがみられないからといって，私的なコンストラクトが存在しない，と論じるのは不適切である。幼児や子どもたちの振る舞いをみれば，一目瞭然である。言語表現には結びついていないかもしれないが，物事を弁別する能力は備わっている。ケリー（1955）も認めるように，この時期のコンストラクトには，言語的なラベルではっきりと表現できないものであっても，成人後まで経験の予測や解釈に用いられるものがある。ケリーは，こうしたコンストラクトの多くが言語の獲得に先立って発達すると考えた。純粋に非言語的なコンストラクトの中には言語獲得後に生じるものもあるが（cf. Piaget, 1977），ケリーは，言語獲得前のコンストラクトを前言語的コンストラクトと呼んでいた。

発達的な観点からケリーの理論を眺めるとき，ある基本的な区別が必要となる。内容と構造の区別である。成人と比べた場合，子どもは明らかにさまざまな区別を用いて自らの経験を予測している。区別の内容を知ることも有意義であるが，情動を理解するために一番重要なことは，発達する構成システムの構造変化について知ることである。この区別（例：内容対構造）は，パーソナル・コンストラクト心理学の多くの側面において重要となる。

サーモン（Salmon, 1970）の意見では，年月に応じて子どもの構成システム

が発達するとき，その主な構造的特徴は，おそらく組織化の程度が増えること，特に上位コンストラクトの増加だという。ある構成システムにおける上位コンストラクトとは，あるコンストラクトが他のコンストラクトを包摂するような階層性を指すものである（例："素敵な対いじわる"というコンストラクトは"社会的対世俗的"に包摂されるだろう）。限定的なものであるが，構成システムの発達的側面を支持する研究がいくつも報告されている（Bannister & Agnew, 1977; Bannister & Salmon, 1967; Brierly, 1967; Honess, 1979）。

構成システムの発達に関する領域で，感情と最も関連しているものは，「自己概念」であろう。パーソナル・コンストラクトの用語で自己概念といえば，自己の構成のしかたを指す。自己概念の発達は，他の環境的，社会的エレメントから自己を区別するという点で，特に重要である。バニスターとアグニュー（Bannister & Agnew, 1977）は，さまざまな年齢層で自己の構成のしかたに違いがみられるかどうかを調べた。バニスターらの知見によると，「どのようにして他の人と違う人間になるのか？」という質問に対して，5歳児は明確に答えることができなかった。7歳の子どもは，遺伝的な決定論的な仮説に頼っているようにみえた（たとえば，生まれたときから違っていた）。最も大きな変化は，9歳の子どもにみられた。人間がさまざまであるのは別々の経験をしたから，という意識が芽生え始めたのである。その後，バニスターとアグニューは，成人に対して回顧的な質問を行った。「個人であること」をはじめて自覚した時期について尋ねたところ，よく挙げられた状況は，孤独なとき，あるいは，疎外感を味わったときであった。こうした研究結果は，ケリー（1955）の独自な考えを支持している。「自己対他者」という二極性のコンストラクトを通じて，個人は自己を構成し始めるのである。自己の構成は，いわゆる感情的体験の核となるものであるかもしれない。ケリー（1955）が特に重視したのは，「クライエントの同一性を支える」ものであり，それゆえ，高度に自己言及的なコンストラクトであった。ケリーは，そうしたコンストラクトを「中核的コンストラクト」と名づけた。「自己対他者」は一般的な中核的コンストラクトであり，以下の2点，すなわち，（1）個人が経験を幅広く構成するしかたと，（2）個人の情動状態と安定性について，幅広い示唆を与えるものであった。以上の点については，感情障害の文脈で，後ほど詳しく述べる。

認知対感情の二分法に対するケリーの考え

　ケリー（1955）は，もともと，主として抑うつと不安を直接関連づける際に，感情について論じていた。抑うつは，症候群の一つであり，世界を「狭めて」解釈するための手段と考えられた。世界が狭まると，不安は軽減する（不安とは経験のある側面が解釈できないことである）。それは物事の予測と実際の結果が一致するようになるからである。ケリーは，罪責感，不安，恐怖や脅威の感覚といったものに自説を適用し，そうした感情が「診断に役立つ過渡的なコンストラクト」であるとした。自らの構成システムが変化の途上にあると自覚すること。それが主観的な情動体験であると考えたのである。感情状態のこうした理解のしかたには，理論全体との整合性を認めることができる。しかしながら，ケリーはもっと包括的に感情の問題に取り組んでいた。心理学者は**感情**と**認知**という用語を使用するべきでない，という徹底した立場をとったのである——そのことは死後刊行された論文集（1970）や，評論集（1969a；1969b）では簡単に触れられているだけだが，私的な文書では，本格的に論じていたものがある。こうした私信は公刊されることがなかったものの，パーソナル・コンストラクト心理学者の幾人かは，調査や議論を目的とした利用を許可されている。以下の記述は，認知と感情の区別を論じた私的な文書によるものである。

　1962年のこと。ケリーは，自分の元学生の依頼に応じて，構成主義に関する論文の批評を行った。「感情」という反応について何度か言及した論文であった。これに対して，ケリーは，**感情**という用語は用いるべきではないと論じた（クロムウェルへの私信，1962年7月19日付）。はたして，元学生のクロムウェル（Cromwell）からは，非常に長い返事が返ってきた（クロムウェルからケリーへの私信，1962年8月3日付）。クロムウェルの意見はこうだった。他の理論では，感情とよばれるプロセスは，認知とよばれるプロセスと区別されてきた。パーソナル・コンストラクト理論では，両者の記述的な価値を認めるとしても，両者を別々なものとみることはできない。さらに，クロムウェルは，こう結論づけた。「パーソナル・コンストラクトと情動の心理学が個別に成立するのでありません。むしろ私が主張しているのは，パーソナル・コンストラクトの心理学は，情動（もしくは感情）の心理学でもある，ということで

す」(下線部はクロムウェルによるもの)。

これに対するケリーの返事は,自らの立場を詳しく説明するものであった(ケリーからクロムウェルへの私信,1962年8月23日)。クロムウェルと同じ論拠にしたがい,認知という用語もまた捨て去るべきだと主張した。ケリーは次のように記している。

　一般に「認知」と呼ばれてきた現象だけではなく,「感情」と呼ばれてきた現象にも,パーソナル・コンストラクトの心理学が等しく適用できるとします。あるいは,この問題に関わる現代の心理学であれば何でも構わないのですが,そうした心理学が適用できるのだとすれば,単にどちらか一方ではなく,その二分法自体を本質的に否定していることになります。すなわち,認知と感情の区分に有用性が認められないのだとしたら,どちらの用語にも存在意義はありません。一般に感情と呼ばれていた現象や認知と呼ばれていた現象というよりも,両者の二分法こそが,その有用性を失ったのだと思います。

ケリーの意見を要約すると,理論の節約や純化のために**感情**や**認知**という用語は放棄するべきであるというものであった。「認知と感情の境界線は失われている。どちらの用語も無意味となっている」(Kelly, 1960, p.58)。さらに,「構成は認知とはまったく異なるものである」(Kelly, 1969a, p.198)。構成という用語は,心理的な区分けのプロセスすべてを示すものであり,「『生理学的』あるいは『感情的』とよばれてきた水準」(Kelly, 1969b, p.219)を含んだものである。ケリーは,**認知**という用語が言語認識を示す場合にのみよく用いられることに気づいていた――この見解は,現在においても少なからず当てはまるものである。

以上は,有力な理論家による強力な主張であったが,今なお構成主義者は二つの用語を使用している。認知と感情の二分法は,はっきりと放棄されることがなかった。しかしながら,ケリーの意見は,引用した私信や後期の著作をみる限りでは明白なものである。感情は認知と別個に存在するものではないし,認知は感情と離れて存在するものでもない。両者はコインの両面であるわけでもない。むしろ,別々の窓から眺めたコインの同一面のようなものである。

パーソナル・コンストラクト心理学における情動

　ミアール（Miall, 1989）は，近年，情動のパーソナル・コンストラクト・モデルを発表し，これまで述べてきたような問題を再び取り上げている。ミアールによれば，従来のパーソナル・コンストラクト理論家は，情動や感情を一般的な理論的枠組みに取りこもうとし，情動の「妨害」モデルを採用することが多かったという（e.g., Mancuso, 1985; Mancuso & Hunter, 1983; cf. Mascolo & Mancuso, 1990）。妨害モデルでは，感情によって認知プロセスが中断もしくは妨害されると考える。妨害という発想は比較的単純なものであるが，妨害モデルから派生する理論は決して単純なものではない。たとえば，マンキューソ（Mancuso）が同僚らとともに発表した非均衡モデルは，複雑であった（Mancuso, 1985; Mancuso & Hunter, 1983; Mascolo & Mancuso, 1990）。情動は，構成と知覚的情報が一致しない場合に生じる状態であり，したがって，正常な認知機能を妨げるものである。妨害モデルでは，精緻化されてはいるものの，認知と感情の二分法が認められていた。

　バニスター（1977）は，次のように指摘している。構成主義者は，受動的で，「決定論的な」観点から情動を理解しているため，「物体の表面を感じるときのように，自らの進路を探るときのように，意味を探求し，把握し，理解するといった実際の感情というものを理解」（p.24）し損ねているのだという。理論家の中には，バニスターが示した方向に進み始める者が出てきた。ミアール（1989）のモデルでは，パーソナル・コンストラクト心理学全体と整合するようなかたちで，バニスターの視点の導入を試みている。そこでは，情動は「自己の予期」であると考える。構成というプロセスには，将来の自己像を情動的に予測することが含まれるのだという。この構成プロセスは，行動やできごとを予期するものとは異なっている。行動やできごとを予測するプロセスは，ミアールモデルの認知的側面に相当する。ミアールモデルでは，要素の対立ではなく処理水準の違いとして，認知と感情が区別されている。

　理論的な観点からすると，ミアール（1989）のモデルは，前述した妨害モデルよりも整合性が高い。もっとも，大きな疑問が少なくとも一つ残されたままのように思える。単純に感情と認知を区別しない場合と比べて，第二水準の予期（例：情動的な予測）を想定した場合には，新たな知見が得られるのだろう

か？　筆者の意見では，理論の説明力は特に高まらず，理論を用いるセラピストにとって新たな知見が得られることもないと考えている。ただし，構成的な違いを想定せずに，感情を認知から区別する方法は示されている（自己概念が関われば情動的な予期が生じる，とする立場よりは明確である）。こうした区別の方法は，専門用語を使って構成の理解を深めることには役立つかもしれない。また，ミアールは主に言語のレベルで情動を構成しているようだが，ケリーの初期の思想を展開させるためには，構成のノンバーバルな側面も扱わなければならないだろう。

　上述した方法論以外にも，構成主義の理論に情動の問題を位置づけたものがある。さまざまな構成の随伴現象として，情動経験をとらえる方法である。カッツ（Katz, 1984）の随伴モデルによると，情動とは，ある種の原始的で，「精神生理学的な」コンストラクトが活性化する経験のことである（cf. McCoy, 1977）。さらに，フィッシャー（Fisher, 1990）は，ケリーの考えにできるだけ沿いながら，カッツ（1984）のモデルを拡張し，情動機能のモデル化を行っている。すなわち，情動経験とは，「系統発生的に利用される，感覚運動的な評価のためのコンストラクト」（p.183）が機能したものと考える。フィッシャーモデルでは，情動とは原始的かつ非言語的なレベルでの構成に他ならないということになる（もっとも，このモデルでは情動の説明についてさまざまな仮説が述べられている）。心理学者が通常，感情として扱う現象と，ケリーの「構成」概念には隔たりがある（構成は単に認知と誤解されることが多い）が，フィッシャーのモデルは，こうした隔たりを橋渡しする機能をもつものであった。

　ミアール（1989）のモデルでは主に言語的な構成が扱われていたが，それに対して，フィッシャー（1990）のモデルでは非言語的な構成が中心的に扱われていた。情動とよばれる経験が単なる言語的，あるいは非言語的なものでない限り，この二つのモデルをある程度組み合わせたり，融合させたりすることが有益であるのかもしれない。たとえば，非常に自己言及的な予期（ミアール）を行う感覚運動性のコンストラクト（フィッシャー）があるような場合でも，少なくともある程度の言語化を行うことができれば，おそらく自ら検討することができるだろう。そうした情動は，心理学者にとって，最も関心の深い構成であるのかもしれない。情動の構成こそが，感情障害に関わってくるのである。この主張の根拠については，後述する。

感情と経験の構成

　どのような理論的，用語的な立場をとるにせよ，情動に関わる障害（や適応）の構成的な基礎を調べることは，今なお有益であるように思われる。感情障害と呼ばれる現象，なかでも抑うつとの関わりについては，提唱されたどのモデルでも同じように扱われている。ケリーが抑うつを臨床的にどのように位置づけていたかについては，すでに述べた。比較的最近では，抑うつの臨床群と非臨床群との間に構成的な違いが示された，という研究がいくつか発表されている（Space & Cromwell, 1980; Sperlinger, 1971）。この知見は，ミアール（1989）の包括的モデルと整合している。抑うつは，（構成的には）自己知覚の領域における不適応状態と考えられる。また，抑うつの現象学では，フィッシャー（1990）の非言語的な志向性が必要となるようである。

　これまでよく指摘されてきたことであるが，抑うつ傾向にある人は，比較的，自分自身を否定的に評価してしまう（Beck, 1967）。この知見はスペイスとクロムウェル（Space & Cromwell, 1980）で実証されている（たとえば，抑うつ傾向にある人は，統制群と比較して，コンストラクト上の否定的な軸に「自己」を置くことが多く，その程度も極端であった）。しかしながら，自己否定バイアスは，抑うつに関しては，それほど顕著な特徴ではないことが判明している。抑うつでは，さらに二つの構成的な違いが重要となるように思える。抑うつ状態にある人は，健常群や他の臨床群と比べて，以下の特徴があった。（1）社会環境の中で，他者とは「非常に異なる」と自己認識しており，（2）（因子分析の結果）コンストラクトのクラスターにおける自己属性が混乱していた。こうした知見はさらなる検討に値する。

　第一の特徴については自明かもしれない。抑うつ傾向にある人は，そうでない人に比べて，心理的な疎外感を味わっていた。もっとも，強調するべき点として，抑うつ傾向にある人は「非常に異なる」帰属をするが，それは自己を否定的にとらえるコンストラクトだけではなく，肯定的にとらえるコンストラクトにも適用される。抑うつのクライエントの孤独感は徹底的なものなのである。具体的には，「自分は社会では何の価値もないし，他の誰よりも対人関係が苦手だ。でも，他の誰よりも友好的な人間だと自負している」という例がある。

　第二の特徴（クラスター内の自己属性の混乱）については，十分な検討が必

要である。役割構成レパートリー・グリッド（Fransella & Bannister, 1977）の結果を因子分析することで，個人の構成の組織的な構造がある程度明らかになるとすれば，因子にまとまったコンストラクト群は，その個人の特定の生活領域で機能するものと考えられる（コンストラクトの適用範囲）。抑うつ的な個人の場合，同一の因子の中でも自己評価は混乱する傾向がある（例：肯定的なコンストラクトと否定的なコンストラクトが混在する）。こうした傾向のせいで，構造内の不安定さがみえにくくなっており，自己はよりあいまいなものに，因子内の自己属性全体はより否定的なものになる可能性がある。この複雑な違いが理解できるように，以下に対照的な例を示す。

　ジョンが来談したのは，仕事の相談や適性検査のためであった。抑うつ的ではなかった。自分については，思いやりがあり，社交的で，しっかりしていると考え，どの特徴も好ましく思っていた。こうしたジョンのコンストラクトは，どれも強く相関していた（クラスターが成立していた）。また別の肯定的なクラスターには，勉強熱心，頼りになる，注意深い，というコンストラクトが含まれていた。これに対して，集団を前にしたスピーチは苦手であり，商品の値段がおぼえられず，コンピューターの利用には自信がもてなかった。こうした自分自身の特徴を彼は嫌っており，そのせいで医薬品販売に優れた営業成績を収めることができないと考えていた。欲求不満を感じたり，不安を感じることもあり，自分を変えたいとは望んでいたが，抑うつ的ではなかった。ジョンの場合，自己に関するクラスターのコンストラクトが一貫していたのである。
　カーラは，自分がどうしてセラピーを受けているのかわからなかった。ただ，気分がよくないということしかわからなかった。自分のことは，社交的で，しっかりしていると考えていた。好ましいと思う特徴であったが，思いやりがないとも考えていた。ジョンの場合と同様，カーラの構成システムでも，こうしたコンストラクトがお互いに強く相関していた（クラスターができていた）。また別のクラスターには，勉強熱心，頼りになる，注意深いというコンストラクトが含まれていたが，自分は勉強熱心ではあるけれども，頼りにならない，不注意である，とも考えていた。集団を前にしたスピーチは得意であるが，商品の値段がおぼえられず，コンピューターの利用にも自信がもてないという。カーラの自己評価は混乱していたものの，持ち前の特徴のおかげで，医薬品販売の営業には比較的，成功を収めていた。カーラは，孤独や抑うつを感じていた。プレゼンテーションの席で顧客から少しでもあいまいな反応を受けると，自分の説明はどうしようもないと感じることがあった（普段は好ましく思っていた特徴である）。カーラの場合，自己に関するクラスターは，コンストラクトの一貫性が乏しく，不安定なものであった。もともと自己を否定的，差別的にとらえる傾向

はあったが，不安定な自己評価によって，抑うつが頻繁に起こるようになったのである。

　情動の発達を考える場合，自己を完全に肯定的に評価するよりも，ある特定の生活領域で一貫した自己評価を行うことの方が，重要と考えられる。否定的な自己評価が孤立する場合やクラスターを形成する場合は，構成システムの予測機能により，将来の経験を効果的に予測することができるだろう。これに対して，環境のフィードバックが一貫してあいまいな場合や，一貫性をもたない場合には，混乱した自己評価のクラスターが発達するかもしれない。そのような個人では，予測の効率が悪く，解釈もあいまいで，構成システムがさらに動揺する傾向が認められる。一般的なパーソナル・コンストラクト理論では，将来の経験が既存の構成システムをもとに予測され，解釈されると考えるのである。スペルリンガー（Sperlinger, 1971; Space & Cromwell, 1980 も参照のこと）の示唆によると，抑うつ的な人は，新たな経験（とりわけ否定的な経験）をした場合に，新たなコンストラクトを生み出すよりも，自己評価を変化させる傾向がみられるという。クラスター内の混乱した自己評価の現れとして理解できる例なのかもしれない。

　本章のこれまでの議論では，感情と認知の一般的な関係について，パーソナル・コンストラクト理論による解釈をいくつか簡単に提示した。具体的には，適応的あるいは不適応な構成システムの発達にとって，感情と認知の関係がもつ意味について論じた。感情と認知の二分法について，その理論的有用性に疑問を投げかけたケリー独自の見解についても紹介した。パーソナル・コンストラクト理論家の中には，この二分法を保持しながら，感情を形式的に理論に組み入れる者もいるが，筆者自身は，理論的立場を強めるには，二分法を捨て去ることが必要と考えている。二分法を放棄すれば，既存の調査結果に合致するような理論的立場が得られるだろう。また最も重要なことであるが，こうした立場によって心理療法に有益な示唆が与えられるかもしれない。残された疑問は，構成主義的な理論が（さらには構成主義的療法家が），感情と認知を区別しないことで，臨床実践あるいは研究に実際の成果を上げることができるのかということである。

構成主義的心理療法に対する実践的な示唆

すでに述べた通り,ケリーの主張は,感情と認知の二分法について,どちらも無意味な用語となるように放棄するべきというものだった。筆者もまた,構成主義的療法家にとってケリーの主張にしたがう方がはるかに有益であると思う。この点を評価するために,PCTの基礎理論の一つ,社会性の命題について説明したい。ケリー (1955) の理論では,重要な治療的問題の一つとして,クライエントの構成システムをどのように査定するのかという問題が扱われている。査定は,きわめて重要である。(当該のセラピストに) 援助可能なクライエントであるかどうかを調べたり,セラピストの構成システムに包摂されるコミュニケーションがどの程度可能であるかを調べたりするからである。ケリーによると,分析的なセラピーでは,「情動の気づき」が促されて,情動が「行動化」されるよりも言葉で表現されるようになる。

すでに指摘したことだが,パーソナル・コンストラクト療法家であれば,経験に対するクライエントの理解や予測には**非言語的**なものが多い,ということを十分理解しておく必要がある。セラピーの目標は,情動のあるところに言語をもたらすことではない (精神分析の格言「イドあるところにエスあらしめよ」とは異なる)。むしろ,セラピーでよく目標とされるのは,おおよそ以下のようなものである。不安には構造を,孤独には社会性を,緊張や対立の繰り返しには実験する勇気をもたらすことである。どの目標も,言語の領域に完全におさまるものではないだろう。

適応の問題は,ほとんど必ずといっていいほど,言語的あるいは非言語的な構成によって,クライエントに**把握される**ものである (まったく把握されていない場合もある)。実際,このことは重要な経験にはおおよそ当てはまる。この概念を心理学の学生に教えるときに,よく用いる筆者自身の例がある。コーヒーの香りをかぐという,一見して単純な経験である。仮に筆者が解剖学や生理学の専門家であったならば,コーヒーの香りをかぐという経験について,感覚レジスタの働きや選択的ニューロンの発火率から説明できたかもしれない。しかし,そうした説明は,個人的な経験の**意味**をとらえ損ねている。コーヒーの香りは,筆者にとって,まさに自らの男性性に関わる気分を呼び覚ますものである。それは胸骨のどこか真下に宿る経験である。ニューロンの発火パター

ンというよりも，子どもの頃，父とともに建設現場でコーヒーの香りをはっきりとかいだ経験が，その香りを規定している。コーヒーの香りは思考でもなければ，感情でもない。むしろ，その経験をもたらす言語的，非言語的な構成が複雑に絡み合ったものである。コーヒーの香りがこれほど複雑なものであるならば，クライエントをセラピーの場面に導いた心理的な問題は，どれほど複雑なものであるだろう？

　重要な知識が言語的把握と非言語的把握によって成立すると考えれば，いくつかの示唆が得られる。第一に，セラピストは，（言語的にも非言語的にも）クライエントと同じような観点から予測できるようになる必要がある。これはクライエントの構成システムを十分に受け入れるためである。心理学の授業では，面接技法を教える最初のコースで，（おそらく意識せずに）非言語的な共感的理解のスキルを教えている。クライエントのやりとりのテンポ，姿勢，副次的言語（抑揚やアクセント）などにしたがう方法である。授業の説明では，ラポールを形成するため，そして，**クライエントに傾聴されている，理解されている，と感じてもらうために**行うとしている。よく見過ごされるのは，この非言語的な追跡が面接者の側に与える影響である。最小限の模倣を行うことで，面接者は，しばしば面接内容とはまったく違った，クライエントの情報を得る。筆者は，臨床のスーパービジョンにおいて，このプロセスを利用することがよくある。大学院生の誰かにクライエントの役を演じてもらうのである。大学院生は，よく誤解をして，直前の面接の記憶をただ確かめられていると考えてしまうが，やがては，面接者とは逆の立場で，クライエントの理解を求められていたことに気づく。その場で学んだことは，ほとんど言語化されなくても，概して，次回以降の面接に役立つようである。

　第二の示唆として，変化が生じるためには，問題の行動化が許容されるばかりか，必要不可欠となる場合もある。クライエントは，言語的，非言語的な心理的要素によって自らの経験を予測するのと同様，行動によって自らの世界を構成している。筆者のかつてのクライエントで，自分がよく「偽物」みたいに思える，と訴える女性がいた。医療従事者ではない私は，これまでで最も高価な処方箋を出した。背中に「私は偽物」と書いたTシャツを与えたのである。結果として，彼女は，違和感のある自己概念が変化したことを知って驚いた。Tシャツを着ながら，その言葉が生み出す疑問を処理し続けることで，自らの経験を肯定的に評価し直せたのである。

第三の示唆であるが，最初の示唆でもある程度触れた通り，クライエントが経験する変化は，言葉のみで理解し尽くせるものではないだろう。そして，第四の示唆として，クライエントが目標とする状態は，来談理由となった不適応状態と同じく，言語で把握できるものではないかもしれない。「新たな構造は，本質的に言語によるとは限らない，手軽なシンボルによって安定化する」(Kelly, 1955, p. 804)。先ほど例に挙げた「偽物」のクライエントは，筆者がコーヒーの香りを語り尽くせないのと同様に，再構成された自己概念についてうまく表現することができないのである。

　認知と感情の二分法を支持するセラピストが上述した枠組みで働く場合，いくつかの困難が生じる。何らかの重要な点により認知と感情を区別する場合，セラピストは，査定プロセスでこのコンストラクトを利用するであろうし，クライエントのコンストラクトを**認知**，あるいは**感情**に分けて考えるかもしれない。（こうした理論的立場をとった場合には）社会性が損なわれるばかりか，セラピーでは二分法を用いた場合にのみ現れる障害や落とし穴に遭遇するだろう。まず，よくあることとして，ほぼ完全に言葉のかたちをとらない問題が生じ，その言語化がうまくいかない場合には（クライエントにとって役に立たない場合も），治療関係が損なわれるような無力感や「行きづまり」を経験するかもしれない。認知と感情を統合するセラピストであれば，余裕をもって，クライエントを支援することができる。「かのように」の手続きや行動化（例：日常生活での演技，役割の想定）を十分活用して，問題のある予測の精緻化を行い，構造化をもたらすのである。クライエントも，そしておそらくセラピストでさえも，こうして達成された変化については言葉で表現することができないだろう[3]。認知と感情を区別するセラピストにとっては，言語化が困難な場合の援助は難しいだろう。本章で例を示した通り，PCTは「しゃべる頭(talking head)」のセラピーとはまったく異なるのである（**認知的療法では感情が統合されているかもしれないが**，一般的なそれとも異なる）。

　次に，認知と感情を区別するセラピストが陥りがちな罠は，情動（感情状態）を自分にとっての真実ととらえてしまうことである。実存主義者は，「情動を

　3）この種のあいまいな変化について，ケリー（1955）はこう述べていた。クライエントは「それについて話すことはできても，依然として，それが何であったかについて言い表すことができないだろう」(p.804；ゴチック原文ママ)。

もつことは一つの選択であり，情動に応じて行動することはもう一つの選択である」と述べている（Maddi, 1985, p. 204）。ここで述べられている通り，情動それ自体は，言語的象徴とは別の状態で経験されるコンストラクトなのである。コンストラクトとして，（構成主義的代替主義のように）再構成や淘汰を免れることができない。構成主義の枠組みにしたがえば，先ほどの格言は以下のようになるだろう。「情動をもつことは一つのコンストラクトであり，その再構成もまたもう一つのコンストラクトである」。感情の**受け入れ**や**同定**はセラピーの目標に掲げられることも多いが，単にそうするために行う行為は認められないだろう。感情は既定の事実ではない。あたかもスポーツ選手が遺伝的素質を受け入れるように，受け止める事実ではない。感情は，むしろ，経験を理解し，予測するための試みであり，修正や改善が効くものである。感情を固定化することは，あるスポーツに特化したスキルで，他のスポーツのパフォーマンスを妨げるようなものである。スポーツ選手であれば，別の経験領域にいることを知り，最高のパフォーマンスを目指して自らの構造を変える必要がある。こうした意味において（おそらくこれが唯一の重要な意味であるが），感情は他のコンストラクトとまったく同じなのである。

こうして，感情は，他のコンストラクトと同様に再構成されることになる。また，これに関連して，クライエントには，繰り返し，漠然とでも感情を明らかにしてもらう必要がある。あるクライエントの例であるが，「父親と話したせいで，体中にまた**痛み**を感じるようになった」という。その「痛み」を精緻化するため，繰り返し，あいまいな質問を投げかけた。「お父さんとは1カ月以上会っていないわけですが，その痛みにはどんな感じがありますか？」。「今日があなたの誕生日だとしたら，その痛みはどのようなものだったでしょうか？」。質問を繰り返した結果，痛みが精緻化され，流動的で，複雑な意味が理解されるようになった。その痛みは，最初は罪悪感，次は怒りとして構成され，最後は，極度の悲しみとして理解できるようになった。クライエントの感情を固定して理解していたら，クライエントがもつ経験の多様さを理解し損ねていただろうし，セラピーにおける精緻化の機会も奪っていたことだろう。

パーソナル・コンストラクト理論を心理療法に適用した場合，認知と感情の二分法を放棄することで，セラピストの想像力は相当豊かになる。クライエントの構成システムは，単に言語化させなくても構わない。非機能的な感情を避ける必要もない。そうではなく，構成主義的心理療法家は，クライエントの構

成システムをありのままに取り扱うことができる。親しみを伝え，クライエントとともに，言語的あるいは非言語的な経験の改善に取り組むのである。

注意点として指摘することがある（自明なことであるかもしれない）。PCTのセラピストは，クライエントとの出会いによって，傷つくおそれがある。他者の構成システムを受け入れるということは，理論的解釈によると，クライエントの世界を非言語的にも言語的にも**把握**することである。軽々しく請け負うべきことではない。クライエントの構成システムにおいて認知と感情の区別を放棄するのであれば，セラピスト自身の心的空間においても，その選択をとることになる。創造性には，親密さという代償が伴うのである。

将来に向けて：言外を示す言葉

専門用語の問題は，単純そうにみえるが，注目に値するものである。**構成**という用語は，筆者らの最近の用法では，一般的に関心という心理過程を表すものである。今や不適切となった二分法を包摂する用語として，認知－感情の代わりに気軽に用いることができる。これまで感情や認知と呼ばれてきた現象を具体的に言い表すためには，単に記述的な用語を用いればよい。特定のコンストラクトに適用されるような用語，たとえば，「抑うつ」，「多幸感」，「不安」，「論理的な分析」，「好奇心の追求」などである。こうした現象をまとめて「コンストラクト」と呼び，また，「感情」と「認知」を放棄することで，両者の二分法を真に捨て去ることができる。そして，理論的，実践的に役に立つ観点から，関連する問題（発達，精神病理，心理療法など）が理解できるようになる。

要約と結論

本章では，PCTの立場から，感情と認知の関係について再構成を試みた。PCTとその理論をまとめる際には，認知と感情の伝統的区分を扱ったケリーの理論的見解に力点を置いた。ケリーの考えと比較しながら，比較的最近のパーソナル・コンストラクト理論・研究における感情の役割について解説した。最後に，ケリーが目指した通りに認知－感情の二分法を放棄すれば，理論的，臨床的な進歩がPCTにもたらされることを主張した。そのような態度がセラ

第9章 パーソナル・コンストラクト療法における認知と感情 159

ピーにおいて利益をもたらすと論じたのである。あらゆるコンストラクトがそうであるように，そうした部分も修正や再解釈を免れることができない。セラピーに関わるコンストラクトの有用性は，クライエントに応対するセラピストが適用を望むかどうかにかかっている。

文　献

Bannister, D. (1977). The logic of passion. In D. Bannister (Ed.), *New persectives in personal construct theory*. London: Academic Press.
Bannister, D., & Agnew, J. (1977). The child's construing of self. In A. W. Landfield (Ed.), *Nebraska Symposium on Motivation 1976*. Lincoln: Nebraska University Press.
Bannister, D., & Fransella, F. (1980). *Inquiring man: The psychology of personal constructs*. Malibar, FL: Robert E. Krieger Publishing Co.
Bannister, D., & Salmon, P. (1967). Measures of superordinacy. Unpublished study cited in Bannister, D., & Fransella, F. (1980). *Inquiring man: The psychology of personal constructs*. Malibar, FL: Robert E. Krieger Publishing Co.
Beck, A. T. (1967). *Depression: Clinical, experimental, and theoretical aspects*. New York: Harper & Row.
Brierly, D. W. (1967). The use of personality constructs by children of three different ages. Unpublished doctoral dissertation, University of London.
Fisher, D. D. V. (1990). Emotional construing: A psychobiological model. *International Journal of Personal Construct Psychology, 3*, 183-203.
Fransella, F., & Bannister, D. (1977). *A manual for repertory grid technique*. London: Academic Press.
Honess, T. (1979). Children's implicit theories of their peers: A developmental analysis. *British Journal of Psychology, 70*, 417-424.
Katz, J. O. (1984). Personal construct theory and the emotions: An interpretation in terms of primitive constructs. *British Journal of Psychology, 75*, 315-327.
Kelly, G. A. (1955). *The psychology of personal constructs*, 2 vols. New York: Norton.
Kelly, G. A. (1969a). In whom confide: On whom depend for what? In B. Maher (Ed.), *Clinical psychology and personality: The selected papers of George Kelly* (pp. 189-206). New York: John Wiley & Sons.
Kelly, G. A. (1969b). The psychotherapeutic relationship. In B. Maher (Ed.), *Clinical psychology and personality: The selected papers of George Kelly* (pp. 216-223) . New York: John Wiley & Sons.
Kelly, G. A. (1970). A summary statement of a cognitively-oriented comprehensive theory of behavior. In J. C. Mancuso (Ed.), *Readings for a cognitive theory of personality* (pp. 27-58). New York: Holt, Rinehart and Winston.
Maddi, S. R. (1985). Existential psychotherapy. In S. J. Lynn & J. P. Garske (Eds.), *Contemporary psychotherapies: Models and methods* (pp. 191-219). Columbus, OH: Merrill.
Mancuso, J. C. (1985, August). *The fundamental postulate and emotions as sell*

construction. Paper presented at the Sixth International Congress for Personal Construct Psychology, Cambridge, MA.

Mancuso, J. C., & Hunter, K. V. (1983). Anticipation, motivation, or emotion: The fundamental postulate after twenty-five years. In J. R. Adams-Webber & J. C. Mancuso (Eds.), *The construing person*. New York: Praeger.

Mascolo, M. F., & Mancuso, J. C. (1990). Functioning of epigenetically evolved emotion systems: A constructive analysis. *International Journal of Personal Construct Psychology, 3*, 205-222.

McCoy, M. M. (1977). A reconstruction of emotion. In D. Bannister (Ed.), *New perspectives in personal construct theory* (pp. 93-124). London: Academic Press.

Miall, D. S. (1989). Anticipating the self: Toward a personal construct model of emotion. *International Journal of Personal Construct Psychology, 2*, 185-198.

Neimeyer, R. (1985). *The development of personal construct psychology*. Lincoln: University of Nebraska Press.

Piaget, J. (1977). *The grasp of consciousness: Action and concept in the young child* (S. Wedgwood, Trans.). London: Routledge and Kegan Paul.

Salmon, P. (1970). A psychology of personal growth. In D. Bannister (Ed.), *Perspectives in personal construct theory*. London: Academic Press.

Space, L. G., & Cromwell, R. L. (1980). Personal constructs among depressed patients. *Journal of Nervous and Mental Disease, 168*, 150-158.

Sperlinger, D. J. (1971). *A repertory grid and questionnaire study of individuals receiving treatment for depression from general practitioners*. Unpublished doctoral thesis, University of Birmingham, England.

Tomkins, S. S. (1992). *Affect, imagery, consciousness: Vol. 4. Cognition: Duplication and transformation of information*. New York; Springer Publishing Co.

第10章

認知的ナラティヴ・セラピー
——代わりの意味の解釈学的構成——

オスカー・F・ゴンサルベス

　認知的療法は大きく変貌しつつある（Gonçalves, 1989を参照）。それらの変化のうち銘記するべきものは次の通りである。つまり，(1) 合理主義者からより構成主義者的な哲学への変化（Mahoney, 1991を参照），(2) 認識過程に関する情報処理モデルからナラティヴ・モデルへの移行（Gonçalves, 印刷中; Russell, 1991を参照），(3) 経験における意識過程の強調から無意識過程の強調への変化（Kihlstrom, 1987を参照），(4) 経験における精密な認知過程の強調から感情の次元の認識への移行（Safran & Greenberg, 1988を参照），(5) 治療法における個人的で論理的な手続きから対人的で推論的なそれへの変化（Gonçalves & Craine, 1990; Guidano, 1991; Safran & Segal, 1990を参照），である。

　そして，認知理論つまり心的表象の中心的テーマが，これらすべての変化の核心をなす。すなわち，人は自分自身と世界について情報をどうやって心的に表象することになるのか？　認知的表象が何であるのかについては，現在二つの対立する立場が明らかになっている。つまり，合理主義者の枠組みとナラティヴの枠組みである（Bruner, 1986, 1990; Lakoff, 1987; Mahoney, 1991; Plokinghorne, 1988; Russell, 1991を参照）。

　合理主義者の枠組みの主張は次の通りである。(a) 人間はたいていは合理的でいられる存在である，(b) 思考は，抽象的なシンボルの算法にしたがった計算によってつくられる，(c) 抽象的なシンボルの操作は，普遍的な論理の原理にしたがう，(d) 現実は，理性と論理によってのみ到達しうるパズルとみなされる。これに対して，ナラティヴの枠組みは次の通り主張する。(a)

人間は語り手としてみなされる，（b）思考は基本的には，隠喩的で想像的なものである，（c）思考を操作することは，意味を意図的に追求することである，（d）現実は，つくりそこねた問題であり，解釈学やナラティヴの作用を通して到達しうる（Lakoff, 1987）。

近年の認知理論（Bruner, 1990参照）によって進歩した心的表象に関するナラティヴの考え方は，認識過程における深い変化に影響を与えうる新しい治療法を求める。そこで本章では，一つの新しい治療法——以後認知的ナラティヴ・セラピーと呼ぶ——を提示し，それを説明することを通して，これらの問題について述べることとする。そのため，あるクライエントの描写から始めることにする。そして次に，認知的ナラティヴ・セラピーの主な特徴を示し，説明する。

クライエント

フェルナンド[1]は，「大学カウンセリングサービス」に来談した。主訴は，学業不振が続いていることと，集中と記憶における困難であった。

フェルナンドは，23歳で独身の大学生である。両親は小さな商売を営んでいる。彼の母は，彼の学業を非常に気にしており，自分自身が受けることができなかった教育の大切さを重視する，受容的な人として描写された。フェルナンドの父は，いつもひどく仕事にのめりこみ，家族皆のために安定した経済状況を得ることに汲々としている，冷たくて，よそよそしい人として描かれた。フェルナンドは，5人きょうだいの長子である。自分の2人の姉妹と2人の兄弟とはよい関係にある，と彼は述べた。しかしながら，彼と家族の関係は，彼の人生を通じてたいていは愛情のないものであった。

クライエントは，大学に入る以前にはとりたてて問題になることはなかった，といった。虚弱な外観と適切なコミュニケーションの技能の欠如にもかかわらず，彼は常に満足している学生であり，研究と工学関係のものに関心を向けていた。彼は，天文学（彼の属する大学では選ぶのが非常に難しいプログラム）の専攻は認められなかったが，コンピューター科学（これも選ぶのが非常に難

---

[1] クライエントのプライバシー保護のため，以下の臨床的な記述では，私たちのクリニックで過去2年間に用いられてきたさまざまな治療過程の特徴を組み合わせてある。

しいプログラム)の専攻に進むことができた。

　大学に入って1年目に，彼は全般にわたる学業不振を体験し始めた。そして，ほとんどすべての講義の単位を落とした。この状況は，ひどいショックであり，自己像を大きく脅かすものだった，と彼はいった。彼は自分が専攻したプログラムに対する適性に疑問を抱くとともに，自分の知的能力一般を疑い始めた。その結果，長期にわたる欲求不満と抑うつを体験し，その間は，勉強することや，集中することや，おぼえることがまったくできなかった。彼の人生は，すぐに風前の灯のように危ういものとなり，自らの人生に何の目標も設定できない，と思った。彼は，罪悪感と絶望感とともに，心身が弱っていく感じが増していることと，自尊心が低下していること，について語った。一方，彼は地方の高校で代用教員の職を得たが，その状況には満足できず，欲求不満をもたらすものだった，と述べた。彼は，楽しむことも，教えることの成果も感じることができない。自分の人生を振り返って，何度も次のような考えを抱く。「自分はもう23歳なのに，自分の人生がまったくわからない」。いいかえれば，マーカスとヌリアス (Markus & Nurius, 1986) ならこう表現するだろうと思われるように，フェルナンドはまさに，これから現れる可能性のあるいろいろな自分を求めてあがいているのである。

認知的ナラティヴ・セラピー

　認知的療法の最近の発展によって，認知の生成におけるナラティヴの中心的役割が認識されるようになってきた (e.g., Bamberg, 1991; Gonçalves, 印刷中; Leahy, 1991; Russell, 1991; Van den Broek & Thurlow, 1991)。たとえば，グイダーノ (Guidano, 1987, 1991) は，言葉に表さないレベルの認知的表象は，愛着－分離の発達の初期段階に起原がある，と論じている。つまり，私たちのはじめの認識（世界の構成）は，論理以前または言語以前の段階にさえ起こり，この段階では，推論的－物語的表象だけが可能なのである。物語の能力の発達に関する研究では一貫して，物語は，人生におけるできごとを描くとともに，現在を理解し将来を予測するために，実に最も早くから一番よく用いる道具であることが示されてきた (Van den Broek & Thurlow, 1991を参照)。ヴァンデンブロークとサーロウ (Van den Broek & Thurlow, 1991) が最近指摘しているように，「物語は人が人生を認識するときに人生を構成するのであり，自分

が自分である感覚は,人生の物語の内容とまとまりによって規定される」(p. 261)。ハワード (Howard, 1991) は,認知的表象における物語の重要性を認識したうえで,私たちは人間を Homo scientus ではなく Homo fabulus として規定するべきであるとしている。これは,人間が算法ではなく意味のある私的な物語によって現実を表象することを強調するものである。

もし人間が自分自身と現実についての最も基本的で心的な情報を,物語で表象するのだとすれば,心理療法におけるナラティヴ・アプローチが必要になる (Mair, 1989; White & Epston, 1990参照)。ここで提示される認知的ナラティヴ・セラピーは,三つの基本的な仮定に基づいている。

1. 知識(認識論)と実存(存在論)は切り離せない。そして,これらは物語として生成される。私たちの認識の過程は,私たちの存在論的な課題と同時に起こる。あるいは,ワイマー (Weimer, 1977) が述べているように,人間存在とは環境をどうとらえるかという理論によって規定されるものであり,理論は物語的である。

2. クライエントを心理学的に理解することには,その人の原型の物語を明らかにし,分析することが含まれる。いいかえれば,人にはその人独自の認識生成のやり方があり,それは特定のタイプの物語として類型化される。物語は,最適の例,根源的隠喩あるいは原型の役目を果たす (Haskell, 1987; Lakoff, 1987)。

3. 心理療法は,物語を明らかにすること,構成すること,そして脱構築するためのシナリオとみなすことができる。自分の原型の物語を理解することを通してうまくやっていくための独自のやり方を知ることによってだけではなく,代わりの隠喩を構成し,予期することによっても,クライエントは物語をつくる態度を身につけるはずである (Crites, 1986; Gonçalves, 印刷中; Gonçalves & Craine, 1990; Wurf & Makus, 1991)。

要約すれば,そしてラッセル (Russell, 1991) が適切に述べているように,「これらの物語の形成,精細化,明確化,変容,実行は,人になる過程に不可欠である」(pp. 253-254)。

上述の仮定に基づいて,五つの段階からなる一つの心理療法のアプローチができあがった。五つの段階とは,(1) 物語を想起すること,(2) 物語を客観

表10.1 認知的ナラティヴ・セラピーの構造

	共時的	通時的
想起		
目的	回想の態度を養うこと	生涯にわたる意味のある経験の明確化
過程	日々の物語をメモしつつ行う，生涯にわたる誘導によるイメージ	人生を振り返ること 原型の物語の選択
客観視		
目的	客観視する態度を養成すること	原型の物語を客観視すること
過程	客観視する態度の観察学習 客観視する手がかりを利用したセッション中の練習 日々の物語を客観視すること	原型の物語を客観視する手がかりを利用した，セッションの中の練習 原型の物語を詳細に客観視すること
主観視		
目的	主観視する態度を養成すること	原型の物語を主観視すること
過程	主観視する態度の観察学習 情動的な主観視のセッション中の練習 日々の物語を情動的に主観視すること 認知的な主観視のセッション中の練習 日々の物語を認知的に主観視すること	原型の物語を情動的に主観視する手がかりを利用した，セッション中の練習 原型の物語を探るための詳しい情動的主観視 物語の原型を探るための,認知的な主観視の手がかりを用いた,セッション中の練習 原型の物語を探るための詳しい認知的主観視
隠喩化		
目的	隠喩化する態度を養成すること	原型の物語を隠喩化すること
過程	隠喩化する態度の観察学習 隠喩化のセッション中の練習 日々の物語を隠喩化すること	原型の物語を表す根源的隠喩の構成 根源的隠喩の由来の分析
思い描くこと		
目的	思い描く態度を養成すること	代わりの隠喩と脚本を思い描くこと
過程	思い描く態度の観察学習 代わりの意味を構成する，セッション中の練習 日常生活の物語を思い描くこと	代わりの根源的隠喩の構成 代わりの隠喩の由来の分析 代わりの物語を思い描くこと 代わりの物語の評価

視すること，(3) 物語を主観視すること，(4) 物語を隠喩化すること，(5) 物語を思い描くこと，である。表10.1にそれぞれの段階の主な目的と治療の方法をまとめた。各段階において，補足的ではあるが二つの違ったタイプのワークが行われる。つまり，共時的なワークと通時的なワークである。共時的なレベルでは，クライエントと治療者は，その日常生活で最近身につけた物語の態

度を適用する。これによって,クライエントは今悩んでいる症状のあるものに対処することができる。

通時的なレベルでは,クライエントと治療者は,各段階で学んだ物語の態度をクライエントの人生における経験の中心的なテーマに適用する。すなわち,原型の物語が私的な意味を構成することの最良の例として選ばれ,治療過程を通してよく考えられる。

ここでの提案と,やはり物語的隠喩を支持する他の伝統からのモデルの間には,いくつかの関連があることが明らかである (Gergen & Kaye, 1992; Russell & Van den Broek, 1992; Schaffer, 1981; Siegelman, 1990; White & Epston,1990 を参照)。治療上の技術の違いにもかかわらず,これらのアプローチの多くは,私たちの認識の過程は基本的には物語的であり,物語の構造を変えることが心理療法の重要な課題である,とする考え方を共有する。

物語の想起

この治療過程の最初の段階の目的は二つある。つまり,(1)思い出す態度を身につけること,(2)同時に,一生涯を通して意味のある別の物語をみつける機会を与えること,である。

ナラティヴ・アプローチで重要なのは,人が経験を思い出す能力である。これらの経験は,自己同一性の発達にとって大切な私的な物語をつくるために本当に最も重要な道具である。自己同一性は,生涯を通して一貫した,意味のある経験を構成する私的な営みとして理解することができる。この段階では,クライエントに人生における物語についてメモをとり,自分の私的な歴史の中の盲点をみつけることに,慣れ親しんでもらおうとする。

この過程は通常,それまでの人生についての誘導によるイメージのウォームアップの練習から始める。このことは,3段階からなる過程において,意味のある私的な物語をていねいに思い出すことをクライエントに促すことで,達成される。三つの段階とは,(1)リラックスした態度になること,(2)今後悔していることについての誘導されるイメージ,(3)特定の物語を選ぶこと,である。

リラックスした態度になってもらうための技法は,クライエントと治療者の好み次第だろうが,この態度をもつことのねらいは,特に私的に思い出す課題に役立つ,より連想が働く状態を促進することがわかっている経験の感覚運動

レベルへとクライエントを導くことである。リラックスした態度ができあがったら，クライエントは，今後悔していることについての誘導されるイメージを用いて，意味のある私的な物語のいくつかに集中することを促される。この段階では，次のような説明が行われる。

　さあ，心に浮かんでくるイメージと考えに注意を集中して，それらを浮かぶにまかせてください……私の声を過去を思い出しあなたの人生の意味のある体験を思い出す刺激として使うようにということではありません。まず昨日から始めて，できるだけ昔に戻ってみましょう。さあ，昨日起こったこと……先週起こったこと……先月起こったこと……昨年起こったこと……3年前のこと……高校時代のこと……小学校時代のこと……幼稚園時代のこと……それ以前のことを，思い出しましょう。

　この過程を終えたら，クライエントは治療者とともに，自分の経験を分かち合い，それへの反応について話し合う。
　誘導によるイメージのワークの後で，クライエントは，次の週に毎日，おぼえておく価値があると思う特定のできごとをはっきりさせ，そのできごとを簡単にノートに書き留めること，つまり日常の物語をメモすることで，この思い出す能力を練習し，身につけるよう促される。この練習の目的は，物語の展開には日々のできごとが重要であることをクライエントに気づかせることである。
　クライエントが思い出すことに没頭できるようになるにつれて，治療者とクライエントは，生涯を通しての意味のある物語を探る方向に進んでいく。これは，マホーニー（Mahoney, 1991）が提示した振り返りの宿題の変法を用いて行われる。クライエントは，ホームワークとして，0歳から現在に至るまで1年ごとについてメモをするように，と説明される。別々のメモごとに，その年齢のときの意味ある特定のエピソードをみつけることを求められる。
　治療者とクライエントは，少なくとも1セッションは振り返りのホームワークに当てる。クライエントはエピソード的な物語を通して人生の脚本を描き，一組のトランプのように並べるよう促される。
　意味のある日常的な物語と生涯にわたる物語を振り返った後で，クライエントは今の自分にとっての意味をつくる活動の原型となる物語を選ぶよう求められる。すなわち，原型の物語を選ぶのである。
　クライエントは，選んだ物語は治療の全過程でていねいに検討されるもので

あり，それ自体をその人の物語の原型や最適な例として体験するように，といわれる。このことの目的は，物語がよいperceptograph，つまり「本当の歴史的できごとを描くというかたちをとりながら抽象的な知覚を象徴的に表現する」一つの方法（Bruhn, 1992, p. 4）として役立つようにすることである。

たいていのクライエントは，仮にこの過程を最後までやってみて，はじめは三つか四つの物語を選び，次に徐々に自分の人生をよりうまく描写するものを選択する。

ここでの事例フェルナンドは，物語想起のすべての過程をたどり，次の原型の物語を選択することとなった。

　　大学での最初の日に，私をひどく傷つけるできごとがあった。教室のドアは開いており，教授は教室の一つの端から別の端に落ち着きなく，だまって10分間歩いていた。皆何が起こるのだろうと思っていた。すると突然，教授はドアを閉め，学生の一人一人になぜコンピューター科学を主専攻として選んだのか，学業成績の平均値（GPA）はいくつであるか，を尋ねた。そして同時に，もし主専攻を第一に選んだのではなかったり，GPAが低いのであれば，そういう人はただちに止めるように，といった。

物語の客観視

原型の物語がみつかったら，治療者は物語の客観視の過程を開始する。治療過程のこの段階でもまた，二つの主要なねらいがある。すなわち，（1）クライエントが客観視する態度を身につけること，（2）クライエントの原型の物語に関する感覚的次元の範囲を客観視すること，である。

物語を客観視する態度を身につけることは，物語の展開にとって重要である。物語の読み手をその文章に引きこむのは，ある程度まで，物語のシナリオを構成する書き手の能力による。これは，今述べられているできごとの感覚的次元を明らかにすることによってなされる。たとえば，「今日は午前6時に目を覚ました」という単純な表現は，経験の感覚的，行動的次元に彩られて，容易に以下のような物語の過程へと変わる。

　　午前6時に，古くて丸い目覚まし時計が，耳障りで攻撃的な音を鳴らした。窓からはいくぶん光がさしていた。空中には，フランスの香水と汗が折り合わず混じりあっていた。口の中は乾いた味がした。私の怠惰な体は動くという考えに逆らっていた。

第10章　認知的ナラティヴ・セラピー——代わりの意味の解釈学的構成——　169

私は自分の体のいろいろな部分をためらいがちに伸ばしながら、ゆっくりと起き始めた。そして、ようやく目が覚めるのを感じていた。

　あるできごとを客観視することで物語ができるわけではない。しかし、それは物語の展開のための文脈を設定することに確かに役立つ。作家が書くときにいかに相当の時間を自分の物語を客観視することに費やすことができるか、そしてそれによっていかに読者を文章に引きつけることができるかは、興味深いことである。

　この客観視する態度を形成することの手始めとして、クライエントは客観視する態度を観察学習する。すなわち、客観視する態度を描いているいろいろな作家の文の引用が示される。たとえば、デヴィッド・ロッジ（David Lodge, 1991；英国の作家）が『楽園ニュース（Paradise News）』の冒頭のシーンを設定している次の引用に注意していただきたい。

今朝チェックインカウンターのところで、乗客たちは、荷物の出所をじっくりと尋ねられている。そしてボディチェックと手荷物検査は、通常以上に入念に警備員によって行われている。長く、ゆっくりと動く列が、チェックインカウンターからほとんど中央広場の反対の壁まで延びている。これらの列は二つのより長い列と平行しており、入国審査、防犯ゲート、出発ラウンジへと通じる狭いゲートのところで一つになっている。列をつくっている乗客たちは、片方の足からもう一方の足に体重を移動させたり、山のようにたくさん置かれたワゴンの取っ手に寄り掛かったり、スーツケースの上にしゃがみこんだりしている。彼らの表情はさまざまではあるが、不安げで、待ち切れない様子であり、飽き飽きしており、禁欲的ではあるが、疲れてはみえない。彼らはまだ比較的元気である。彼らのあざやかでカジュアルな服は清潔で、アイロンがかかっており、さきほどひげそりや化粧をした頬はなめらかであり、髪は整えられ、つやがある（p.3）。

　上に示したような例がクライエントとともに話し合われる。そしてクライエントは、物語のさまざまな感覚次元（たとえば、視覚的、聴覚的、味覚的、嗅覚的、触覚的／運動感覚的次元）を明確にするよう求められる。
　2番目の課題すなわち客観視するための手がかりを用いた練習は、クライエントにいくつかの刺激状況を提示し、即興で感覚的次元について詳しく説明するよう求める。たとえば、治療者は次のような刺激状況を与える。
　「あなたは30分遅れて到着し、あなたの上司は怒ります。今何がみえますか？」（視覚的手がかり）。クライエントが視覚的次元について細かく説明した

ら,治療者は他の手がかりを示しながら続ける。「それでは今度は何が聞こえますか?」(聴覚的手がかり)。「そして今度は何のにおいがしますか?」(嗅覚的手がかり)。「そして,何の味がしますか?」(味覚的手がかり)。「そして何を体で感じていますか?」(触覚的/運動感覚的手がかり)。

最後に,この客観視する態度を確かに養成できるように,日々の物語を客観視するホームワークが用いられる。想起の態度の養成の場合と同様に,クライエントは次の週の間毎日一つのできごとを決めて,できごとの感覚的次元(たとえば,視覚的,聴覚的,味覚的,嗅覚的,触覚的/運動感覚的次元)をはっきりさせながら,このできごとを客観視したメモをつくるように促される。

客観視する態度を身につけたところで,クライエントはこの態度と技能を選ばれた原型の物語に応用するよう求められる。この過程は,カウンセリングルームで始められる。すなわち,治療者とともに行う,客観視する手がかりを用いたセッション中の練習から入る。そこでは,治療者は物語のさまざまな次元へのいろいろな手がかりを徐々に提示する。客観視する次元に触れるたいていのクライエントが圧倒するような深い感情の連鎖を体験し始めることを考えると,これは簡単な課題ではない。

これによって,クライエントはしばしば経験の内的次元について話し合うようになる。クライエントには物語の客観的次元に継続的に焦点を当て直し,内的次元については後のワークのために保留にしておくように促すべきである。この時点での目的は,もっぱら経験のさまざまな感覚次元に物語的に焦点を当てる能力を養うことである。

このセッションでのワークを終えたら,原型の物語を詳しく客観視することが行われる。クライエントには,ホームワークとして,経験のさまざまな次元を客観視するのに役立つ材料(たとえば,写真,音楽,手紙,フィルム)を何でもよいからもってきて,原型の物語について詳細に述べるよう求める。この段階の終わりのところで,クライエントはさまざまな過去と現在の人生のエピソードに対して,この客観視する態度を身につけ,結果として感覚的に豊富な詳細を含んだ原型の物語を構成することができていなくてはならない。

フェルナンドは客観視するこの過程をやり終え,彼の原型の物語が詳細にわかった。探索されたいろいろな次元の例は以下に示されている。

視覚的次元:教授は攻撃的な態度で黒っぽい服に身をつつみ演台に立ってお

り，一方の端から他方の端までまるで教室が空であるかのように行ったり来たりしている……

聴覚的次元：部屋の中には重苦しい沈黙がただよっている。それは，教授が早口で混乱しながら……声を震わせて……一人で行進しているときの重い足取りの音によってのみ破られる。

味覚的次元：私の口は完全に渇いている……

嗅覚的次元：いろいろな香水とさまざまな学生の集団からの入り混じった臭い……壁に塗ったばかりのペンキの臭い……自分自身の汗の臭い……

触覚的／運動感覚的次元：心臓がはやく打っている……背中と首に緊張がある……手には汗をかいている……椅子のうえで落ち着きなく動いている……

物語の主観視

物語を客観視する臨床的ワークを終えた後で，治療者は同様に重要な治療段階，つまり物語を主観視することに注意を移す。ここでは，二つの中心的な課題が提示される。つまり，（1）主観視する態度を身につけること，（2）その人の原型の物語の主観的あるいは内的な次元への気づきを高めること，である。

主観視する態度が身についていることの特徴は，認知的，情動的体験の内的な次元を明確にする能力が高まっていることである。すべての経験の内的あるいは主観的次元への気づきを得ることは，どの認知的療法においても中心的な課題である。

思考や情動にしたがう能力は，まったく人間の経験の内的な側面を構成する力による。経験のこの内的な側面は，物語の文法構造中心的な面の一つである (Mandler, 1984)。そして，すべての物語からの意味の構成にあずかる最も重要な劇的手段の一つである (Gergen & Gergen, 1986)。

主観視する態度を身につけるためのウォームアップとして，クライエントはしばしば，経験の内的側面への転換を例示する幾人かの作家の物語に描かれている，主観視する態度のモデルに出会う。ここでもまたデヴィッド・ロッジ (1975) の小説『**交換教授 (Changing Places)**』の一節を示そう。

　　フィリップ・シャロウは，以前飛行機に乗ったことはある。しかしそれは，めったになかったことであり，長い間隔があいていた。それで，飛行機に乗るたびに，彼は同じ苦しみを味わう。つまり，彼の身体を緊張させたりリラックスさせたりする恐怖

と安心が,執拗で疲れさせるリズムでかわるがわる襲ってくる。地上にいて旅の支度をしているときには,彼は陽気に飛行機に乗ることを思う。高く,高く昇っていき,青い天空にまで届く。飛行機の中で揺られている。遠くからは,飛行機は空自体から彫られたように苦もなくくつろいでいるようにみえる。しかし,この自信は,彼が空港に着き,ジェットエンジンの金切り声にたじろぐときには薄れ始める (p. 9)。

この一節は,登場人物が経験していることへの感情移入を容易にする認知的,情動的過程を描いている。

物語を主観視することの重要性とやり方を説明したところで,治療者は情動的な主観視のセッション中の練習を導入する。まず,クライエントに合った一連の刺激状況が,治療者によって,さまざまな情動を構成する手がかりとして提示される。たとえば,先述の刺激状況は,今度はこのように導入される。「あなたは30分遅れて到着し,あなたの上司は怒ります」。しかし今回は,その人の物語の情動的次元を即興で用意し,構成するために,クライエントは,グリーンバーグとサフラン（Greenberg & Safran, 1987, 1989; Safran & Greenberg, 1988）が発展させたのと同様の情動的ワークの過程を経験する。第一に,治療者はクライエントに二つのタイプの手がかりを用いながら情動的スキーマを活性化するよう求める。

1. イメージ手がかり（例：「客観視の段階で私たちが行ったことに戻って,すべての感覚的次元の経験を,現在形で今ここでのこととして,今ここにもってきてください」）。
2. 運動的手がかり（例：「あなたが自分のイメージを説明しているときには,どんなジェスチャーや顔の表情であれ,それに気づき,再生し,詳しく述べてください」）。クライエントは,自分が気づいている運動次元の経験を再生し,誇張するよう促される。

第二に,治療者は二つのタイプの手がかりを用いながら,フォーカシング過程を開始する。

1. 強化するための手がかり（例：「今度は,感覚イメージを詳細に説明し,自分の運動反応の表現を豊かにして,体験を強く感じるようにしてくだ

さい」）。
2．再度フォーカシングするための手がかり（例：「今度は今ここでのあなたの経験の内面に焦点を当ててください。ここでは，自分が経験していることを説明する言葉にはこだわらないでください。今自分が経験していることのみに気づくようにしてください)。

　第三のそして最後の情動的構成の段階は，象徴化の過程であり，二つの付加的な手がかりを通して達成される。

1．象徴化の手がかり（例：「その経験にとどまり，この瞬間にあなたが経験していることをもっと適切に表現する言葉やシンボルをみつけようとしてください」)。
2．再象徴化の手がかり（例：「それでは，その経験に戻って，これがあなたの経験の意味を表すよいシンボルであるかどうかを知るために，自分のシンボルを体験と照合してください。そして，自分の経験によりよく合うようにシンボルを調整してください」)。

　先述の段階と同じように，情動的な物語の構成，つまり日々の物語の情動的主観視を確かなものにするために，ホームワークが用いられる。クライエントは次の週は毎日あるできごとをきめて，この活性化，フォーカシング，象徴化の3段階の過程をたどるよう促される。
　主観視の段階のもう一つの側面は，認知的物語を構成することである。ここでは治療者は，クライエントが内的ではあるが今度は認知的な経験の側面（すなわち，思考，内的対話，認知）に気づくようにする。認知的ワークが，認知的主観視の練習とともに導入される。ここでもまた，情動的ワークで用いられるのと同じ状況が，クライエントの認知の構成のための手がかりになる。ここでは，認知的療法で伝統的に行われてきたことにしたがって，治療者は連続した二つのタイプの手がかりを使用する（Gonçalves, 1993参照）。

1．思考列挙法（例：「あなたがその状況に戻って，それを再体験するときには，あなたの心にうかぶ思考と内的対話のすべてを私とともにするようにしてください」)。

2. たまねぎの皮むきまたは下向き矢印法（例：「それでは，あなたの思考の中から一つ選んで，その背景にある考えを，自分の最も基本的な思考にたどり着いたと思うまで明らかにしてください」）。

　ここでもまた，この過程は日々の物語の認知的主観視のホームワーク課題で終了する。クライエントは，日々のできごとを明らかにして，自分の物語の認知的側面を構成するために先に論じた手がかりにしたがうよう求められる。

　主観視する態度を身につけるための情動的，認知的ワークを終えたら，治療者は選ばれた原型の物語の情動的，認知的構成のためにこれらの道具を使うようクライエントを導く。セッションの中で，治療者は物語に関するすべてのできごとについて，先に論じた情動的，認知的手がかりの各々を検討する。これは，私が原型の物語（情動的，認知的）を主観視する手がかりを利用した，セッション中の練習と呼ぶものである。

　治療セッション中に行われるワークのフォローアップとして，クライエントは，セッションとセッションの間に物語の内面，つまり原型の物語の詳しい情動的，認知的主観視について述べるよう求められる。

　ここでは，フェルナンドの過程からの例を用いて簡単に説明しよう。

情動的構成
活性化する情動：教授が私の方に来るのをみると，自分の背中がひどく緊張しているのを感じている……肩が緊張していて，手がこちこちになっている……咽のところで心臓がポンプのように動いているのを感じている……
フォーカシング：（治療者：「こうした感覚についてもっと詳しく話してみてください」）……私の背中……背中がだんだんに重くなっていき，動くことができない。背中の重みで頭が垂れ下がる……肩がますます緊張してきて……私は縮み上がっているのを感じる……咽がつまってほとんど話すことができない……
象徴化：私は恐い……本当に恐くてパニックになっている……そう，自分が感じているのは恐れとパニックだ……

認知的ワーク
思考列挙とたまねぎの皮むき：こちこちになっている……彼は私がこちこちになっていることを笑い者にしようとしている……私がこちこちになって

いるのが皆にわかってしまう……私が本当におろかで，子どもじみていて，臆病なことが皆にわかってしまう……もし皆に私がおろかで，子どもじみていて，臆病なことがわかってしまうとすれば，私は本当に汚物にちがいない……汚物は役立たずで世界を汚す価値もない……汚物として，私は生きるに値しない……

物語の隠喩化

　クライエントが物語の想起，客観視，主観視の定められた課題をすべてやり終えたら，治療者は隠喩化の段階のワークを導入する。ここでもまた，二つの目的が治療者の仕事の中心になると考えられる。つまり，（１）クライエントが隠喩化の態度を身につけられるように手助けすること，そして，（２）選ばれた原型の物語の根源的隠喩を明らかにすることである。

　レイコフとジョンソン（Lakoff & Johnson, 1980）は，「私たちがその観点から考え，行動する，普通の概念体系は，基本的には本質的に隠喩的である」（p. 3）ことを，適切に私たちに思い起こさせた。これらの著者によれば，すべての認識過程は知識の客観視を意味し，それゆえ隠喩をつくりだすことが必要にある。自己と現実の構成においては，三つのグループの隠喩が一般に広まっている。すなわち，（１）一つの概念が別のものの観点から隠喩的に構成される構造的隠喩（例：「愛情関係」を戦争として概念化すること），（２）方向づけ隠喩：概念の全体体系が互いの場所の関係から成り立っている（例：幸せは上で，悲しみは下），（３）即物的隠喩：私たちの経験を物理的な対象（私たちの身体を含む）と物質の観点から理解すること（例：人々を食べ物として概念化すること）（Lakoff and Johnson, 1980）。

　クライエントの物語は，彼らの表象体系に特徴的な構造的，方向づけ的，即物的隠喩を明らかにする（Conçalves & Craine, 1990）。私たちがこの治療段階で最初に開発しようとするのは隠喩的態度，つまり，「メッセージのかたちないしは構造がメッセージの内容と同じ場合のコミュニケーションの形態」（Haskell, 1987, p. 253）である。これは，クライエントの構成体系の象徴的な構造的表象をみつける一つのやり方である。いいかえれば，この段階の目的は，クライエントがその経験から意味を構成するのを手助けすることである。これは，さまざまな物語の構造的，方向づけ的，即物的隠喩を開発できるようクラ

イエントを訓練することによって達成される。

　この過程は，隠喩化の態度をモデリングすることから始まる。このモデリング過程は，隠喩化の態度を表すさまざまなモデルと対面することを通して達せられる。隠喩化がどういう意味なのかをクライエントに説明する一つのよいやり方は，短い話または年代記を提示することである。ある話や年代記を読んだ後で，クライエントは書かれている材料の考えられる核心的意味と，著者によって選ばれた隠喩的なタイトルの中にそれらがいかに凝縮されているかを考える。クライエントの特別な興味によっては，映画，劇，そしてダンスと音楽においてさえ，同じような過程が生じる。

　次に，治療者は隠喩化のための，セッション中の練習を実施する。この過程で役に立つのは，客観視と主観視の態度を養成するためのセッション中とホームワークでの訓練で，クライエントが展開した物語を使用することである。たとえば，刺激状況「あなたは30分遅れて到着し，あなたの上司は怒ります」に対してクライエントが詳しく述べた客観視と主観視の物語を，治療者はクライエントとともに振り返ることができる。しかしながら今度は，隠喩化の態度を身につけるのを促進するために四つの新しいタイプの手がかりが用いられる。

1．構造的手がかり（例：この状況でのあなたの経験を隠喩的に象徴する概念をみつけるとすれば，それはどういうものですか？）
2．方向づけ的手がかり（例：この状況でのあなたの経験を象徴する方向関係の隠喩をみつけるとすれば，それはどういうものですか？）
3．即物的手がかり（例：あなたの経験を隠喩的に象徴する対象または物質をみつけるとすれば，それはどういうものですか？）
4．要約的手がかり（例：あなたが今詳しく説明したばかりのすべての隠喩の中では，どれがあるいはどの組み合わせがあなたの経験を最もよく象徴化できそうでしょうか？）

　前の段階で生じた過程と同様に，治療的ワークは，クライエントに日常的な状況をさまざまな隠喩のブレーンストーミング（日常的な物語を隠喩化すること）を用いてフォローアップをするよう求めるホームワーク課題によって，確かなものになる。

クライエントが自分の経験を隠喩化する能力を身につけたら，治療者はクライエントに，選んだ原型の物語のための根源的隠喩を構成するためにこの段階の過程を経験するよう促す。クライエントが最も適切な隠喩を構成できるよう促すために，構造的，方向づけ的，即物的，要約的手がかりが用いられる。
　最後に，隠喩の構成がうまくいったら，根源的隠喩の由来の分析が行われる。まず，セッションの中で治療者は，この隠喩が役に立っていた現在の生活と似た状況を振り返るようクライエントに求める。次に，クライエントは自分の人生のいくつかの段階（すなわち，幼児期，児童期，青年期，成人期）を体験するよう促される。これは人生を振り返る課題（Mahoney, 1991）であり，そこでは選ばれた隠喩が役に立つことを示す状況を明らかにする。この過程の後には通常集中的なホームワーク課題が行われる。ここでは，クライエントはそれぞれの人生の段階を説明する物語をみつけ，客観視と主観視のワークで何が必要かに応じて，この物語について詳しく述べる。
　治療のこの時点で，クライエントは，自分の人生を支配してきている核となる象徴的な構成概念（コンストラクト）への好ましい気づきを構成し，この隠喩化の態度を今とこれからの人生のできごとに適用できるはずである。
　理想的には，この時点で，感覚的な客観性の詳細と情動的，認知的主観性の豊かさを備えた原型の物語が構成される。これに加えて，物語の中心的な意味として根源的隠喩が明らかにされる。最後に，同じ隠喩に含まれる付加的な物語のネットワークが，必要な生育史的，文脈的背景を提供する。
　ここでもフェルナンドのケースで説明しよう。刺激手がかりに反応して，フェルナンドは三つの中心的な隠喩をみつけた。すなわち，（1）構造的隠喩－「ひどい役者」，（2）方向づけ的隠喩－「アウトサイダー」，（3）即物的隠喩－「へび」。要約的手がかりに反応して，次の隠喩をみつけた。彼によれば，「彼の物語の理想的なタイトルは」「こそこそ歩く，逃げ腰の役者である」。隠喩が明らかになったところで，治療者は根源的隠喩の構成を確認することをねらいとした，誘導によるイメージ手続きを導入する。

　　治療者（誘導によるイメージの説明）：教授は攻撃的な態度で黒っぽい服に身をつつみ演台に立っており，一方の端から他方の端までまるで教室が空であるかのように行ったり来たりしています……部屋の中には重苦しい沈黙がただよっています。それは，教授の重い足取りの音によってのみ破られます。あなたの口は完全に渇いていま

す……いろいろな香水とさまざまな学生の集団からの入り混じった臭い……壁に塗ったばかりのペンキの臭い……あなた自身の汗の臭い……あなたの心臓がはやく打っています……背中と首に緊張があります……手には汗をかいています……教授があなたの方に来るのをみると,自分の背中がひどく緊張しているのを感じています……肩が緊張していて,手がこちこちになっています……咽のところで心臓がポンプのように動いているのを感じています……背中がだんだんに重くなっていき,動くことができません。背中の重みで頭が垂れ下がる……肩がますます緊張してきて……あなたは縮み上がっているのを感じます……咽がつまってほとんど話すことができません……

あなたは恐がっています……あなたはこう考えます。「こちこちになっている……彼は私がこちこちになっていることを笑い者にしようとしている……私がこちこちになっているのが皆にわかってしまう……私が本当におろかで,子どもじみていて,臆病なことが皆にわかってしまう……もし皆に私がおろかで,子どもじみていて,臆病なことがわかってしまうとすれば,私は本当に汚物にちがいない……汚物は役立たずで世界を汚す価値もない……汚物として,私は生きるに値しない……」。あなたがこういう考えをもつと,ますます恐くなり,すっかり恐くなり,パニックに陥ります……そうです,あなたが感じているのは,恐れとパニックです……

　治療者：あなたが物語にたどり着いたら,こそこそ歩く,逃げ腰の役者のイメージを呼び戻し,それをあなたがたった今経験していることと照合してください……隠喩を自分が適当と感じるように調整してみてください……
　クライエント：その必要はありません……まさにこそこそ歩く,逃げ腰の役者,本当にずるいいかさま師……こそこそ歩き,這って舞台から出ていく役者……こそこそ歩く,逃げ腰の役者……
　治療者（生育史の分析を示しながら）：それでは次に進んで,この隠喩が広く当てはまるように思われる人生の他の物語を明らかにしてみましょう。
　クライエント：すべてです……この隠喩は私の人生のストーリーです……私の人生脚本……
　治療者：わかりました。しかしそれでも,あなたの人生から他の物語の構成を利用して詳しくみてみましょう。

物語を思い描くこと

今私たちは認知的ナラティヴ・セラピーの最終段階にきている。この最後の

段階では二つの主な目的がある。つまり，（1）物語を思い描く態度を養うこと，（2）物語を思い描く態度を別の隠喩や脚本の作成に適用すること，である。

物語を思い描く態度の養成は，ヘイゼル・マーカス（Hazel Markus）が自己の可能性と描写したことと似ている（Markus & Nurius, 1986）。自己の可能性とは，クライエントにとっての別の進路の開発を意味する。つまり，「人が自分の可能性や将来をどう考えるか……その人が何になりたいのか，何を夢みるのか，どうなるのを恐れるのかについてのイメージ」（Wurf & Markus, 1991, p.40）である。

クライエントの物語を思い描く態度とは，その人が別の隠喩を構成し，新しい物語を描くことにより隠喩を確認することで，自分の物語に別の意味を与えることである。すなわち，クライエントは物語を思い描く態度によって新たに別の人物（つまり，別の隠喩）をつくるよう求められる。これらの別の人物・隠喩は逆に，新しい著者の定義に役に立ち，クライエントに別のアイデンティティと原作者の感覚を思い起こさせる（Lehrer, 1988）。クライツ（Crites, 1986）が適切に述べている（キルケゴール［Kierkegaard］を思い出させる）。私たちは過去を理解する一方で，常に未来に向かって生きる。心理療法が目指すべきなのは，物語の構築と脱構築の間のより柔軟な弁証法を発展させることである。未知の領域，可能性の世界への冒険は本当に，心理療法の最終的な目的である。

心理療法の最終段階は，物語を描く態度のモデリングである。この段階は，物語を描く態度を養うことによって，いかに変化の過程が生じるかをクライエントに調べるよう促すことから始まる。文学，映画，劇，あるいは有名な人物が，物語を描く態度に含まれるさまざまな面について説明し，クライエントと話し合うために，用いられる。同様に，心理療法のこの段階での役に立つモデリング方略は，クライエントが体験した他の変化状況を，自己モデリング過程として使用することである。他の意味づけを構築する，セッション内の練習をすることで，クライエントは別の隠喩を探し，構築し始める。ここでもまた，治療者は，他の治療段階で導入された刺激状況をすべて扱い，クライエントが代わりの隠喩や脚本を作成できるように手助けする。このことは，ある刺激状況（例：「あなたは30分遅れて到着し，あなたの上司は怒ります」）で，一連の三つの方略を用いることで達成される。これらの方略は，以前学んだことを

応用することからなる。しかしここでは，代わりの隠喩を作成するという文脈でのことである。

1. 代わりの隠喩を構築すること：クライエントは，根源的隠喩の構築に使用されたのと同様な過程にしたがって，新しい，代わりの根源的隠喩を構築するように求められる。
2. 代わりの隠喩を客観視すること：代わりの根源的隠喩に基づいて，クライエントは新しい隠喩に基づいた代わりの物語を客観視するよう促される。
3. 代わりの隠喩の主観視：最後に，主観視の段階で学んだものが，今度は代わりの隠喩の主観的経験を思い描くために用いられる。ここでもまた，このことは，物語の情動的，認知的次元の両方のために行われる。

日常生活上の物語を思い描く過程を通して，治療活動が確かなものになるように，お決まりのホームワークが，また使用される。クライエントは，次の週にあるできごとについての代わりの隠喩を選ぶよう求められる。次のような過程が考えられる。

1. 予期された生活上のできごとについての代わりの隠喩の構築：たとえば，自分の元妻と食べることになっている夕食で，仏教の師の隠喩を探そう，とクライエントは決意する。
2. 代わりの隠喩の客観視：クライエントはシナリオを注意深く客観視するよう求められる。クライエントは夕食のシナリオを書く。つまり，自分がどういう服装をしているか，レストランの詳細，食べ物の色と香り，自分がつけようとしているコロンなどについて書く。
3. 代わりの隠喩の主観視：同様に，クライエントは仏教の師の情動的，認知的過程を積極的に構築することによって，心の中のシナリオを予期する。
4. 代わりの隠喩の実行：脚本がすべてできあがったら，クライエントは，自分が探そうと決めた意味の役割の範囲内で，自由に即興でやってみながら，できる限り隠喩を実施してみるよう促される。
5. 代わりの隠喩の評価：そのシーンが終わったところで，クライエントは

その状況についての物語的報告を主観視したり，客観視するよう求められる。

クライエントがこの過程に慣れてきたら，治療者は代わりの根源的隠喩を構築する過程を導入する。代わりの根源的隠喩は，新しい意味のレンズとみなされる。これらのレンズではじめの現実と対比される現実を探し，理解するのである。

隠喩化の段階で起こったことと同様に，治療者はクライエントが代わりの隠喩を構築するのを助けるために，隠喩化の手がかりを導入する。

1. 構造的手がかり　治療者：もしあなたの今の理解のしかた（根源的隠喩）についての代わりの隠喩を象徴する概念をみつけられるとすれば，それはどのようなものですか？
2. 方向づけ的手がかり　治療者：もしあなたの今の理解のしかた（根源的隠喩）についての代わりの隠喩を象徴する空間関係の隠喩をみつけられるとすれば，それはどのようなものですか？
3. 即物的手がかり　治療者：もしあなたの今の理解のしかた（根源的隠喩）についての代わりの隠喩を象徴する物や物質をみつけられるとすれば，それはどのようなものですか？
4. 要約的手がかり　治療者：あなたが今ほどつくりだした隠喩の中で，どれがあるいはどの組み合わせが，あなたの今の理解のしかた（根源的隠喩）についての代わりの隠喩を最もよく象徴するでしょうか？

代わりの隠喩はどれも，クライエントの経験に基づかなければならない。クライエントの生活上の経験における生育史上の根拠がなければ，どのような隠喩も使えない。このように，クライエントは代わりの隠喩の生育史的な分析をするよう求められる。これは，彼らがこの代わりの隠喩のもとで，少なくとも過去にうまくやれていた物語的エピソードをみつけるためである。

第一に，臨床的な状況では，治療者はクライエントに，この隠喩を用いるとうまくやれていた，これまでの人生の時期（つまり，幼児期，児童期，青年期，成人期）を通しての過去の状況を明らかにするよう求める。第二に，クライエントは代わりの隠喩の物語を用いて，集中的なホームワーク活動を行う。

クライエントが, 生育史の分析を通して代わりの隠喩(つまり, 可能な自分)をもつようになるにつれて, 代わりの物語をつくりだすことが, いくつかの役割固定の経験(Kelly, 1955)を通して導入される。この過程では, 次のステップがとられる。

1. 刺激状況の選択。いくつかの刺激状況がクライエントとともに選ばれる。これらはクライエントの生活に関連した状況シナリオである。
2. 物語の客観視と主観視。これらの状況について, クライエントは客観視と主観視の次元の両方を備えた, 代わりの根源的隠喩に基づく物語を構築するよう求められる。このワークは通常, 家で詳細を加えて終了する。
3. 物語のリハーサル。つくられた脚本は, 治療状況の文脈でリハーサルされる。治療者は, クライエントの遂行の行動的, 認知的, 情動的次元についての詳しいフィードバックを与える。脚本とクライエントの遂行は徐々に合ってくる。

最後に, 脚本ができあがって, リハーサルされたら, 治療者は代わりの物語を評価するプロセスを開始する。それは, 実際の経験においてこれらの物語が役に立つかどうか調べるようクライエントに促すことによって行われる。彼らは, この時点で, 考えた状況に対して役者の態度をとり, 心理療法の中で構築され, リハーサルされた物語を実行に移すよう勧められる。

これに加えて, クライエントは, 心理療法を通してつくられた, 同じ物語的過程にしたがって, 実行段階についての正確なモニタリングを続けるよう求められる。すなわち, 状況についての詳しい客観視と主観視の結果が, 治療者との話し合いの席にもたらされる。これらの評価の結果によって, 構築されるかもしれない代わりの隠喩あるいは新しい隠喩に基づいて, 新しい脚本が計画される。

この過程には終わりはない。まったく逆に, クライエントにとっての目的は, この物語の態度を応用して, 自分の人生について, 役者や著者の感覚を身につけることである。クライエントは, 決して終わらない構築と脱構築の機会をもつべきである。治療者とクライエントの双方が, この目的が進行していることに同意するとき, 治療関係そのものが歴史になる。「何かになるということは

決して終わることがないだろう過程である。しかしながら，その人が仮にであっても望んでいる可能な自分を実現しようとしない限り，その過程は始まることさえない」(Wurf & Makus, 1991, p.54)。

　フェルナンドについては，心理療法の最終段階は経験の模擬体験であった。彼がチャレンジや思い描く態度の可能性に慣れるにはいくぶん時間がかかった。自分の生育史を通じて「こそこそ逃げ出す，回避的な役者」の隠喩にとらわれている感じがして，彼が代わりの隠喩を創造的につくりだすのを助けるためには長い努力を要した。少しずつ，彼はさまざまな，そして時にはたわいもない状況での自分自身の新しい可能性を構築するという考えに夢中になった。彼が自主的に自分の日常生活において相当変化をみせ始めたのは心理療法のこの段階の間であった。私たちが代わりの隠喩の訓練をしている間に，彼は新しいヘアスタイル，新しいスタイルの服装，そしてエクササイズのプログラムさえもって来談した。彼の原型の物語の代わりの隠喩を構築するときがきたときに，彼は面白い構成的な隠喩，つまり私立探偵，を思いついた。実際，社会的な手がかりに対する過度な敏感さゆえに，彼は優れた観察と中心から離れる技能を構築することができた。シャーロック・ホームズは本当に，彼が過去に読んだ本の好みのキャラクターの一人であった。いうまでもなく，フェルナンドは，自分が本を読んだときに戻って自分とホームズの物語の接点をみつけるよう促された。私たちは，距離をおくこと，観察，そして想像的な技能という私立探偵の能力を彼が応用できる，いくつかのエピソードに関する物語を構築し，実行に移した。これらの小さな物語の進行を私たちが楽しんでいるときに，フェルナンドは心の中で大きなレベルでの言外の意味を思い描いていた。心理療法の過程の終わりに近づいたところで，彼は自分の専攻を心理学に変える決意に達した。彼が自分の決心からどんな意味を得たかを私が聞いたとき，彼はシャーロック・ホームズの尊大な態度で答えた。「簡単なことだよ，ワトソン君。私立探偵から心の探究者になるのは大変なことではないのだよ！」

結　論

　認知的ナラティヴ・セラピーは劇的な概念的変化を体験しつつある。認識過程についてのナラティヴ・モデルと並んで，構成主義者のアプローチの台頭は，認知理論のたいていの最近の展開において明らかである。これらの変化は，認識過

程の深い変化に影響を与えることのできる新しい治療法を開発することの必要性を示している。この章では，新しい治療法，つまり認知的ナラティヴ・セラピーの説明を提示することによって，これらの問題を扱おうとした。ここで，提示された中核的な考えのうちのいくつかについて要約させていただきたい。

第一に，人間は物語の語り手としてみなすことができ，その基本的な認知的表象は物語の観点から構成されるということについて，認知心理学において根拠が増加してきていることが考察された（Polkinghorne, 1988）。第二に，認知的療法家はクライエントの表象体系に，命題的な論理的アルゴリズムとしてよりも，物語と隠喩的な過程としてアプローチするべきである（Gonçalves, 印刷中）。最後に，物語の想起，客観視，主観視，隠喩化，思い描くことは，認知的療法の発展に寄与するかもしれない。認知的療法は，意味の構築という人間の中核的経験のために，情報処理の修正に関する機械論的な概念化を乗り越えるものである（Bruner, 1986, 1990）。

要約すれば，認知的ナラティヴ・セラピーは，構成主義者の努力の一環である。これは，人間の知識についての新しい根源的隠喩（すなわち，物語）を構築することによって，認知的療法に代わりの，創造的な道を提供しようとするものである（Guidano, 1991; Joyce-Moniz, 1989）。これらの方法論の妥当性は，現在発展中の新しい認識論の方法論を創造的に用いることを要する治療的な領域で吟味されるべきである（Angus & Hardtke, 1992; Angus & Rennie, 1989参照）。

私たちは，臨床実践における有効な構成要素について，納得のいく理解からはいまだにほど遠いところにいる。しかし私は，ドナルド・ポーキングホーン（Donald Polkinghorne, 1988）が述べているように，心理療法と物語に共通する冒険的営みを探ることに，何か有望な根拠があると信じる。

> 心理療法と物語では，共通して，意味のある人間の実存が構築される。彼らが治療的な状況にやってくるとき，クライエントはすでに人生の物語をもっている。彼らはこれらの物語の主人公であり，作者でもある。人生の物語には決まった解答はない。将来の行動とできごとは，現在の筋に組みこまれなければならない。

謝辞　著者は，Thomas Dowdと2名の匿名の査読者が，この原稿の以前の版に対してコメントと示唆を与えてくださったことに感謝する。原稿の最終版をタイプしてくださったDowan Jonesにも感謝する。

この論文の準備において, 一部JNICT (ポルトガル科学・技術研究会議Portuguese Council for Scientific and Technological Research) のGrant PCHS/G/PSI/267/91の助成を受けた。
この論文に関する通信はすべて, Óscar F. Gonçalves, Departamento de Psicologia, Universidade do Minho, Campus de Gualtar, 4700 Braga, Portugalまで。

文　献

Angus, L. E., & Hardtke, K. (1992). *Narrative processes in psychotherapy.* Unpublished manuscript, York University, Toronto.
Angus, L. E., & Rennie, D. L. (1989). Envisioning the representational world: The client's experience of metaphoric expression in psychotherapy. *Psychotherapy, 26,* 372-379.
Bamberg, M. (1991). Narrative activity as perspective taking: The role of emotionals, negations, and voice in the construction of the story realm. *Journal of Cognitive Psychotherapy, 5,* 275-290.
Bruhn, A. R. (1992). The early memory procedures: A projective test fo autobiographical memory: Part 1. *Journal of Personality Assessment, 58,* 1-15.
Bruner, J. (1986). *Actual minds, possible worlds.* Cambridge, MA: Harvard University Press.
Bruner, J. (1990). *Acts of meaning.* Cambridge, MA: Harvard University Press.
Crites, S. (1986). Storytime: Recollecting the past and projecting the future. In T. R. Sarbin (Ed.), *Narrative psychology: The storied nature of human conduct* (pp. 152-173). New York: Praeger.
Gergen, K. J., & Gergen, M. M. (1986). Narrative form and the construction of psychological science. In T. R. Sarbin (Ed.), *Narrative psychology: The storied nature of human conduct* (pp. 22-44). New York: Praeger.
Gergen, K., & Kaye, J. (1992). Beyond the narrative and the negotiation of therapeutic meaning. In S. McNamee & K. J. Gergen (Ed.), *Therapy as social construction.* London: Sage. 野口裕二, 野村直樹 (訳) (1997) ナラティヴ・セラピー：社会構成主義の実践. 金剛出版.
Gonçalves, Ó. F. (Ed.) (1989). *Advances in the cognitive therapies.* Porto, Portugal: APPORT.
Gonçalves, Ó. F. (1993). *Terapias cognitivas: Teoria e prática* (Cognitive therapies: Theory and practice). Porto, Portugal: Afrontamento.
Gonçalves, Ó. F. (in press). Hermeneutics, constructivism and cognitive-behavioral therapies: From the object to the project. In R. A. Neimeyer & M. J. Mahoney (Eds.), *Constructivism in psychotherapy.* Washington, DC: American Psychological Associatic.
Gonçalves, Ó. F., & Craine, M. (1990). The use of metaphors in cognitive therapy. *Journal of Cognitive Therapy, 4,* 135-150.
Greenberg, L. S., & Safran, J. D. (1987). *Emotion in psychotherapy.* New York: Guilford.
Greenberg, L. S., & Safran, J. D. (1989). Emotions in psychotherapy. *American Psychologist, 44,* 19-29.

Guidano, V. F. (1987). *Complexity of the self: A developmental approach to psychopathology and therapy.* New York: Guilford.
Guidano, V. F. (1991). *The self in process: Toward a post-rationalist cognitive therapy.* New York: Guilford.
Haskell, R. E. (1987). Structural metaphor and cognition. In R. E. Haskell (Ed.), *Cognition and symbolic structures: The psychology of metaphoric transformation* (pp. 241-256). Norwood, NJ: Ablex.
Howard, G. (1991). Cultural tales: A narrative approach to thinking, crosscultural psychology, and psychotherapy. *American Psychologist, 46,* 187-197.
Joyce-Moniz, L. (1989). Structures, dialectics and regulation of applied constructivism: From developmental psychopathology to individual drama therapy. In Ó. F. Gonçalves (Ed.), *Advances in the cognitive therapies: The constructive-developmental approach.* Porto, Portugal: APPORT.
Kelly, G. A. (1955). *The psychology of personal constructs* (Vols. 1 & 2). New York: Norton.
Kihlstrom, J. F. (1987). The cognitive unconscious. *Science, 237,* 1445-1452.
Lakoff, G. (1987). *Women, fire and dangerous things: What categories reveal about the mind.* Chicago: University of Chicago Press.
Lakoff, G., & Johnson, M. (1980). *Metaphors we live by.* Chicago: University of Chicago Press. 渡部昇一，楠瀬淳三，下谷和幸（訳）(1986) レトリックと人生．大修館書店．
Leahy, R. L. (1991). Scripts in cognitive therapy: The systemic perspective. *Journal of cognitive Psychotherapy, 5,* 291-304.
van den Broek, P., & Thurlow, R. (1991). The role and structure of personal narratives. *Journal of Cognitive Psychotherapy, 5,* 257-276.
Lehrer, R. (1988). Characters in search of an author: The self as a narrative structure. In J. C. Mancuso & M. L. Shaw (Eds.), *Cognition and personal structure: Computer access and analysis* (pp. 195-228). New York: Praeger.
Lodge, D. (1975). *Changing places.* Middlesex, England: Penguin. 高儀進（訳）(1982) 交換教授．白水社．
Lodge, D. (1991). *Paradise news.* London: Secker & Warburg. 高儀進（訳）(1993) 楽園ニュース．白水社．
Mahoney, M. J. (1991). *Human change processes: The scientific foundations of psychotherapy.* New York: Basic Books.
Mair, M. (1989). *Between psychology and psychotherapy: A poetics of experience.* London: Rutledge.
Mandler, J. (1984). *Scripts, stories and scenes: Aspects of schema theory.* Hillsdale, NJ: Erlbaum.
Markus, H., & Nurius, P. (1986). Possible selves. *American Psychologist, 41,* 954-969.
Polkinghorne, D. E. (1988). *Narrative knowing and the human sciences.* Albany: State University of New York Press.
Russell, R. L. (1991). Narrative, cognitive representations, and change: New directions in cognitive theory and therapy. *Journal of Cognitive Psychotherapy, 5,* 241-256.
Russell, R. L., & Van den Broek, P. (1992). Changing narrative schemas in

psychotherapy. *Psychotherapy, 29*, 344-354.
Safran, J. D., & Greenberg, L. S. (1988). Feeling, thinking and acting: A cognitive framework for psychotherapy integration. *Journal of Cognitive Psychotherapy, 2*, 109-132.
Safran, J. D., & Segal, Z. V. (1990). *Interpersonal processes in cognitive therapy.* New York: Basic Books.
Schaffer, R. (1981). *Narrative actions in psychoanalysis.* Worcester, WA: Clark University Press.
Siegleman, E. Y. (1990). *Metaphor and meaning in psychotherapy.* New York: Guilford.
Weimer, W. B. (1977). A conceptual framework for cognitive psychology: Motor theories of the mind. In R. Shaw & J. Bransford (Eds.), *Perceiving, acting and knowing* (pp. 276-311). Hillsdale, NJ: Erlbaum.
White, M., & Epston, D. (1990). *Narrative means to therapeutic ends.* New York: W. W. Norton.
Wurf, E., & Markus, H. (1991). Possible selves and the psychology of personal growth. *Perpectives in Personality, 3*, 39-62.

第11章

構成主義心理療法の評価

ロバート・A・ニーマイアー

　構成主義のセラピーというものは単独のテクニックではない。むしろ,哲学的な文脈,それに応じてセラピーが進められるようなものである。そして,特定の理論家が生み出した思想というよりも,**時代精神**の産物である。構成主義アプローチでは,不思議なことに心理療法の多くの学派で見逃されていたような,人間の精神のある性質が扱われている——形態形成的に意味を生成するという性質である。人間は物語の語り手として,生きて目覚めているときにはいつでも,人生の意味を紡ぎ出しているのである。自分は何者であるのか？　自分は何を行っているのか？　自分はなぜそれを行っているのか？（Anderson, 1990, p. 137）

　ここ数十年間,心理療法のモデルはそれぞれに発展を続けている。同様に,臨床の実践と研究を特徴づけ方向づけるような,メタ理論の枠組みにも発展がみられている。そうした哲学的な枠組みの一つが,**構成主義**と呼ばれるものである。構成主義のメタ理論は,人間の認識が自己組織的で能動的である点を重視し,その特徴が人間の変化と密接に関わることを強調する（Mahoney, 1988a, 1991; R. A. Neimeyer & Harter, 1988）。本章の目的は,構成主義心理療法に関するさまざまなアプローチの特徴を描き出すことである。その際,心理査定や臨床介入という問題に対して,認識論的にどう関わるのか,そして,どのような貢献を果たす可能性があるのかという点を論じる。構成主義を導入することで,心理学の研究に独特な問題意識（と示唆）がもたらされる。構成主義心理療法にはさまざまな流派があり,それぞれに関する実証研究もその数を増しているが,筆者はこれらに関するいくつかの重要なテーマとモデルについて論じるつもりである。本章の最後では,構成主義者の動向に関する問題点と課題を論じ,構成主義者が応用を試みる現代のさまざまな領域について述べる。

ポストモダンにおける構成主義

　人間の思いつくものはすべて，その人間が生きた時代や地域の産物である。心理療法の理論もまたその例外ではない。例のごとく，臨床的な枠組みは，必要な技法をそろえたパッケージとして提供されるものが好まれているが，その哲学的な背景については，せいぜい１，２種類が暗示されているだけである。しかし，人々が体現すると同時に（しばしば無意識的に）依拠している文化的な傾向というものがある。そうした傾向を広範囲にふまえながら，臨床的枠組みを示すことにはとても意義があるだろう。構成主義心理療法のモデルでは，文化的な文脈として，ポストモダンがきわだっている。主に20世紀に興隆した思潮であり，思想，社会，政治の世界で繰り返し語られるテーマとなっている。オハラとアンダーソン（O'Hara & Anderson, 1991, p.20）は，次のように述べている。

　　はっきりとした自覚はないかもしれない。しかし，われわれは一つの新しい世界に移行してしまった。この世界はさまざまな影響が積み重なって成立したものである。たとえば，社会が多元化し，民主主義が広まり，宗教的自由が保証され，消費者主義が浸透し，社会的流動性が一般化し，さらには情報や娯楽が簡単に利用できるようになった。これが「ポストモダン」と呼ばれる世界である。われわれの多くが生を受けた近代世界とは明らかに異なっている。社会的な意識のありようが一変し，世の中の変化などまったく気にもとめないような人々の生活にも影響が及ぶようになった。信念にはさまざまなものがあり，現実は多様であり，浮き浮きさせもひるませもする圧倒的な数の世界観が個々人の好みを満たしている。どのような人間であっても，こうした世界から目をそむけることはできない。われわれは自分なりの選択を行うことができるが，選択自体を放棄することはできないのである。

　人間に備わる信念体系や知覚される「現実」は，「所与のもの」ではなく，社会的に構築されたものである。それゆえ，文化（あるいはサブカルチャー），時代，状況が異なれば，まったく別様に構築されうる。もちろん，そこに生きる人々にとっては，必然的なものにみえるかもしれない（Berger & Luckmann, 1976）。以上のような理解は，ポストモダンな意識の中心に広まりつつあるようである。こうした主張は社会科学で「流行」しているが，それは

あいにく先鋭的なものではない。法学 (Levinson, 1989)，人類学 (Mead, 1939)，文芸批評 (Derrida, 1981)，科学哲学 (Woolgar, 1989) など，さまざまな領域でも議論が進められている。構成主義者は，それぞれ無関係にみえるような領域にまたがりながら，社会的な特権，慣習，文学の傑作，教育カリキュラム，さらには，科学自体にも体現されている「時を越えた事実」を追求するという人々の伝統的な信念に批判を加え始めたのである (Anderson, 1990; R. A. Neimeyer, 1992)。こうして，それぞれが異なる専門分野であるにもかかわらず，明らかにポストモダン的な結論が導かれるようになった：「人間が認識していると考えているものは，事実そのものを基盤としたものではない。自らの仮定にのみ結びついたものである。人間が理解を試みようとも，世界は常に人間の思考の彼方にある」(Kelly, 1977, p.6)。

事実か結果か

ポストモダンの考え方から最も大きな影響を受けてきたのは，心理学である。認知科学 (Agnew & Brown, 1989; Ford & Chang, 1989) や神経心理学 (Sacks, 1985) といった「基礎科学」の領域から，情動 (Mascolo & Mancuso, 1991) や生涯発達 (Carlsen, 1991) の研究に至るまで，人間を機械的にとらえる従来の説明方法は批判にさらされるようになった。構成主義によれば，人間は意味を生成する主体である (cf. Mahoney, 1991)。ポストモダンの構成主義者は心理療法，特に認知的な傾向をもつ心理療法に対して異議申し立てをしているが，現代的な文脈に照らせば，この批判も至極当然なことといえる。

歴史的な文脈を振り返ってみよう。20世紀初頭には論理実証主義の原則に基づく科学哲学が成立した (cf. Radnitzky, 1973)。従来の認知療法には，その近代的な哲学の野心が見え隠れしている。かつてウィーン学派の哲学者が科学者の理想像を思い描いていたように，ベック (Beck, Rush, Shaw, & Emer, 1979) やエリス (Ellis, 1973) のような理論家は，十分に適応した人間というものを想定していた。すなわち，合理性を体現した人間，論理的でない推論を退け，公に観察可能なデータをもとに仮説を客観的に検証できる人間である。もっとも，人間というものは，生育環境での条件づけ (Jaremko, 1987)，もしくは，歪んだ幼稚な思考を行う生物学的な傾向 (Ellis, 1973) が認められるため，合理性や科学的方法の原則からは逸脱しがちな存在である。自己，世界，

将来について，絶対的で，過度に一般化した，非論理的な結論を引き出してしまう（cf. Beck et al., 1979; Burns, 1980）。したがって，心理的な適応を実現するためには，否定的で非論理的な自己陳述に対して積極的に論ばくし，その「現実検討」をしなければならない。そうすることで，以前よりも成熟した，正確なやり方で情報が処理できるようになるだろう（Beck et al., 1979; Merluzzi, Rudy & Glass, 1981）。こうした特徴から判断する限り，認知療法家は，メンタルヘルスの領域で長く受け継がれてきた実在論を継承している。「現実の知覚は，知覚内容が実際の現実と対応している場合に限り，精神的に健康であるといわれる」（Jahoda, 1958, p.6）。実在論では，真理の一致理論が示されている。信念体系の妥当性は，現実世界や，少なくとも感覚から受け取った「事実」といかに「合致」しているかということで定まるのだという。

あいにくポストモダンの時代に入ると，古びた客観主義的な科学哲学や，同じ類の臨床的アプローチに対する風当たりが強くなった。20世紀後半には，科学哲学者は合理性の概念を定義し直すようになったが，客観的事実の認識が成立しないにもかかわらず，中心的な理論的概念をすぐに棄てることができなかった。むしろ，そうした概念を強調するようになった（Lakatos, 1974; Laudan, 1977）。これに対して，先進的な哲学者（e.g., Feyerabend, 1975）や社会学者（e.g., Woolgar, 1989）にとっては，客観性や科学的方法といった基本的概念でさえもが疑問の対象となった。客観性や科学的方法論は，認知論者が想定した「科学者としての人間」像の中心をなす概念である。ポストモダンにおけるより重要な変化は，信念の多元化である。適応とは正しい現実認識のことである，ととらえるような心理学の体系は，すべて批判の対象になる。アンダーソン（Anderson, 1990, p.46）はこう述べている。「世界には多様な現実が満ちあふれている。ある現実に十分適応することが精神的な健康につながるとか，ある現実に適応しきれないことが病的な状態であるとか，そうした考えに固執することは非常に難しい」。

文化的，思想的傾向の変化に加えて，心理学でも数多くの研究結果が証拠として集まるようになった。系統的な誤りである自己奉仕的な「幻想」は，ありふれたものであり，機能的でもある（Taylor & Brown, 1988を参照のこと）。明らかに不合理な信念であっても，さまざまな条件で，機能的に働くことがある。たとえば，リッチとダールハイマー（Rich & Dahlheimer, 1989）は，単語完成課題を設定し，正解か不正解かというフィードバックを操作した。第1

群は不合理な信念の強い被験者で,第2群は不合理な信念の弱い被験者であった。セルフ・ハンディキャッピングの先行研究から予想された通り,第1群では,不正解というフィードバックを受けることにより,課題に対する効力予期が劇的に低下した。ところが,実際の成績は向上していたのである。これとは対照的に,第2群では,不正解のフィードバックによる成績への悪影響がはるかに大きかった。こうした傾向は,従来の認知療法の枠組みでは理解しがたいものである。最近の認知行動的な研究を展望すると,否定的な思考が必ずしも否定的な結果をもたらすわけではなく,否定思考と肯定的思考の的確なバランスが,脅威となりうる情報への対処と注意を促すとしている(Schwartz, 1992; Schwartz & Michelson, 1987)。以上をまとめると,客観主義の考えでは,精神の健康を保つのには正確で,合理的で,実証的な認知が必要であるとしていたが,そうした仮説にそぐわない証拠が増え始めている。したがって,伝統的な認知療法の理論的前提が脅かされている。マホーニー(Mahoney)が本書の序章で指摘した通り,認知的アプローチは,さらなる進化を遂げようとしている。

ポストモダンが到来し,哲学,文化,心理学の発展と同様,新しいかたちの心理療法も展開するようになった。構成主義心理療法の展開である。構成主義心理療法では,真理の一致理論が否定される。もちろん,客観的現実に一致しない信念は非機能的である,とした結論も認められない。構成主義者は,既存の構成体にはすべて生存可能性があると考える。生存可能性を定めるものは,その構成体を個人や集団が仮に用いた場合の有用性(cf. von Glasersfeld, 1984)であり,個人や社会の信念体系全体との整合性(Neimeyer, R.A. & Harter, 1988)でもある。

構成主義理論の中心には,人間は能動的な存在,つまり,経験世界の意味を個人的,かつ社会的に構築する存在であるというものがある。構成主義は系統的メタ理論であるが,その起源はヴィーコ(Vico),カント(Kant),ファイヒンガー(Vaihinger)といった哲学者の著作にまでさかのぼることができる(Mahoney, 1988a)。20世紀科学哲学における論理実証主義,古典的合理主義,直線的決定論の衰退とともに,構成主義は発展した「参与的認識論」として現れるようになった(Mahoney, 1989)。構成主義の観点では,人間の知識は究極的には(相互)個人的なものであり(cf. Polanyi, 1958),進化論的な性質を備えている(Campbell, Heyes, & Callebaut, 1987)。人間の構成を超越した客観的

現実というものを単純に認めることはない。この認識論は心理学的な立場にも対応している。つまり，人間の認知は，単に受動的，決定的なものではなく，能動的 (Mahoney, 1988a)，あるいは，予測的なもの (Kelly, 1955; R.A. Neimeyer, 1987) なのである。また，構成主義の立場では，心理的な構造の存在を強調している。それは形態形成的な核構造をなすものと考えられる。それは，深層から表層までのプロセスがいずれも上位のプロセスの発達に制約や調整を加えるものである (Kelly, 1955; Mahoney, 1991)。さらに，構成主義者の臨床的アプローチは，伝統的な認知療法よりも，自己を社会的文脈の中に位置づけている。グイダーノ (Guidano, 1991, p.10) いわく，悟りを開いた僧にとっても一般の人にとっても，「単純な物理的環境に，非常に複雑な社会が重なっている。自己理解や世界観が常に他者に関わるような，間主観的な現実が現れている」。最後に，構成主義では，自己組織的な発達，すなわち，自己の内的な整合性と同一性を維持する進化のあり方が，人間というシステムの特徴であると考える (Maturana & Varela, 1987)。構成主義者と客観主義者の認識論を比べた場合，表11.1のように要約することができる。メタ理論の詳細については，マホーニー (1991) とニーマイアーとフェイシャス (R.A. Neimeyer & Feixas, 1990) が詳しく扱っている。

　構成主義と客観主義の認識論は異なる。どちらの哲学的立場をとるかによって，実際の心理査定や心理療法にも根本的な差異がもたらされる。伝統的な認知療法家にとって，測定や介入の対象となるものは，比較的分離された個々の自己陳述である。自動思考であれ (Beck et al., 1979)，不合理な信念であれ (Dryden & Ellis, 1987)，ストレスフルな環境のもとで経験されるものである。セラピーの特徴は，現在を志向して，問題に焦点を当てることであり，その目標は不快な情動を引き起こす非現実的で誤った認知を「修正」することである。したがって，セラピーは非常に指示的であり (Beck et al., 1979)，心理教育が中心となり (Lewinsohn, Steinmetz, Antonuccio, & Teri, 1984)，個別療法か集団療法かにかかわらずクライエント個々人に焦点を当てたものとなる。認知療法では，通常，根本的な世界観の変化よりも，クライエントが抱く現在の信念を変えようとする。そのため，この種のセラピーは，信念の「一次的変化」を促すものであり，限られた場面に通用するものといわれる (Lyddon, 1990a)。アンダーソン (1990) 的な意味では，近代の典型的なセラピーであるといえる。信念の修正を計画的に促し，クライエントをより現実的にしむけるのである。

表11.1 客観主義と構成主義の哲学的差異

客観主義	構成主義
知識の性質	
現実世界の直接の表象，あるいは，コピー	主体の経験や行動を構成したもの
実在する事実を発見したもの	新たな解釈の枠組みを創造したもの
絶対的真実に近づいていくもので，事実の集積によって進歩するもの	進化論的（淘汰や適応の結果，形成される）で，比較的，包括的なもの
知識の正当性の基準	
感覚を通じてもたらされる現実世界	既存の知識構造との内的な整合性，および，観察者同士の社会的承認
表象と現実との一致度，あるいは，対応性	適切さと生存可能性（その解釈的な枠組みにしたがった場合の予測の正しさ）
正しい意味は一つ（真実）	意味や解釈の多様性
知識の構造的な特徴	
概念を構成したもの（現実の対象に備わる性質を抽象化したもの）	差異を把握するもの
分類，カテゴリー化，累積的な蓄積を行ったもの	階層的，自己組織的なシステム
人間の特徴	
反応する生体	能動的，目的志向的，意図的な生体
人間の相互作用	
教育的（生体から生体への情報伝達）	構造的カップリング（構造同士の調和，自己組織的システムの間にみられる振る舞いの協調）

注）"Constructivist Contributions to Psychotherapy Integraion" R.A. Neimeyer and G. Feixas, 1990, **Journal of Integrative and Eclectic Psychotherapy**, 9, p.7. Copyright 1990 by International Academy of Eclectic Psychotherapists. より，許可を得て改変。

　これとは対照的に，構成主義心理療法家には，比較的広範にわたって，構成システム（Kelly, 1955; G.J. Neimeyer & R.A. Neimeyer, 1981）や個人のナラティヴ（Howard, 1990; White & Epston, 1990）を査定し，その変化を促す傾向が認められる。伝統的な認知療法家とは異なり，要素的な思考に対して論ばくを加えるというやり方はとらない。個人の信念体系や物語は長期にわたって内容が保持されてきたものと考えられるので，セラピーでは，クライエントが示す精神病理の発達的側面を調べることが多い（Keating & Rosen, 1991;

Mahoney, 1988b)。その際に特別な注意を注ぐのは，発達初期の愛着関係である。その愛着関係が自己や世界に関する，最も根本的な仮定を育てるからである（Guidano & Liotti, 1993; Lorenzini & Sassaroli, 1987）。認知の歪みの除去や修正よりも，広範囲に構成の発達を促そうとする限りにおいて，構成主義心理療法は，修正ではなく創造を最終の目標としている（R.A. Neimeyer & Harter, 1988）。セラピーは，比較的，指示的というよりも探索的なものになり，クライエント個人の構成を機能させる家族やシステムのプロセスに焦点づけるものになる（Feixas, 1992）。この種のセラピーは，クライエントの中核をなす秩序化のプロセスに抜本的な変化をもたらすので，信念体系の「二次的変化」を追求するものであるといわれる。一例を挙げれば，精神病や境界例の水準（cf. Leitner, 1987, 1988）のように，自己認識がひどく混乱した状態を扱うものである（Lyddon, 1990a）。構成主義アプローチは，それ自体が，ポストモダンの典型的なアプローチである。許容できるナラティヴの条件について，単純な基準を安易に定めるよりも，クライエントと共同しながらやりとりするものである。

　従来の認知療法と構成主義心理療法を比べてみると，介入を導く臨床的な手続きも異なっている。正統派の認知療法家は，通常，クライエントの言葉の意味を疑いなく文字通りに受け取る。結果的に，論理分析を非常に効率よく進め，言葉の妥当性を実証的に検証し，合理的な反応を引き出すことができる（Weishaar & Beck, 1987）。情動もまた同様に，状況に対する認知的評価の結果として，率直に受け取られる。歪んだ認知に基づく否定的な情動は，臨床的には，コントロールや除去すべき問題となる（Burns, 1980）。さらに，セラピストの技法的な試みに対して，クライエントが抵抗を示すことがある。そのような場合は，モチベーションの欠如をみて取るか，「積極的な挑戦と論ばく」（Ellis, 1973, p.309）の必要な有害事象ととらえるのが通例である。

　構成主義心理療法家は，当然のことながら，技法や態度のほとんどの面において，認知療法家と一線を画す傾向にある。構成主義者は，解釈学的，現象学的な視点の影響を受けており，特質上，クライエントの明言する言葉（Kelly, 1955），よく用いるメタファー（Siegelman, 1990），個性記述的なイメージ（Mair, 1989a）に含まれた，私的な意味について綿密に調べる。情動は，情報に満ちたものとして理解する。経験の意味を構成するクライエントの試みが，今現在，適切に行われていることを示すものである（McCoy, 1981）。セラピ

表11.2 従来の認知療法と構成主義心理療法の実践的な差異

特徴	従来の認知療法	構成主義心理療法
診断の重点	疾患に特異的	包括的，全体的
介入と査定の焦点	分離された自動思考や不合理な信念	構成システム，私的な物語
時間の焦点	現在	現在，ただし，比較的，発達を強調
セラピーの目標	修正的，障害の除去	創造的，発達の促し
セラピーの形式	非常に指示的，心理教育的	比較的，構造はゆるく，探索的
セラピーの文脈	個人的	個人的から組織的
セラピストの役割	説得，分析，技術指導	反射，精緻化，非常に個性的
クライエントがもつ信念の適切さの判定	論理と客観的妥当性	内的整合性，同意，個人にとっての生存可能性
クライエントの意味の解釈	事実そのまま，普遍的	比喩的，個性記述的
情動の解釈	否定的情動は，歪んだ思考の表れであり，制御すべき問題を示す	情報に満ちた徴候としての否定的情動。既存の構成の脅威を表す，尊重されるべきもの
クライエントが示す「抵抗」の理解	モチベーションの欠如，非機能的な傾向	中核的な秩序化のプロセスを保護しようとする試み

ストの介入は，説得や，分析や，技術指導を行うというよりも，反射，精緻化，高度な個性化を行う傾向がある（R.A. Neimeyer, 1985a）。抵抗が生じる場合も，構成主義では，別の意味づけを行う。クライエントの抵抗は，セラピーによって，中核的な秩序化のプロセスが脅かされた場合に生じるものであり，自己防衛として理解できる反応である（Mahoney, 1991; R.A. Neimeyer, 1987）。表11.2には，従来の認知療法と構成主義心理療法の実践的な差異についてまとめた。なお，介入法の詳細については，ニーマイアー（G.J. Neimeyer, 1992a），ニーマイアー（R.A. Neimeyer, 1985a, 1987），マホーニー（1988b, 1991）で知ることができる。

構成主義心理療法の種類

これまでの議論では，構成主義アプローチに共通する哲学的特徴や実践的特徴に焦点を当てることで，従来の認知療法との違いを示した。しかしながら，単一の首尾一貫した心理療法の学派として紹介してしまうと，誤解を招くおそれがある。構成主義心理療法は，明確な境界をもたない「あいまいな集合体」として理解した方がよい。それぞれが相当な広がりをもって，場合によっては

矛盾しあう立場を表明するからである（本章の「最後に」を参照のこと）。このアプローチのまとまりを比較的バランスよく描写するため，相互に影響しあういくつかの「系統」について，重点的に焦点を当てる。臨床の歴史の系譜をつくり，構成主義アプローチの発展に独自の貢献を果たすものである。

パーソナル・コンストラクト理論

　臨床実践の構成主義理論についてはじめて体系化を試みたのは，ジョージ・ケリー（George Kelly）である。ケリーは，実験心理学出身の臨床家であり，もともとはカンザス州郊外の大学に勤務していた。その当時は，世界大恐慌のさなかであった（R.A. Neimeyer, 1985c）。大学には必要最小限の資源しかなく，（特に学校組織では）人的な資源が圧倒的に不足していた。そのため，ケリーはほどなく，慎重な解釈によってクライエントの洞察を徐々に深めるという，精神力動的な実践モデルに対して限界を感じるようになった（Kelly, 1969）。精神力動以外のモデルは十分には発展していなかったため，ケリーは自らモデルの考案に乗り出した。コージブスキー（Korzybski, 1933）の一般意味論を取り入れることで現実を規定する言語の役割を重視し，また，モレノ（Moreno, 1937）のサイコドラマに触発された手続きも導入した（Stewart & Barry, 1991）。その成果として，ケリーは，1930年代後半から役割固定法の実験を始める。役割固定法は，クライエントとともに，いかにも存在しそうな別人格を思い描く実験であった。パーソナリティ，趣味，対人関係の情報をもつ人物である。さらに，クライエントには，日常生活の一定期間，その架空の人物をひそかに演じてもらう。面接では，役割のリハーサルを行うと同時に，継続中の実験の様子についても話し合う。演技の期間が終われば，クライエントには「役を降りてもらう」。しかしながら，演技の世界は，明らかに仮想的なものであっても，ありえない世界ではない（Kelly, 1973）。短期間でも没頭することができた新鮮な体験について，その意味を学んでもらうのである。この短期療法の効果は，多くの場合が劇的なものであった。ケリーや彼の学生は，1940年代から1950年代初期まで，関連した技法の洗練化を進めることになる。

　ケリーは，技法の開発には成功を収めたものの（実際は，成功を収めたがゆえに），単に実用的なアプローチを使って治療効果を導くことに不満をおぼえるようになった。後年，自らの代表作のまえがきで，以下のような説明を残している。

読者に対して臨床的な問題の扱い方だけを説明しようとしても,不十分であった。つまり,扱い方の理由というものが常に疑問の的になった。そのため,その理由に関する記述を始めた。……もっとも,書き始めるやいなや,予想外の記述が生じ始めた。むしろ,想定外のできごとが生じていたことに気づかされた。それはこのような次第である。比較的隔離された状況で何年間も臨床活動を続けていたため,自分たちの予想よりも遙かに,心理学の通常の対象を超えた領域を扱っていたのである。

通常からどの程度かけ離れていたのであろうか? あるいは,もっと重要なことだが,読者には理解してもらえるだろうか? ここでは,目立つほど多くの仮説が,暗黙裏に設定されている。つまり,通常とは少々異なる信念が前提とされている。今,こうした問題に言及できなければ,臨床実践の理由について,合理的な説明をすることは望めないだろう。

執筆の振り出しに戻り,今度は,理論システムの体系化を行った。これは折衷的な作業であった。一方では,広大な問題領域を支える論理的な仮説を考案しつつ,その他方では,前提とする信念を言語化していったのである (Kelly, 1955, pp. ix-x)。

ケリーによる理論的体系化の試みは,『パーソナル・コンストラクトの心理学』(1955) に結実する。パーソナリティと臨床実践についての非常に包括的な理論である。ピアジェ (Piaget, 1937/1971) やバートレット (Bartlett, 1932) と同世代の研究者として,ケリーもまた「意味を求める」人間の性質に関心を抱いていた。生活において繰り返し出会うテーマを構成することで発展する性質である。ただし,ピアジェやバートレットの場合と異なり,ケリーが主に関心を向けていたのは,クライエント独自の構成システムの内容と構造を概念化し,抽出し,変化させる方法であった。パーソナリティ理論の発達的,経験的側面に対する関心は比較的薄かった。ケリーが望んだ通り,体系化された理論は,幅広い領域の研究を支え,実証研究を中心とする約2,000の出版物を生み出すことになった。その領域は,教育学 (Novak, 1990),キャリア開発 (G. J. Neimeyer, 1992b),人工知能 (Agnew & Brown, 1989; Bringmann, 1992),情報伝達 (Applegate, 1990),死生学 (R. A. Neimeyer & Epting, 1992),精神病理学 (Button, 1985; Gara, Rosenberg, & Mueller, 1989),産業組織心理学 (Jankowicz, 1990) の多岐にわたっている。

現代の状況でも,パーソナル・コンストラクト理論は独特な理論的貢献を果たしている。その最たる例は,人間を科学者に見立てる独自のメタファー,構成プロセスについての精巧で検証可能なモデル,個人的知識の構造,そして,

社会に埋めこまれた人間の構成の試みについてのものである（R.A. Neimeyer, 1987）。コンストラクト理論の特性として最もよく知られているのは，構成に関する双極性，つまり二極性の性質を重視する点である。あらゆる言明には，同時にその否定形が暗示されていると考える（たとえば，自分が落ち着いている，と表現するときには，自分が決して不安ではなく，感情的ではなく，厚かましくないことが示唆されている。なお，自分にとって反対の情報はどのようなものでも構わない）。人間の構成は，究極的には差異をもたらすものである。経験を主観的に分類し，選択を行い，行動を制御する二項対立の装置として機能すると考えられる。こうした仮説は，認知科学の手続きを用いた数多くの研究において実証されている（Millis & Neimeyer, 1990; Rychlak, 1992; Slife, Stoneman, & Rychlak, 1991）。

　コンストラクト理論家は，役割構成レパートリー・グリッド法（レップ・グリッド）の開発者でもある。これは，構成主義的な技法として最も多く使用されるものであり，被験者やクライエントが抱く信念体系を抽出するためのものである（Bell, 1990; Landfield & Epting, 1987）。近年，グリッドの施行法と採点法が改良されるようになった。それはコンピューターのハードとソフトが大きく進歩したためであり（Sewell, Adams-Webber, Mitterer, & Cromwell, 1992），また，構成システムの構造を記号的，数理的操作になじむ用語で解釈する，新しい試みの成果でもあった（Chiari, Mancini, Nicolo, & Nuzzo, 1990; Ford & Adams-Webber, 1991）。しかしながら，おそらく最も重要なのは，コンストラクト理論のおかげで心理療法に新たなアプローチが生じたことである。それはパーソナリティと対人関係を扱う包括的な理論に通じるものであった。結果として，驚くほど多岐にわたる臨床実践が生み出された。夫婦療法（Kremsdorf, 1985; G. J. Neimeyer, 1985），家族療法（Feixas, 1990; Procter, 1987），集団療法（Llewelyn & Dunnett, 1987; R.A. Neimeyer, 1988），重篤な精神障害者や境界例患者の心理療法（Leitner, 1988; Soldz, 1987）などである。こうして，ケリーが独創した理論や，その同世代の支持者が生み出した理論は，構成主義心理療法の歴史と未来に貢献し続けている。

構造発達認知療法

　パーソナル・コンストラクト理論家と同じように，構造発達の流れに属する心理療法家はまず，クライエントのシステムにおける，認知のさまざまな側面

とレベルの関係に関心を抱いている。認知の側面とレベルには,それぞれ中心的なものから周縁的なものまであるという (Guidano & Liotti, 1983; Liotti, 1987; Mahoney, 1991)。しかしながら,構造発達理論家はさらに,個々人の自己知識や世界観をかたちづくるような,個性的な発達史もまた重視している。たとえば,グイダーノとリオッティ (Guidano & Liotti, 1983) は,科学的リサーチプログラムに関するラカトス (Lakatos, 1974) のモデルを応用した主張を行っている。「抽象的な中心部」,すなわち,自己に関する仮定は,幼少期の経験から形成されたものであり,成長後のライフイベントによる論ばくから守られているという。この自己に関する暗黙の態度は,組織的な知識のすべてを支配する中心構造として機能している。これは,新たな経験の同化を定める「規則」や,日常生活の問題解決に用いる手続きを生み出す。秩序化のプロセスが中心的に機能するおかげで,できごとによる情動反応が定まり,心理的現実が安定し,アイデンティティの感覚が制御され,生活を導く統制感や有能感が高まるのだという (Mahoney, 1991)。

構造発達アプローチは,構成主義心理療法に独自の貢献を果たしている。その一例として,幼少期のアタッチメント傾向に問題がある場合,成長後の「自己理論」が抑制的になることを認めた研究がある (Liotti, 1987)。具体的に,空間恐怖の人では,養育者に対するアタッチメント傾向が不安定であったと考えられる (Bowlby, 1973)。養育者が過保護や過干渉である一方で,やりとりや保護を求める子どもの要求にはあまり応じてくれないような場合である。その結果,保護者に関する知識の「中心部」では,自律的な探索行動をすぐ抑えなければ相手にされないし守ってもらえない,という暗黙の仮定が育つ。ひいては,自己や親密な他者への抑制的な態度が育まれることになる (Guidano & Liotti, 1983)。これと同様のモデルは,恐怖・不安状態や他の疾患を概念化する場合にも考案され,活用されている (Lorenzini & Sassaroli, 1987; Mancini & Semerari, 1990)。

構造発達アプローチは,構成主義の研究,特に自我プロセスの領域において,優れた理論的貢献を果たしているが (Guidano, 1991),心理療法に対してもきわめて実践的な示唆をもたらしている。構造発達アプローチは,大部分の認知療法の流派に比べて,生育歴をたどってクライエントの愛着関係を確かめるやり方を認める傾向が強い。この点は,精神力動的心理療法と同じである (Mahoney, 1988b)。同様に,クライエントの障害の根底に愛着関係の混乱が

示唆されるような場合には，クライエントと治療者の関係性について強く意識するものである（Liotti, 1991）。最後に，構造発達アプローチでは，新しい技法も工夫し始めている（例：ライフ・レビューやミラー・タイム）。苦痛や葛藤を感じさせる自己の側面と対面し，それを統合させる技法である（Mahoney, 1991）。パーソナル・コンストラクト理論と同様，構造アプローチもまた，心理査定やセラピーに関わる認知モデルに影響を及ぼし始めている。クライエントの問題となる対人的スキーマを扱うためには，横断的な探求と縦断的な探求を同時に進めることが適切なようである（Safran, Vaiis, Segal, & Shaw, 1986）。

ナラティヴの再構築

　クライエントの自己描写に関する研究において，ケリー（1995）は，ナラティヴの再構築としての心理療法モデルを提出しているが（cf. Fransella, 1981; R. A. Neimeyer, 1992），物語という考え方が十分展開されるようになったのは，比較的最近のことであり，心理学の各領域で現れるようになった。その一例として，社会心理学の研究がある。ハーヴェイ（Harvey）とその同僚（1989）は，大切な他者との別離や死別によって人生が妨げられた人々を対象として，彼らが生きる意味や自尊心を回復する途上で語られた，対人的な物語の機能を明らかにした。認知心理学が得意とする分野では，スクリプト理論の例がある（Abelson, 1989; Carlson & Carlson, 1984）。現在経験していることの一貫性や予測性を保つために，原型としての，感情を伴う典型的な場面というものが体系化され，配列されているという。スクリプト理論では，そうした認知を理解するための枠組みが与えられている。さらに，ブルーナー（Bruner, 1990）は，「文化心理学」に基づくプログラムの必要性を論じている。人々は，独自の社会的，歴史的状況から意味を受け取り，人生や「自己」を構成している。文化心理学的プログラムの究極の目的は，構成に用いた言語的，談話的な手段を（説明ではなく）解釈することである。

　心理的現象への「文学的」アプローチに共通する仮定は，人生の構造が生来的にナラティヴとして成立しているというものである。人間は，人生の物語や自らの物語を構成すると同時に，そうした物語によって構成されている。メア（Mair, 1988, p. 127）は，次のように述べている。

物語はよいものであり，注目されるべきものだ，という当たり障りのない平凡な言葉以上のことを主張したい。

物語とは住まいのようなものである。人間は，物語に暮らし，物語を生き抜いている。物語は世界を生み出すものだ。人間は，物語としての世界以外を知らない。物語は人生を特徴づけている。物語のために出会いと別れが生じる。

人間は，文化という大きな物語の中で暮らしている。物語を生き抜いている。民族や地域の物語のおかげで生きている。物語がもつ包括的で構成的な機能こそが，より十全な感覚を得るためにはとりわけ重要なのである。

人生が語り手や文化による共著の物語あるいはテキストにたとえられるからといって，その種のナラティヴに必ずしも優れた文学の特質（一貫性，明確さ，鋭さ，衝撃）が備わっているというわけではない。実際，人々がセラピーを求めるのは，人生の物語がうまくいかなくなったとき，すなわち，編集，推敲，あるいは，大幅な「書き直し」（Howard, 1990）が求められるときと考えられる。しばしば，心理療法による再構成が求められるのは，自らの問題に同一化してしまい，個性の否認，制限，否定や，抑制をもたらす「支配的なナラティヴ」にしたがっている場合である（White & Epston, 1990）。ホワイトとエプストン（White & Epston, 1990）は，権力と知に関するフーコー（Foucault, 1970）の著作から臨床的な示唆を得ながら，クライエントの援助を試みている。「代わりのストーリーを演じる」よう援助して，人生を支配しがちな「単一の知識」から解き放つようにした。このプロセスの最初の重要なステップは，問題の外在化である。援助チームが個人や家族と共同しながら，クライエント（とされる人）の外部にあるものとして，非機能的な症状や行動パターンを定義したり，さらには擬人化したりするものである。たとえば，遺尿症（enuretic）の子どもには，それとなく，あるいは，十分明確な言葉で，「ずるがしこいおしっこ（Sneaky Wee）」は詐欺師だ，と考えさせることができる。子どもをだまし，トイレに行く前にベットに入らせ，真夜中に「子どもを見捨てる」悪いやつである，と。問題の外在化を行えば，クライエント（あるいは家族）にまつわる問題の影響や，問題の維持要因についても検討することができる。比喩的に問題から距離をとることで，クライエント，家族，援助チームが力を合わせ，「ずるがしこいおしっこを自分の場所に戻らせる」方法を調べることができるのである。

ナラティヴ・アプローチは，心理療法に対して新たな貢献を行っている。そ

の一例が問題の外在化である。すなわち，問題を自滅的なスクリプト，テキスト，あるいは比喩的な相手として，しかも，クライエントに対処可能な対象としてとらえなおすものである。ホワイトとエプストン（1990）は，特に，セラピーの目的に応じた物語的な手段を隠すことなく利用している。問題の要求をどのようにして払いのけることができるようになったのか，そのことを問うかたちで，経過記録をクライエントと共有した。同様に，他の形式の文書も創造的に活用している。問題からの「独立宣言」や，困難に取り組んで打ち勝ったことに対する「専門知識の証明書」などである。こうして，文書による「テキスト」は，クライエントの人生にとって（強力なものであるが）メタファーを超えるものとして機能し，セラピストによる効果的な援助技法にもなっていたのである。

　心理療法をナラティヴの再構築とみなすことで，他にもいくつか実用的な貢献がもたらされている。その中には，日記を創造的に用いることで，クライエントの自己探求や自己表現を広げ，深化させる方法がある（Mahoney, 1991; Rainer, 1978）。また，葛藤をもたらす個人的な神話，すなわち，キャンベル派のいう，人々の行動や選択の指針となる「内的神話」（Feinstein & Krippner, 1988）を変化させる方法もある。構成主義のセラピスト全般に当てはまることだが，ナラティヴの系統に属する臨床家は，概して，非常に内省的である。介入を通じて生まれる臨床家自身のナラティヴを分析し，再構成するような場合でも，クライエントのナラティヴの場合と同じ条件で扱っている（Viney, 1990）。

構成主義的家族療法

　構成主義の認識論は，近年，さまざまな分野に波及しているが，最も包括的な変化が生じたのは，家族療法の分野である（Efran, Lukens, & Lukens, 1990; R. A. Neimeyer & Feixas, 1990）。この流れにおける第一の編年史家であるホフマン（Hoffman, 1985）は，振り子のたとえを用いている。初期の家族療法は，1960年代に多くみられた個人療法とは異なり，精神内のプロセスを重視することがなかった。しかしながら，近年は振り子が逆方向に振れているとホフマンは述べている。「観念，信念，態度，感情，仮定，価値，神話といったものが，ふたたび，主題となってきた」（Hoffman, 1985, p. 390）。さらに，「行動から観念への揺り戻し」は，「システム論的なセラピーの一般的スタイル」と軌

を一にするものであるという。「……『問題は実在するが,意味の世界において存在する』と考える構成主義的アプローチに影響されたものである」(1988, p.124)。初期のシステム論的なセラピストが,症状の機能を説明する,病的な行動の連鎖に注目したのに対して,構成主義的な家族療法家は,家族が共同の現実をつくりあげるそのプロセスに注意を移したのである。

グラザースフェルト (von Glasersfeld, 1984), フォルスター (von Foerster, 1981) やマトゥラーナとヴァレラ (Maturana & Varela, 1987) の影響を受けて,システム論的なセラピストは,家族システムの概念化をあらためた。すなわち,外部環境からの影響が直接及ばないのと同様に,セラピストの直接的な介入から情報的に閉じられたシステムを想定したのである。こうした観点によれば,家族の構造システム (Feixas, 1990; Procter, 1987), 家族というパラダイム (Reiss, 1981), 家族という仮定 (Penn, 1985) といったものは,本質的には,言語に規定されたものである。そして,セラピストの役目は,「言葉によって維持された,契約上の合意」について解釈し,あるいは,巧妙に疑問を投げかけることで,家族の成員相互の(ときに非機能的な)関係を強めることである (Efran et al., 1990)。

家族療法には,意味の構築を目指す会話技法 (Loos & Epstein, 1989) があり,特徴的なものの一つとして,円環的質問法がある。パラツォーリ,ボスコロ,セッチンとプラタ (Selvini-Palazzoli, Boscolo, Cecchin, & Prata, 1980) が紹介して以来,この技法には多くの改良が重ねられてきた (e.g., Tomm, 1987)。円環的質問を使うと,家族の成員間の関係や関係性の違いが明らかになる。「他成員の面前でのうわさ話」が円環的質問法の唯一のやり方ではないが,よく使われるのは,3人組 (triadic) の質問である。この質問では,ある家族の成員に対して,セラピールームの家族二人がどのように関わると思うか,あるいは,その二人が家族内のできごとにどう反応すると思うか,尋ねるのである。実際には,こうしたかたちの臨床的質問には,家族の成員の意味や,成員の独立性,行動に対する関わりをうまく引き出す手続きが含まれている。この技法には,変化を引き出す力が備わっているため,強力なセラピーであり,さらなる介入は不要と考える論者もいる (e.g., Tomm, 1987)。

構成主義的家族療法は,他にも数多くの技法を生み出してきた。その一例は,家族問題の再構成を促すために,治療的な儀式を処方するものである。後期ミラノ派 (Boscolo, Cecchin, Hoffman, & Penn, 1987) が活用したものであるが,

症状行動に対する家族の解釈が分かれたときに，象徴的な儀式が処方された（例：母親のうつ病がもともと生物学的なものか，心理学的なものか，家族内で意見が分かれる場合）。最終的にどちらかの意見を採用するというよりも，セラピストは，月・水・金曜日は解釈Aに，火・木・土曜日は解釈Bにしたがって行動するように，と示唆することができる。日曜日は，どの成員も，自分の好きなように問題を解釈してよいとする。こうした手続きのおかげで，困難な状況については複数の解釈がありうること，さらには，どの解釈も実際の行動に独特な効果をもたらすことが理解される。パーソナル・コンストラクトの支持者が用いる役割固定法の効果と同様に（Epting & Nazario, 1987; Kelly, 1973; R. A. Neimeyer, 1992），家族は，複数の意味が存在することに対して，認識論的な責任をもつようになり，構成や行動のシステムを柔軟にさせる，開かれた態度をもつようになる。

心理療法研究における構成主義

現代の構成主義に関わる主要学派やアプローチについて述べ，それらが臨床実践にもたらす独自の貢献をいくつか示してきた。ここでは，心理療法の研究に対する典型的な応用例についてまとめてみたい。ただし，この試みには制限がある。構成主義が臨床や実験のパラダイムとして現れたのは最近のことであり，また，構成主義の研究者には，認識論的な立場からして，特殊な方法論的要件が求められているからである。

おそらく，比較的歴史があり，学術機関でも採用され，定量的技術が進んでいたからだろう。パーソナル・コンストラクト理論は，臨床心理学における構成主義的研究に対して，概念的，方法論的に大きな力を与えてきた（R. A. Neimeyer, 1985c）。構成主義的な傾向をもつ，実験主義的な精神病理学者らは，バニスター（Bannister, 1960, 1963）を先駆けとして，レパートリー・グリッド法を採用し，構成システムを特徴づける構造的な側面について研究を行ってきた。その対象は，統合失調症（Gara et al., 1989; Pierce, Sewell, & Cromwell, 1992; van den Bergh, de Boeck, & Claeys, 1985），拒食症（Button, 1992; Fransella & Crisp, 1970），うつ病（R. A. Neimeyer, 1984, 1985b; Space, Dingemans, & Cromwell, 1983），神経症全般（Winter, 1985）の臨床群であった。応用研究として，同様の構造的指標を複数採用し，実験群における介入の

効果も測定している (e.g., Bannister, Adams-Webber, Penn, & Radley, 1975; Fransella, 1972; Landfield, 1971; Lorenzini & Sassaroli, 1987; R. A. Neimeyer, Heath & Strauss, 1985; Ryle, 1980)。

　パーソナル・コンストラクト理論をもとにした臨床研究は、比較的多くみつかる。しかし、心理療法研究一般にみられるような、通常の比較効果研究は著しく少ない。たとえば、構成主義心理療法と合理主義的な心理療法の効果を比較するような (e.g., Karst & Trexler, 1970)、実証的な「競争」がほとんど行われていない。それよりむしろ、心理療法研究を進める構成主義者は、介入の結果として生じるもので、標準的ではなく個人的なレベルで生じる変化について、具体的に探求する傾向が強い。ケイン、ヴィジェシンハとウィンター (Caine, Wijesinghe, & Winter, 1981)、ライル (Ryle, 1980) や、コッホ (Koch, 1983) の研究には、この傾向が現れている。通常の法則定立的（集団特異的な）仮説よりも、個性記述的（個人特異的な）仮説の方が、介入による構成の変化をうまく予測できることが示された。

　パーソナル・コンストラクト理論の支持者は、人間の個別性を重視しており、介入後の望ましい効果を予測するような、クライエント側の要因について検討を行っている。特定のセラピーにおける例と、さまざまなセラピーを比較した例である。前者の例として、ニーマイアー、ハーターとアレキサンダー (R. A. Neimeyer, Harter, & Alexander, 1991) は、レパートリー・グリッド法を採用し、集団プロセスの知覚と実際の効果との関連について調べた。対象は、小児期に性的虐待を受けた女性のグループであった。結果として、グループの他のメンバーが理想自己に近いと考えるクライエントと、セラピストに同一化できるクライエントでは、介入に対する反応が比較的良好であった。もっとも、その具体的な予測因子は、面接の経過とともに変化した。他のメンバーに対する一体感は、セラピストに対する作業同盟と比べて、重要性が失われていった。

　二つ目の例、すなわち、効果の予測因子が介入によって異なるという知見については、ウィンター (1990) の研究で示されている。介入前にレパートリー・グリッド法が施行され、クライエントは、集団での対人関係療法もしくは個別での行動療法に振り分けられた。その結果、二つの条件の中でも、改善を示した人々には、特徴的な反応がレパートリー・グリッド上に明確に現れていた。行動療法に反応したクライエントには、きちんと組織され、論理的な一貫性のある構成システムが認められた。また、症状と関わるコンストラクトが比

較的多くの意味を含んでいた。しかし，集団対人関係療法に反応したクライエントには，これと逆の結果がみられた。さらに，集団療法に反応したクライエントは，比較的，自分の問題を医学用語で表現することが少なく，自分を「病気」であるとは表現せず，セラピストを通常の臨床家ではないと考えていた。同種の研究は，ビュートラー（Beutler）とその同僚の研究につながっている（Beutler, Mohr, Grawe, Engle, & MacDonald, 1991）。ビュートラーらの研究では，個人差変数の同定を始めており，個々のクライエントのニーズに合わせた，介入の計画的な選択が可能になっている。

　パーソナル・コンストラクト理論家が歴史的先鞭をつけた後，構成主義心理療法の他の学派でも，心理療法のプロセスや結果に関する実証研究が進められるようになった。期待される例の一つとして，アイヴィ（Ivey）とその同僚が提唱する発達心理療法の研究が出てきている。ピアジェ派の構成主義に基づき，以下のような仮説をもつアプローチである。（a）自己知識や世界観が構成されるプロセスを調べれば，クライエントの認知－発達レベルを同定することができる，（b）カウンセリング戦術は，クライエントもしくは家族の発達レベルにあわせることができる，（c）セラピーによって，個人の発達レベルや，複数の発達レベルに変化をもたらすことができる（Ivey & Gonçalves, 1988）。具体的な問題として，成人であっても，人生の難問に直面したり，それを表現したりするときには，ピアジェのいう発達段階と同種の段階をたどると考えている。つまり，感覚運動的段階に始まり，具体的操作段階や形式的操作段階を経て，弁証法的段階に至るものである。臨床的には「同じ」症候群（例：うつ病）に反応する場合でも，主として感覚運動的段階にあるクライエントは，まず身体症状に注目するかもしれない。具体的操作段階にあるクライエントは，問題のある家族のやりとりについて詳細に語るかもしれないし，形式的操作あるいは弁証法的段階にあるクライエントは，苦痛の原因となる個人の傾向や比較的大きなシステムのパターンについて指摘するかもしれない。ディジリオとアイヴィ（Rigazio-DiGilio & Ivey, 1990）は，標準化された面接形式を用いることで（Ivey, 1991），発達心理療法の基本的見解を支持する証拠を集め始めている。特に，うつ病のクライエントの発達段階を知るために，面接の逐語録が十分な信頼性をもってコード化できること，そして，四つの明確な認識論的スタイルに応じてカウンセラーが適切な質問を行うと，問題の処理に役立つということが判明した。個人療法や家族療法へのより広範囲な応用についても，現

在研究が進められている（e.g., Rigazio-DiGilio & Ivey, 1991）。

　広義の構成主義に準拠した，革新的な研究の二つ目の例として，グリーンバーグ（Greenberg）とその同僚による研究がある。心理療法で変化したできごとの課題分析をした研究である（e.g., Greenberg & Safran, 1987; Rice & Greenberg, 1984）。こうした研究は概して，セラピーの重要なプロセスに関する理論的，あるいは，直感的なモデルから発展するものである（例：問題行動の解決や情動に責任をもつこと）。このモデルを参考にして，被験者内や被験者間を問わず，治療的なできごとに関する研究が数多く行われている。関連の逐語資料を用いたモデル構築とその検証が繰り返し行われた結果，モデルが改訂，精緻化されて，課題達成に必要なクライエントとセラピストの下位プロセスが含まれるようになる。

　この実例は，クラーク（Clarke, 1991）の研究でうまく示されている。心理療法における情動経験を「意味の創造」として探った研究である。最初に，できごとの変化についての理論モデルが仮定された。クライエントが既存の知識や期待と相反する経験について語るときの変化である。クラークは，違和感に続く情動喚起が意味の創造のきっかけになると考えた。そして，クライエントとセラピストによる慎重な注意，「意味の記号化」の試み（適切さを求める動き），疑いをもつ信念に対する最終的な適応，そして，情動の軽減が求められると考えた。このモデルはやがて，面接記録を用いながら，話題のできごとに関連する，より多くのできごとを特定するために応用された。関連するできごととは，モデルと系統的に照合されて，モデルの継続的な修正をもたらす。結果として妥当性が確認されたモデルは，比較的，包括的なものであることがわかった。明確な具体化，探求，改訂の段階が含まれ，どの段階でも具体的な認知的，情動的処理を伴っていた。さらに，モデルの改訂によって，意味の創造に関わる必要条件についての新たな発見が導かれた。たとえば，探求の段階では，既存の知識の起源について，複数の仮説を検討することが重要であったが，最初の理論モデルでは見落とされていた要因であった。構成主義心理療法の研究者は，こうした質的な，プロセス志向的な研究に魅力を感じるのである。

　心理療法研究における構成主義の業績は，量も種類も増え続けているものの，伝統的な認知の視点で行われてきた研究と比べてみると，見劣りしてしまう。こうした傾向は，構成主義心理療法の誕生が最近のものであるから，というだけではない。社会科学研究一般に特徴的なデータの収集法や，分析法に対して，

構成主義理論家の多くが葛藤を抱いているためでもある。分析のレベルに関しては，構成主義の研究者は，ごく一般的な統計学的手法が仮定するような，変数間の直線関係に対しては，抵抗感をもっている（Steenbarger, 1991）。しかしながら，既存の研究法の統計的側面とは距離を置くとしても，原理上は少なくとも，そうした態度は解消できるものである。心理療法の効果に代表されるような，多面的で循環的な影響を扱うことのできる複雑な分析法が普及しているからである。たとえば，確率論的手法や時系列分析というものが認知されるようになった。こうした手法は，構成主義の存在論に示されるような非線形プロセスの検出に有効であると思われる（Steenbarger, 1991）。

方法論的な能力を革新することも難しい問題であるが，さらに重要な問題として，データ収集に関わる現行のパラダイムが適切であるのかどうかという問題がある。ヴァイニー（Viney, 1988）は，心理学研究を支配している実験者志向モデルについて述べている。すなわち，実験者が内省的な観察者となることは認めるが，データの提供者になることは暗に否定するモデルである。この非対称関係は，ヴァイニーが指摘した通り，人間を能動的，仮説検証的で，「科学者のはじまり」とみなす構成主義的な理解とは異なるものである。これに対して，ヴァイニーは，相互志向モデルを提示している。データの収集者と提供者が，実験プロセスに何らかの貢献を果たすと同時に，そこから何らかの成果を得るというモデルである。研究を進める際に相互志向モデルの要件を十分満たすためには，五つの段階を含める必要がある。まず，実験者が「働きかけ」を行い，データ提供者の反応を受け止め，入手したデータについて思考し，思考内容を提供者に明らかにし，さらには，提供者のフィードバックをもとに実験者の思考内容を検証する必要がある。ヴァイニー（1988, p. 195）は，「完全で正確な想起というものを期待するのであれば，まず（データ提供者が）相談に値するものと考えることだ」と述べている。

残念ながら，構成主義の心理療法研究では，相互志向モデルの五つの基準が満たされていない。多くても最初の三つの段階が満たされている程度である。また，皮肉なことに，レパートリー・グリッドの魅力の一つは，構成システムを表す数的指標が容易に抽出できるという点にある。ケリーの思惑に反して，実際は，データの提供者と実験者のやりとりを促すよりも，妨げるものであるのかもしれない（Yorke, 1989）。こうして，単一の手法に過度に依存しすぎると，構成主義心理療法の研究者は，「方法論の危機」に直面することになる。

これを乗り越えるためには，方法論を豊かにするしかないだろう（R. A. Neimeyer, 1985c）。

もっとも，さらに深いレベルに目を移せば，既存の方法論に対する構成主義の批判には，実践や理論を問わず，心理学研究に対する根本的な再評価がこめられている。メア（1989a, p. 197）は，本質的に「詩的な」あるいは「対話的な」人間理解のアプローチに賛同しながら，こう述べている。

> どのようなアプローチであれ，心理学的理解を行う場合には，独自の方法をつくらなくてはならない。そして，その方法は，それを利用しようとする人々の要求を満たすものでなければならない。筆者が関心を抱いているのは，計算論的ではなく，物語論的なアプローチである。そこには，相互的な語りと既存の知識の語りがある。その意味では，想像上の参加によって「内容のある言葉」を話そうとすることが，反省的な離れた立場から話すことと同様に，重要なのである。

結果的に生じる研究の形態は，明らかに客観的，法則定立的な，心理療法研究一般にみられるものとはかけ離れたものだろう。その代わり，それが目的とするのは，クライエントとの想像力豊かな対話を通じて，私的な意味を深化させ，可能性のある世界を構築することのように思える。最終的には，そのような対話を扱うことで，基礎研究と臨床実践の境界があいまいなものとなる。調査であると同時に治療的でもある，セラピストとクライエントの出会いが示唆される。

現時点の発展状況をみる限り，構成主義心理療法を特徴づける（広義の）研究パラダイムは多様である。そうした状況を考慮すれば，おそらく今後も多様性を増すことだけは確かなようである。新しいパラダイムの明確な定義を求める研究者にはもどかしい事態であるかもしれない。しかし，予備的なものであっても，カウンセリングや心理療法の研究に響きわたる，方法論の再評価を求める声には健全に応じられるものである（Herman & Heesacker, 1991; Polkinghorne, 1991）。

最後に

構成主義心理療法は，起源とするポストモダンの時代精神と同じく，客観的認識論に対する批判の上に成り立っている。特に，心理療法の新たな概念，すなわち，外的現実の確固たる基準が失われた世界において，生存可能性の高い

私的な知識を追い求める試みが提示されている。こうした観点では，人間の変化のプロセスは，操作できるものではなく，促されるものになる。セラピストとクライエントのどちらも，権威や実証的妥当性に保証されるような，特権的地位を主張することができないからである。その代わり，構成主義のセラピストやカウンセラーは，自らの役割を協力的なものととらえている。つまり，一貫性のある，了解可能な自己理論の構成を助ける共同研究者，あるいは，私的な物語における中心テーマの発見や改訂を助ける共著者ととらえている。構成主義は，心理療法の研究面と臨床面の双方に大きな貢献をもたらしており，今後の成果も期待される。

構成主義心理療法は，前途有望なものであるが，特徴的な問題点をおさえておくことも必要である。最も明確なものは，哲学的な装いのある構成主義に対する概念上の要求である。スティンバーガー（Steenbarger, 1991, p. 193）の言葉通り，「ある概念的枠組みが科学で採用されるためには，予測力や説明力だけではなく，信頼に足る魅力がなければならない」。ほぼ不可避的なこととして，構成主義の認識論には，直線的な認知モデルが備えているような，わかりやすさ，優雅さが欠けている。そのため，伝統的な教育を受けた学生や心理学者は，そうした観点に浸ることをためらうのである。同じ点に関して，科学社会学者の間では，一般的に，知識は標準化を経ることで崩壊すると理解されている。マルケイ（Mulkay, 1979, pp. 58-59）は次のように述べている。

> 意味というものは，文学における翻訳と同じく，科学における翻訳でも失われてしまう。あいまいな点や概念の違いは見過ごされる。暗黙の仮定の限界も忘れられる。また，もともとの説明のバランスや強調点が，新しく応用する分野の必要に応じて変えられる。さらに，読者の知識，専門技術，適切さの基準はきわめてばらつきが多いので，標準化された意味は，大幅に単純化されたものに他ならない。

このため，構成主義的な説明によって心理療法に幅広い影響が及んだとしても，ある程度は繊細な部分や意味が失われることだろう。しかし，この種の単純化は，不当な事態や不幸を招くおそれがある。構成主義がわかりやすい，極端な立場（観念論や独我論）と理解され，そのために低い評価を受けるような場合である。

構成主義の理論家は，こうした外部の問題について認識すべきであるが，内部の問題にもまた注意を払うべきである。たとえば，私的な知識の進化に関わ

る構成主義モデルは,意味が構成される(社会的,物理的)環境の役割を詳細に検討することで,さらに豊かなものとなるだろう。たとえ構成の妥当性が世界から直接保証されないと考えた場合でも,ポパー(Popper, 1963)のいう反証主義的な方法によって(cf. Mancini & Semerari, 1988),何とかその反証を行うことはできるのだろうか? 生存可能性の低い構成が世界に拒否される可能性を考えてみると,パーソナル・コンストラクト理論(Kelly, 1955)など,実在論を最終的に認める姿勢の方が,言語的差異の完全な関数として現実をとらえる,マトゥラーナとヴァレラ(1987)流の急進的構成主義よりも,問題は少ないかもしれない。

最後に,現代の構成主義にはバイタリティーが認められるが,それ自体が問題と考えられるかもしれない。構成主義に由来する,さまざまな固有種が心理療法の現場で誕生しているからである。こうした変種の特徴として,認識論的レベルでは共通の立場がとられているが,理論,研究,実践に関する重要な違いが存在している。ピアジェ派とケリー派の視点(Soffer, in press),急進的構成主義と批判的構成主義(Mahoney, 1988a),内生的アプローチと外生的アプローチ(Moshman, 1982),媒介モデルと措定モデル(Rychlak, 1990)はそれぞれ異なっている。交流を続けることで恩恵が得られる場合には,固有種同士を統合させる可能性について注意する必要がある。また,競合モデルが複数適用できる場合でも,少なくとも,その境界条件については注意しておく必要がある。

現代の臨床現場で認められる構成主義の思潮は,どこに行き着くものなのか,現時点では予想がつかないものの,広範囲にわたる急速な展開をみせている。このはじまりの潮流がどれほど発展しようとも,心理療法の未来に新たな可能性をもたらし続けることは確かなようである。

文献

Abelson, R. P. (1989). Psychological status of the script concept. *American Psychologist, 36*, 715-729.

Agnew, N. M:, & Brown, J. L. (1989). Foundations for a model of knowing: I. Constructing reality. *Canadian Psychology, 30*, 152-167.

Anderson, W. T. (1990). *Reality isn't what it used to be.* New York: Harper & Row.

Applegate, J. L. (1990). Constructs and communication: A pragmatic integration. In G. J. Neimeyer & R. A. Neimeyer (Eds.), *Advances in personal construct psychology* (Vol. 1, pp. 203-230). Greenwich, CT: JAI Press.

Bannister, D. (1960). Conceptual structure in thought disordered schizophrenics. *Journal of Mental Science, 106*, 1230-1249.
Bannister, D. (1963). The genesis of schizophrenic thought disorder: A serial invalidation hypothesis. *British Journal of Psychiatry, 109*, 680-686.
Bannister, D., Adams-Webber, J. R., Penn, W. I, & Radley, A. R. (1975). Reversing the process of thought disorder: A serial validation experiment. *British Journal of Social and Clinical Psychology, 14*, 169-180.
Bartlett, F. C. (1932). *Remembering.* Cambridge: Cambridge University Press.
Beck, A. T., Rush, J., Shaw, B., & Emery, G. (1979). *Cognitive therapy of depression.* New York: Guilford Press. 坂野雄二（監訳）（2007）うつ病の認知療法．岩崎学術出版社．
Bell, R. C. (1990). Analytic issues in the use of repertory grid technique. In G. J. Neimeyer & R. A. Neimeyer (Eds.), *Advances in personal construct psychology* (Vol. 1, pp. 25-48). Greenwich, CT: JAI Press.
Berger, P. L., & Luckmann, T. (1976). *The social construction of reality.* Harmonsworth, England: Penguin Books. 山口節郎（訳）（1977）日常世界の構成：アイデンティティと社会の弁証法．新曜社．
Beutler, L. E., Mohr, D. C., Grawe, K., Engle, D., & MacDonald, R. (1991).: Looking for differential treatment effects: Cross-cultural predictors of differential psychotherapy efficacy. *Journal of Psychotherapy Integration, 1*, 121-141.
Boscolo, L., Cecchin, G., Hoffman, L., & Penn, P. (1987). *Milan systemic family therapy.* New York: Basic Books. 鈴木浩二（監訳）（2000）家族面接のすすめ方：ミラノ派システミック療法の実際．金剛出版．
Bowlby, J. (1973). *Attachment and loss: Vol. 2. Separation: Anger and anxiety.* London: Hogarth Press. 黒田実郎，岡田洋子，吉田恒子（訳）（1991）母子関係の理論 2：分離不安．岩崎学術出版社．
Bringmann, M. W. (1997). Computer-based methods for the analysis and interpretation of personal construct systems. In R. A. Neimeyer & G. J. Neimeyer (Eds.), *Advances in personal construct psychology* (Vol. 2, pp. 57-90). Greenwich, CT: JAI Press.
Bruner, J. (1990). *Acts of meaning.* Cambridge, MA: Harvard University Press. 岡本夏木，仲渡一美，吉村啓子（訳）（1999）意味の復権：フォークサイコロジーに向けて．ミネルヴァ書房．
Burns, D. (1980). *Feeling good.* New York: Signet.
Bulton, E. (Ed.). (1985). *Personal construct theory and mental health.* London: Croom Helm.
Button, E. (1990). Eating disorders and personal constructs. In R. A. Neimeyer & G. J. Neimeyer (Eds.), *Advances in personal construct psychology* (Vol. 2, pp. 187-213). Greenwich, CT: JAI Press.
Caine, T. M., Wijesinghe, O. A. B., & Winter, D. A. (1981). *Personal styles in neurosis: Implications for small group psychotherapy and behaviour therapy.* London: Routledge & Kegan Paul.
Campbell, D. T., Heyes, C., & Callebaut, W. (1987). Evolutionary epistemology. In W. Callehaut & R. Pinxter (Eds.), *Evolutionary epistemology* (pp. 139-158). Dordrecht, The Netherlands: Reidel.
Carlsen, M. B. (1991). *Creative aging.* New York: Norton.

Carlson, L., & Carlson, R. (1984). Affect and psychological magnification: Derivations from Tompkins' script theory. *Journal of Personality, 52*, 36-45.

Chiari, G., Mancini, F., Nicolo, F., & Nuzzo, M. L. (1990). Hierarehical organization of personal construct systems in terms of the range of convenience. *International Journal of Personal Construct Psychology, 3*, 281-312.

Clarke, K . M. (1991). A performance model of the creation of meaning event. *Psychotherapy, 28*, 395-401.

Derrida, J. (1981). *Dissemination.* Chicago: University of Chicago Press.

Dryden, W., & Ellis, A. (1987). Rational emotive therapy (RET). In W. Dryden & W. Golden (Eds.), *Cognitive-behavioral approaches to psychotherapy* (pp. 129-168). New York: Hemisphere.

Efran, J. S., Lukens, M. D., & Lukens, R. J. (1990). *Language structure and change.* New York: Norton.

Ellis, A. (1973). Rational-emotive therapy. In R. Jurjevich (Ed.), *Direct psychotherapy* (pp. 295-331). Coral Gables. FL: University of Miami Press.

Epting, F. R., & Nazario, A. (1987). Designing a fixed role therapy: Issues, techniques, and modifications. In R. A. Neimeyer & G. J. Neimeyer (Eds.), *Personal construct therapy casebook* (pp. 277-289). New York: Springer.

Feinstein, D., & Krippner, S. (1988). *Personal mythology.* Los Angeles: Tarcher.

Feixas, G. (1990). Personal construct theory and the systemic therapies: Parallel or convergent trends? *Journal of Marital and Family Therapy, 16*, 1-20.

Feixas, G. (1992). Personal construct approaches to family therapy. In R. A. Neimeyer & G. J. Neimeyer (Eds.), *Advances in personal construct psychology* (Vol. 2, pp. 217-255). Greenwich, CT: JAI Press.

Feyerabend, P. (1975). *Against method.* London: Verso. 村上陽一郎, 渡辺博 (訳) (1981) 方法への挑戦:科学的創造と知のアナーキズム. 新曜社.

Ford, K . M., & Adams-Webber, J. R. (1991). Structure of personal construct systems and the logic of confirmation. *International Journal of Personal Construct Psychology, 4*, 15-42.

Ford, K. M., & Chang, P. (1989). An approach to automated knowledge acquisition founded on personal construct theory. In M. Fishman (Ed.), *Artificial intelligence research* (pp. 83-131). Greenwich, CT: JAI Press.

Foucault, M. (1970). *The order of things.* New York: Pantheon Books.

Fransella, F. (1972). *Personal change and reconstruction.* San Diego, CA: Academic Press.

Fransella, F. (1981). Nature babbling to herself: The self characterisation as a therapeutic tool. In H. Bonarius, R. Holland, & S. Rosenberg (Eds.), *Personal control psychology* (pp. 219-230). London: Macmillan.

Fransella, F., & Crisp, A. H. (1970). Conceptual organization and weight change. *Psychosomatics and Psychotherapy, 18*, 176-185.

Gara, A., Rosenberg, S., & Mueller, D. R. (1989). Perception of self and other in schizophrenia. *International Journal of Personal Construct Psychology, 2*, 253-270.

Greenberg, L., & Safran, J. (1987). *Emotion in psychotherapy.* New York: Guilford.

Guidano, V. F. (1991). *The self in process.* New York: Guilford Press.

Guidano, V., & Liotti, G. (1983). *Cognitive processes and emotional disorders.* New York: Guilford Press.
Harvey, J. H. (1989). People's naive understandings of their close relationships: Attributional and personal construct perspectives. *International Journal of Personal Construct Psychology, 2,* 37-48.
Herman, R. A., & Heesacker, M. (1991). A developing model of exploratory psychotherapeutic research: The process within the process. *International Journal of Personal Construct Psychology, 4,* 409-425.
Hoffman, L. (1985). Beyond power and control: Toward a "second-order" family systems therapy. *Family Systems Medicine, 3,* 381-396.
Hoffman, .L. (1988). A constructivism position for family therapy. *Irish Journal of Psychology, 9,* 110-129.
Howard, G. S. (1990). Narrative psychotherapy. In J. K. Zeig & W. M. Munion (Eds.), *What is psychotherapy?* (pp. 199-201). San Francisco: Jossey-Bass.
Ivey, A. E. (1991). *Developmental strategies.* Pacific Grove, CA: Brooks/Cole.
Ivey, A. E., & Gonçalves, Ó. F. (1988). Developmental therapy: Integrating developmental processes into the clinical practice. Journal of Counseling and Development, 66, 406-412.
Jahoda, M. (1958). *Current concepts of positive mental health.* New York: Basic Books.
Jankowicz, A. D. (1990). Applications of personal construct psychologs in business practice. In G. J. Neimeyer & R. A. Neimeyer (Eds.), *Advances in personal construct psychology* (Vol. 1, pp. 257-287). Greenwich, CT: JAI Press.
Jaremko, M. (1987). Cognitive-behavior modification. In W. Dryden & W. Golden (Eds.), *Cognitive-behavioral approaches to psychotherapy* (pp. 31-60). New York: Hemisphere.
Karst, T. O., & Trexler, L. D. (1970). Initial study using fixed role and rational-emotive therapy in treating public speaking anxiety. *Journal of Consulting and Clinical Psychology, 34,* 360-366.
Keating, D. P., & Rosen, H. (1991). *Constructivist perspectives on developlmental psychopathology and atypical development.* Hillsdale, NJ: Erlbaum.
Kelly, G. A. (1955). *The psychology of personal constructs.* New York: Norton.
Kelly, G: A. (1969). The autobiography of a theory. In B. Maker (Ed.), *Clinical psychology and personality* (pp. 36-45). New York: Wiley.
Kelly, G. A. (1973). Fixed role therapy. In R. M. Jurjevich (Ed.), *Direct psychotherapy: 28 American originals* (pp. 394-422). Coral Gables, FL: University of Miami Press.
Kelly, G. A. (1977). The psychology of the unknown. In D. Bannister (Ed.), *New perspectives in personal construct theory* (pp. 1-19). San Diego, CA: Academic Press.
Koch, H. C. H. (1983). Changes in personal construing in three psychotherapy groups and a control group. *British Journal of Medical Psychology, 56,* 245-254.
Korzybski, A. (1933). *Science and sanity.* New York: International Non-Aristotelian Library.
Kremsdorf, R. (1985). An extension of fixed-role therapy with a couple. In F. Epting &

A. Landfield (Eds.), *Anticipating personal constructs psychology* (pp. 216-224). Lincoln: University of Nebraska Press.

Lakatos, I. (1974). Falsification and the methodology of scientific research programmes. In I. Lakatos & A. Musgrave (Eds.), *Criticism and the growth of knowledge* (pp. 91-196). Cambridge: Cambridge University Press.

Landfield, A. W. (1971). *Personal constructs systems in psychotherapy*. Chicago: Rand McNally.

Landfield, A. W., & Epting, F. R. (1987). *Personal construct psychology*. New York: Human Sciences Library.

Laudan, I, (1977). *Progress and its problems: Towards a theory of scientific growth*. Berkeley: University of California Press.

Leitner, L. M. (1987). Crisis of the self: The terror of personal evolution. In R. A. Neimeyer & G. J. Neimeyer (Eds.), *Personal construct therapy casebook* (pp. 39-56). New York: Springer.

Leitner, L. M. (1987). Terror, risk and reverence: Experiential personal construct therapy. *International Journal of Personal Construct Psychology*, *1*, 251-261.

Levinson, S. (1989). *Constitutional faith*. Princeton, NJ: Princeton University Press.

Levinsohn, P. M., Steinmetz, J., Antonuccio, D., & Teri, L. (1984). Group therapy for depression. *International Journal of Mental Health*, *13*, 8-33.

Liotti, G. (1987). Structural cognitive therapy. In W. Dryden & W. Golden (Eds.), *Cognitive-behavioral approaches to psychotherapy* (pp. 92-128). New York: Hemisphere.

Liotti, G. (1991). Patterns of attachment and the assessment of interpersonal schemata: Understanding and changing difficult patient-therapist relationships in cognitive psychotherapy. *Journal of Cognitive Psychotherapy*, *5*, 105-114.

Llewelyn, S., & Dunnett, G. (1987). The use of personal construct theory in groups. In R. A. Neimeyer & G. J. Neimeyer (Eds.), *Personal construct therapy casebook* (pp. 245-258). New York: Springer.

Loos, V., & Epstein, E. S. (1989). Conversational construction of meaning in family therapy. *International Journal of Personal Construct Psychology*, *2*, 149-167.

Lorenzini, R., & Sassaroli, S. (1987). *La paura della paura* [The fear of fear]. Rome: La Nuova Italia Scientifica.

Lyddon, W. J. (1990a). First-and second-order change: Implications for rationalist and constructivist cognitive therapies. *Journal of Counseling and Development*, *69*, 121-127.

Lyddon, W. J. (1990b, May). *Forms and facets of constructivist psychology*. Paper presented at the First International Conference on Constructivism in Psychotherapy, Memphis, TN.

Mahoney, M. J. (1988a). Constructive metatheory: 1. Basic features and historical foundations. *International Journal of Personal Construct Psychology*, *1*, 299-315.

Mahoney, M. J. (1988b). Constructive metatheory: 2. Implications for psychotherapy. *International Journal of Personal Construct Psychology*, *1*, 299-315.

Mahoney, M. J. (1989). Participatory epistemology and the psychology of science. In B. Gholson, W. Shadish, R. Neimeyer, & A. Houts (Eds.), *The psychology of science*

(pp. 138-164). Cambridge: Cambridge University Press.
Mahoney, M. J. (1991). *Human change processes*. New York: Basic Books.
Mair, M. (1988). Psychology as storytelling. *International Journal of Personal Construct Psychology*, *1*, 125-138.
Mair, M. (1989a). *Between psychology and psychotherapy*. London: Routledge.
Mair, M. (1989b). Kelly, Bannister, and a storytelling psychology. *International Journal of Personal Construct Psychology*, *2*, 1-14.
Mancini, F., & Semerari, A. (1988). Kelly and Popper: A constructivist view of knowledge. In F. Fransella & L. Thomas (Eds.), *Experimenting with personal construct psychology* (pp. 69-79). London: Routledge & Kegan Paul.
Mancini, F., & Semerari, A. (1990). Emozioni e sistemi cognitivi: Le teorie cognitive della sofferenza emotiva [Emotions and cognitive systems: Cognitive theories of emotional distress]. In F. Mancini & A. Semerari (Eds.), *Le teorie cognitive dei disturbi emotivi* [Cognitive theories of emotional disorders] (pp. 37-53). Rome: La Nuova Italia Scientifica.
Mascolo, M. F., & Mancuso, J. C. (1991). Functioning of epigenetically evolved emotion systems: A constructive analysis. *International Journal of Personal Construct Psychology*, *3*, 205-222.
Maturana, H., & Varela, F. (1987). *The tree of knowledge*. Boston: New Science Library. 管啓次郎（訳）（1997）知恵の樹．筑摩書房．
McCoy, M. (1981). Positive and negative emotion. In H. Bonarius, R. Holland, & S. Rosenberg (Eds.), *Personal construct psychology* (pp. 95-104). London: Macmillan.
Mead, M. (1939). *From the south seas*. New York: William Morras.
Merluzzi, T., Rudy, T., & Glass, C. (1981). The information-processing paradigm. In T. Merluzzi, C. Glass, & R. Genest (Eds.), *Cognitive assessment* (pp. 77-124). New York: Guilford Press.
Millis, K. K., & Neimeyer, R. A. (1990). A test of the dichotomy corollary: Propositions verus constructs as basic cognitive units. *International Journal of Personal Construct Psychology*, *3*, 167-181.
Moreno, J. L. (1937). Interpersonal therapy and the psychopathology of interpersonal relationships. *Sociometry*, *1*, 9-76.
Moshman, D. (1982). Exogenous, endogenous, and dialectical constructivism. *Developmental Review*, *2*, 371-384.
Mulkay, M. J. (1979). *Science and the sociology of knowledge*. Winchester MA: Allen & Unwin.
Neimeyer, G. J. (1985). Personal constructs in the counseling of couples. In F. Epting & A. Landfield (Eds.), *Anticipating personal construct psychology* (pp. 201-215). Lincoln: University of Nebraska Press.
Neimeyer, G. J. (Ed.). (1992a). *Handbook of constructivist assessment*. Newbury Park, CA: Sage.
Neimeyer, G. J. (Ed.). (1992b). Thematic issue on personal constructs in career counseling and development. *Journal of Career Development*, *3*, 188-232.
Neimeyer, G. J., & Neimeyer, R. A. (1981). Personal construct perspectives on cognitive assessment. In T. Merluzzi, C. Glass, & M. Genest (Eds.), *Cognitive*

assessment (pp. 188-232). New York: Guilford Press.
Neimeyer, R. A. (1984). Toward a personal construct conceptualization of depression and suicide. In F. R. Epting & R. A. Neimeyer (Eds.), *Personal meanings of death: Applications of personal construct theory to clinical practice* (pp. 127-173). New York: Hemisphere.
Neimeyer, R. A. (1985x). Personal constructs in clinical practice. In P. C. Kendall (Ed.), *Advances in cognitive-behavioral research and therapy* (Vol. 4, pp. 275-329). San Diego, CA: Academic Press.
Neimeyer, R. A. (1985b). Personal constructs in depression: Research and clinical implications. In E. Button (Ed.), *Personal construct theory and mental health* (pp. 82-102). London: Croom Helm.
Neimeyer, R. A. (1985c). *The development of personal construct psychology*, Lincoln: University of Nebraska Press.
Neimeyer, R. A. (1987). An orientation to personal construct therapy. In R. A. Neimeyer & G. J. Neimeyer (Eds.), *Personal construct therapy casebook* (pp. 3-19). New York: Springer.
Neimeyer, R. A. (1988). Integrative directions in personal construct therapy *International Journal of Personal Construct Psychology, 1*, 283-297.
Neimeyer, R. A. (1992). Constructivist approaches to the measurement of meaning. In G. J. Neimeyer (Ed.), *Casebook of constructivist assessment* (pp. 58-103). Newbury Park, CA: Sage.
Neimeyer, R. A., & Epting, F. R. (1992). Measuring personal meanings of death: 20 years of research using the Threat Index. In R. A. Neimeyer & G. J. Neimeyer (Eds.), *Advances in personal construct psychology* (Vol. 2, pp. 121-147). Greenwich. CT: JAI Press.
Neimeyer, R. A., & Feixas, G. (1990). Constructivist contributions to psychotherapy integration. *Journal of Integrative and Eclectic Psychotherapy, 9*, 4-20.
Neimeyer, R. A., & Harter, S. (1988). Facilitating individual change in personal construct therapy. In G. Dunnett (Ed.), *Working with people* (pp. 174-185). London: Routledge & Kegan Paul.
Neimeyer, R. A., Harter, S., & Alexander, P. C. (1991). Group perceptions as predictors of outcome in the treatment of incest survivors. *Psychotherapy Research, 1*, 149-158.
Neimeyer, R. A., Heath, A. E., & Strauss, J. (1985). Personal reconstruction during group cognitive therapy for depression. In F. R. Epting & A. W. Landfeld (Eds.), *Anticipating personal construct theory* (pp. 180-197). Lincoln: University of Nebraska Press.
Novak, J. M. (1990). Advancing constructive education: A framework for teacher education. In G. J. Neimeyer & R. A. Neimeyer (Eds.), *Advances in personal construct psychology* (Vol. 1, pp. 233-255). Greenwich, CT: JAI Press.
O'Hara, M., & Anderson, W. T. (1991, September/October). Welcome to the postmodern world. *Family Therapy Networker*, pp. 19-25.
Penn, P. (1985). Feed-forward: Future questions, future maps. *Family Process, 24*, 299-310.

第11章 構成主義心理療法の評価 219

Piaget, J. (1971). *The construction of reality in the child*. New York: Ballantine Books. (Original work published 1937).
Pierce, D., Sewell, K., & Cromwell, R. (1992). Schizophrenia and depression: Construing and constructing empirical research. In R. A. Neimeyer & G. J. Neimeyer (Eds.), *Advances in personal construct psychology* (Vol. 2, pp. 151-184). Greenwich, CT: JAI Press.
Polanyi, M. (1958). *Personal knowledge*. New York: Harper. 長尾史郎（訳）(1985) 個人的知識：脱批判哲学をめざして．ハーベスト社．
Polkinghorne, D. E. (1991). Two conflicting calls for methodological reform. *The Consulting Psychologist, 19*, 103-114.
Popper, K. R. (1963). *Conjectures and refultations*. London: Routledge & Kegan Paul. 藤本隆志, 石垣寿郎, 森博（訳）(1980) 推測と反駁：科学的知識の発展．法政大学出版局．
Procter, H. G. (1987). Change in the family construct system. In R. A. Neimeyer & G. J. Neimeyer (Eds.), *Personal construct therapy casebook* (pp. 153-171). New York: Springer.
Rainer, T. (1978). *The new diary*. Los Angeles: Tarcher.
Radnitzky, G. (1973). *Contemporary schools of metascience*. Chicago: Regency.
Reiss, D. (1981). *The family's construction of reality*. Cambridge, MA: Harvard University Press.
Rice, L. N., & Greenberg, L. S. (1984). The new research paradigm. In L. N. Rice & L. S. Greenberg (Eds.), *Patterns of change* (pp. 7-25). New York: Guilford Press.
Rich, A. R., & Dahlheimer, D. D. (1989). The power of negative thinking: A new perspective on "irrational" cognitions. *Journal of Cognitive Psychotherapy, 3*, 15-30.
Rigazio-DiGilio, S. A., & Ivey, A. E. (1990). Developmental therapy and depressive disorders: Measuring cognitive levels through patient, natural language. *Professional Psychology: Research and Practice, 21*, 470-475.
Rigazio-DiGilio, S, A., & Ivey, A. E. (1991). Developmental counseling and therapy: A framework for individual and family treatment. *Counseling and Human Development, 24*, 1-20.
Rychlak, J. F. (1990). George Kelly and the. concept of construction. *International Journal of Personal Construct Psychology, 3*, 7-19.
Rychlak, J. (1992). Oppositionality and the psychology of personal constructs. In R. A. Neimeyer & G. J. Neimeyer (Eds.), *Advances in personal construct psychology* (Vol. 2, pp. 3-25). Greenwich, CT: JAI Press.
Ryle, A. (1980). Some measures of goal attainment in focused integrated active psychotherapy: A study of 15 cases. *British Journal of Psychiatry, 137*, 475-486.
Sacks, O. (1985). *The man who mistook his wife for a hat*. New York: Summit. 高見幸郎, 金沢泰子（訳）(1992) 妻を帽子とまちがえた男．晶文社．
Safran, J. D,, Vallis, T. M., Segal, Z. V., & Shaw, B. F. (1986). Assessment of core cognitive processes in cognitive therapy. *Cognitive Therapy and Research, 10*, 509-526.
Schwartz, R. M. (1992). States of mind model and personal construct theory:

Implications for psychopathology. *International Journal of Personal Construct Psychology, 5*, 123-143.

Schwartz, R. M., & Michelson, L. (1987). States of mind model: Cognitive balance in the treatment of agoraphobia. *Journal of Consulting and Clinical Psychology, 55*, 557-565.

Selvini-Palazzoli, M., Boscolo, L., Cecchin, G., & Prata, G. (1980). Hypothesizing-circularity-neutrality. *Family Process, 19*, 3-12.

Sewell, K., Adams-Webber, J., Mitterer, J., & Cromwell, R. (1992). Computerized repertory grids: Review of the literature. *International Journal of Personal Construct Psychology, 5*, 1-24.

Siegelman, E. (1990). *Metaphor and meaning in psychology.* New York: Guilford Press.

Slife, B. D., Stoneman, J., & Rychlak, J. F. (1991). The heuristic power of oppositionality in an incidental memory task: In support of the construing process. *International Journal of Personal Construct Psychology, 4*, 333-346.

Soffer, J. (in press). Jean Piaget & George Kelly: Toward a "stronger" constructivism. *International Journal of Personal Construct Psychology.*

Soldz, S. (1987). The flight from relationship. In R. A. Neimeyer & G. J. Neimeyer (Eds.), *Personal construct therapy casebook* (pp. 76-89). New York: Springer.

Space, L. G., Dingemans, P., & Cromwell, R. L. (1983). Self-construing and alienation in depressives, schizophrenics and normals. In J. Adams-Webber & J. Mancuso (Eds.), *Applications of personal construct theory* (pp. 365-377). New York: Wiley.

Steenbarger, B. N. (1991). All the world is not a stage: Emerging contextualist themes in counseling and development. *Journal of Counseling and Development, 70*, 288-296.

Stewart. A. E., & Barry, J. R. (1991). Origins of George Kelly's constructivism in the works of Korzybski and Moreno. *International Journal of Personal Construct Psychology, 4*, 121-136.

Taylor, S. E., & Brown, J. D. (1988). Illusion and well-being. *Psychological Bulletin, 103*, 193-210.

Tomm, K. (1987). Interventive interviewing: Part 2. *Family Process, 26*, 167-183.

van den Bergh, O., de Boeck, P., & Claeys. W. (1985). Schizophrenia: What is loose in schizophrenic construing? In E. Button (Ed.), *Personal construct theory and mental health* (pp. 59-51). London: Croom Helm.

Viney, L. (1988). Which data-collection methods are appropriate for a constructivist psychology? *International Journal of Personal Construct Psychology, 1*, 191-203.

Viney, L. (1990). Psychotherapy as shared reconstruction. *International Journal of Personal Construct Psychology, 3*, 437-456.

von Foerster, H. (1981). *Observing systems.* Seaside, CA: Intersystems Publications.

von Glasersfeld, E. (1984). An introduction to radical constructivism. In P. Watzlawick (Ed.), *The invented reality* (pp. 17-40). New York: Norton.

Weishaar, M. E., & Beck, A. T. (1987). Cognitive therapy. In W. Dryden & W. Golden (Eds.), *Cognitive-behavioral apfiroaches to psychotherapy* (pp. 61-91). New York: Hemisphere.

White, M., & Epston, D. (1990). *Narrative means to therapeutic ends.* New York: Norton. 小森康永（訳）（1992）物語としての家族．金剛出版．
Winter, D. (1985). Neurotic disorders: The curse of certainty In E. Button (Ed.), *Personal construct theory and mental health* (pp. 103-131). London: Croom Helm.
Winter, D. (1990). Therapeutic alternatives for psychological disorder. In G. J. Neimeyer & R. A. Neimeyer (Eds.), *Advances in personal construct psychology* (Vol. 1, pp. 89-116). Greenwich. CT: JAI Press.
Woolgar, S. (1989). Representation, cognition and self. In S. Fuller, M. DeMey, T. Shinn, & S. Woolgar (Eds.), *The cognitive turn* (pp. 201-223). Dordrecht, The Netherlands: Kluwer.
Yorke, M. (1989). The intolerable wrestle: Words, numbers, and meanings. *International Journal of Personal Construct Psychology, 2,* 65-76.

第12章

認知行動療法と構成主義心理療法
―― 背景と課題 ――

マイケル・J・マホーニー

　認知行動療法と構成主義心理療法は，20世紀後半の，興味深い現象となっている。その発展，貢献，今後の展望を理解するためには，哲学，一般心理学，心理療法において，それらの周辺で生じた発展に関するより幅広い観点からそれらをみなければならない。以下は，もしそう呼んで構わないのであれば，現在も進行中である省察に対する省察であり，私はこの最初の言葉遊びを，記号論，意味論，解釈学という関連領域へと話を移すために用いたい。

記号論，意味論および解釈学

　本書を概観していて最初に私の心を打ったことの一つは，それぞれの著者によって採用された名称の多様性と明瞭な意味づけであった。この分野の微妙なニュアンスに不慣れな読者にとっては，多様なアプローチによって仮定された共通点と相違点を理解することに戸惑いを感じるかもしれない。認知という用語は，本書の各著者がその用語をそれぞれ用いたとき，同じ意味で用いられているのであろうか？　実際に，この用語はこれらの著者たちの各著作内（著作間はもちろんのこと）においても，単一の意味をもっているのであろうか？（このことは本書のタイトルと構成にとって中核的なことであるため，この最後の問いに対する私の個人的な回答は明らかであるといえるだろう）。
　ここで何が論点になっているのかといえば，それは意味であり，認知科学，一般心理学，哲学においてますます出会うようになってきている問題である。

心理学にこれまで存在してきたたった一つの問題がある。そして，この分野が研究してきたことのすべてとは，その問題を明らかにしたことにすぎない。すなわち，同じ象の別の一面，人間の反省的思考が始まって以来，われわれがつかんだけれども決してすべてをつかめていない象である……。心理学という領域のどこへ行こうとも，克服しようのない壁，概念的にいえば，無限に高く幅広い壁に突き当たる瞬間がやってくる。われわれができることは，その壁に書かれたことが意味を明らかにすることの問題であるということを，調べた後に知ることだけである（Weimer, 1974, pp. 427-429）。

　意味の問題は，記号論（記号の理論），意味論（意味の理論），解釈学（解釈の理論）という専門分野の研究者を刺激し，また当惑させてきた。これらすべての分野は認識論（認識の理論）および現象学（経験の理論）における私たちの取り組みにとって必須である[1]（Korzybski, 1924; Madison, 1988; Merleau-Ponty, 1962; Messer, Sass, & Woolfolk, 1988; Wachterhauser, 1986）。
　彼らは意味の問題をしばしば認識するのだが，認知行動療法と構成主義心理療法の著者たちは，各々の問いの中で意味の問題の影響を受けなかったわけではない。たとえば本書の中でいえば，マイケンバウム（Meichenbaum）の「認知行動変容」という用語の用い方は，他の著者たちの「認知行動療法」という用語の用い方と類似しているのか，あるいは同じなのだろうか？　同様に，ベック（Beck）は「認知療法は，精神病理学への行動療法のアプローチの広い領域を吸収してきた（あるいはそれに吸収されてきた）」と述べ，またエリス（Ellis）は「一般的RET」と認知行動療法を等しく扱っている。それでは，認知療法と行動療法はどのような関係といえるだろうか？　明らかに，上位，下位の関係というよりももっと複雑であるに違いなく，きちんと重なり合うベン図というのも適切な表現ではないという感覚を私たちはおぼえる。さらに，現在では，ベック，エリス，マイケンバウムが各々のアプローチを「構成主義的」であるとして明確に述べている。そうすると，「認知的」と「構成主義的」というカテゴリー間の関係はどのようなものなのか？　すべての認知的心理療法は構成主義の亜型なのだろうか（最近まで，これとは逆の関係がより広く想定されていた）。さらには，構成主義の観点と動物行動学，進化論的認識論，

　1）現象学者はこういった関連づけについては辟易するかもしれない。なぜならば，現象学は経験に関する理論的抽象を越えて，存在することの経験を強調するからである。

解釈学との関係や，人間性・実存・トランスパーソナルのアプローチ (Gonçalves, 10章; Guidano, 7章; Neimeyer, 11章; Mahoney, 1995a, 1995b, 1995c) の関係を考えると，構成主義者と非構成主義者のアプローチをどこで線引きしうるのだろうか？

ここで何が概念的な課題になっているのかということだが，それは認知行動的および構成主義的観点の内側と外側で，差異化と統合が同時に起こる兆しがあるということである。私の考えでは，これらの観点をより適切に（たとえ不完全であっても）理解することは，哲学，心理学，心理療法におけるより広範な発展を組みこんだ視点という文脈においてのみ可能になると思われる。

より広範な背景：20世紀の哲学，心理学，心理療法の発展

著者は別のところで，20世紀の哲学，心理学，心理療法という分野におけるより一般的な発展に関する省察と推測を臆せず試みてきた (Mahoney, 1991)。しかしながら，認知行動療法と構成主義心理療法によって提示された文脈や課題を再考するというここでの試みのために仮の足場を提供することになるため，こういった発展に関して簡潔に概要を述べるだけの価値はあるかもしれない。簡潔さを確保するために，これらの発展（より正確には，それらに関する私の構成）については，ここでは簡単なリストとしてまとめている。本書内の章のどこかで扱われた認知行動療法と構成主義心理療法における認知革命と発展については，以下のリストには含めなかった。これらの発展のうち，多くが相互に関係することは，以下にまとめられたどの項目も恣意的であるために明らかになるであろう。

1．権威主義的な認識論の支配が次第に減衰してきた。

実証主義および論理実証主義が20世紀前半において問題にされることがほとんどなかったのに対して，20世紀半ば以降は徐々に批判の対象となっていった (Bartley, 1984; Weimer, 1977)。正しいとされることは——これらの基本原則は妥当性と正しい方法を保証する——人間が構成した幻想として認識されるようになってきた。とりわけこの発展は，哲学，心理学，社会科学の「正当化」という方略において包括的な転換をもたらすことになった (Kvale, 1992; Lyotard, 1984; Tarnas, 1991)。

2．問いに対して適用される方法論の幅に顕著な変化が生じ，「客観的」な方法と「主観的」な方法とのいっそうのバランスがとられる方向に推移してきた。

19世紀の哲学から心理学が分化したこと，そして科学としての社会的地位を得るために初期の心理学者が行った努力において，客観主義の伝統が支配的になっていった。なかでも，この伝統は，研究の対象と研究を実施する「主体」との間にある絶対的かつ必然的な分離を強調した（これらの用語の意味は現在受け入れられている科学的な使用法の中では逆になっている。現在の用いられ方では，「主体」は研究の「対象」となり，以前は主体であった研究者は対象の典型として考えられるようになってきた）。ここ数十年間で特筆すべきことは，数学的「量への嗜好性（quantophilia）」の緩和が促進し，ナラティブ，現象学，経験の主観的表現を特徴とするいわゆる質的方法論に対して間口を開ける姿勢が増したことである（Bernstein, 1983; Messer et al., 1988）。

3．より複雑でダイナミックなモデルに即したかたちで，人間の経験の決定因に関する「原動力」（第一原因）論（prime mover (first cause)）の後退が生じた[*訳者注]。

心理学における20世紀の議論の多くは，情動，行動，認知のどれが最も重要なあるいは強力な決定因であるかということに焦点が当てられてきた。経験的療法家と精神力動療法家は情動を強調し，行動主義者は行動を支持し，認知主義者は認知が人間の経験の理解と変化において最も重要な領域であると論じた。しかし，20世紀の最後の25年には，多様で相互作用的な決定モデルが優勢になってきたことに加え，明らかにより包括的，より複雑，より連合的な人間経験に関する概念化に向かった決定的な移行が認められた（Bandura, 1986; Mahoney, 1991）。

4．精神が身体化されるようになってきた。

精神と身体の分離は，哲学，心理学，心理療法の長年の問題であった。ピタゴラスやプラトンから始まってデカルトやミンスキーに至る合理主義者は，身体に対する精神の優位性を提唱してきた。この二元論は認知主義のある極端な表現に引き継がれ，そこでの未来派はより頑丈なボディをもったコンピュータに脳をただちにダウンロードすることができるという有難いシナリオを予測し

訳者注：因果系列の究極にはもはや結果とはならない根本の原因がなければならないとする説で，神の存在証明に多用される。

ている（このシナリオは，身体化は知るための手段であるとは考えず，むしろ障害物ととらえる人にだけに歓迎される［Mahoney，印刷中］）。現象学者という注目に値する例外はあるが（e.g., Heidegger, Husserl, Merleau-Ponty），今から20～30年前までは，二元論が概念的に主導権を握っているということに対して挑戦するということはほとんどみられなかった。健康心理学の専門化が発展し，身体的健康が大衆化する時代——私はこれを「ムーブメント（運動）のムーブメント（the movement of movement)」と呼びたい——が成熟し始めていたのがこの頃であった。また，認知科学，言語学，哲学において「身体化された心（embodied mind）」理論と呼ばれるようになったものに遭遇するのもこの時代であった（Johnson, 1987）。後者は知識の発達と表象に関する理論である。伝統的な概念である表象は，頭の中に蓄えられたシンボルを越えた動きをする。身体化された心理論によると，抽象的思考と言語を含んだすべての人間の知識は，プロトコル，原型，身体経験による分化に基づいている（Leder, 1990; Zaner, 1971）。

5．人権が心理学者と心理療法家の当然の関心となってきた。

人権は，倫理や価値（以下参照のこと）の問題とは不可分であり，かつては哲学者に限られた領域と考えられてきた。このことはもはや事実とは違ってきている。いくつかの大陸で生じた人権運動に加え，フェミニストによる視点という関連領域の成熟が一部関わっていることから，心理学および心理療法が研究分野になり，そこでは人間の尊厳，多様性の問題，基本的権利や責任がその当時の関心事の最前線に移行してきていた。この発展は，倫理的自覚における多面的な成熟に反映されてきた（たとえば，子どもや老人への虐待の防止と対応，同性愛者の権利の保護，動物と生態系の責任ある管理の推進，あらゆる形式の暴力の減少，障害者の権利の保護，文化的，倫理的，個人的多様性への敬意の育成のための社会運動）。これらの発展の多くの過程では，いわゆる西洋文明の歴史は，主に男性，白人，西欧・北米の見解による心理的活動を支持し，保護してきたという力の政治の歴史であったということに，私たちは気づくようになってきた。こういった「第一世界（first world）」の男性英国系米国人の思考の支配権（支配的な統率）は，21世紀の心理学における発展が直面している重要な課題である（下記およびFisher, 1989を参照のこと）。

6．心理療法の統合が大きな関心事になり，そして公開討論の場での対話がなされるようになってきた。

20世紀の心理療法の主要な発展の一つとして，折衷主義心理療法，統一，心理療法の統合というようにさまざまに称される現象が出現してきた。このムーブメントの根源は，さまざまな影響に端を発している可能性があり，また概して，心理療法のさまざまなアプローチにわたって存在する類似性と共通因子の探求に強い興味をもつという特徴がある（Mahoney, 1章; Neimeyer, 11章）。多くの観察者にとっては，これらの発展は，心理学的サービスの全領域がかなりの部分発展的変化を経て推移しているということを示すわくわくさせる兆候である（Altman, 1987）。心理学は他の科学や専門に帰する統一に取り組むかもしれないし，そうでないかもしれないが（Bower, 1993; Koch, 1993），心理学の多様性に関するオープンな対話はきたる世紀における数少ない救いの一つである可能性がある。

　7．宗教と霊性（spirituality）の側面を含めた（しかしそれに限定されない）価値の問題が，心理学全般そして特に心理療法においては避けられないものとして理解されるようになってきた。

　先の人権の議論で述べたように，20世紀後半の心理学では価値の問題についてさらに意識的になった。なお論議の的であるが，この意識に関する重要な側面が，人間の発達および心理学的サービスにおいて宗教的で霊的な問題が関与することに対して，主流にある心理学が抱く忌避を和らげてきた。この発達の兆候は次第に一般心理学の中で明らかになってきており（Campbell, 1975; Sperry, 1988），またカウンセリングや心理療法の文献，そして徐々に増加している人文科学と接する領域の文献において，さらにいっそう明白になっている（Allman, de La Rocha, Elkins, & Weathers, 1992; Bergin, 1991; Cushman, 1993; Kelly & Strupp, 1992; Kovel, 1991; London, 1964; McNamee & Gergen, 1992; Payne, Bergin, & Loftus, 1992; Vaughan, 1991）。心理療法家たちに関する最近の調査では，彼らが「宗教的」（すなわち，組織的な教会コミュニティの一員）であることはめったにないが，一般には「霊的」であると自己描写していることを一貫して明らかにしている。

　8．グローバライゼーションという現象が個人と社会の両システムの発達に対して今までに例のない問いを投げかけてきた。

　グローバライゼーションに関する単一で了解された定義がないにもかかわらず，その存在と急成長は今や幅広く認められている。呼び方はさまざまであり，「グローバル・ヴィレッジ（地球村）」「世界の縮小」「国境を越え」，「文化を

越えた」アイデンティティに向かったポストモダンのムーブメントなどと呼ばれている（Balibar & Wallerstein, 1991; Fisher, 1989; Mato, 1993; Maturana & Verden-Zöller, 1993; Montero, 1991）。その兆候は，テレコミュニケーション，芸術，世界的規模の組織，世界平和やエコロジーの運動，前例のない透過性と相互性を伴った経済市場，移動や情報伝達の技術，ポストモダン的自己の飽和性と複雑性（Gergen, 1991; Guidano, 1987, 1991）といった至るところに現れている。グローバライゼーションは必然的に，国家，人種，文化，宗教，伝統，ライフスタイル，言語間の古い境界に問いを発する。こういった変幻自在の最たる時代において，経験やアイデンティティの問題に関する境界，首尾一貫性，世界共同体としての「より大きな自己」に奮闘している個人，家族，コミュニティを私たちはいかに理解し最適なかたちで援助するべきなのだろうか？　このような時代に生まれた子どもは——そして，特に革命的な変遷に際して苦悶している国家やコミュニティは——，どのように自分のアイデンティティや価値と交渉するのだろうか？　このような問いは，列挙すべき残りの二つの発達，つまり，社会システムに位置づけられた自己と，子どもの優先性のことを思いおこさせる。

9．自己についての心理学が中心的な関心事として再出現し，社会システムおよび対人関係に関する複雑なダイナミックスの中に位置づけられてきた。

　パーソナリティ理論家の一部や精神分析の対象関係論や自我心理学という重要な例外はあるが，グイダーノ（Guidano, 1987, 1991）が「自己性（selfhood）」と名づけた個人のアイデンティティの問題は，20世紀初期の徹底的行動主義の登場直後に心理学の主流から影を潜めてしまった。20世紀の後半になってから，自己の問題は舞台の中心に舞い戻ってきた（Gergen, 1991; Sampson, 1993; Stolorow & Atwood, 1992）。ここで重要なことは，この再来は，個人的なアイデンティティという文化的な制限のある観点と，個人主義という英国系北アメリカのイデオロギーの限界を再認識したことによって特徴づけられてきたことである。自己は，社会システムの中で常にそして必然的に発展する「構想（思い描くこと）」（Gonçalves, 10章）として認識されるようになってきた。この認識が実際に妥当であることは，子どもたちの福祉や健康を取り囲む今日的関心が拡大していることから，最もはっきりとわかる。

10．子どもがますます関心の中心に，そして今後の心理学および心理療法の中心に位置するようになってきた。

頻度と割合の増加に伴い，ポストモダンの世界は，子どものケア，家族の生活，将来の生活の質に対する現在の責任の優先性を認識するようになってきた。こういった認識は，教育的価値，児童虐待に対する意識の高さ，人工中絶に関する議論，遺伝子工学，子どもの発達に及ぼすメディアの影響など，さまざまな方法で表現されている。さらに，すべての社会化されたほ乳類が必要とする情動的な「安全基地（secure base）」（Bowlby, 1988）は，すべての人間の生涯発達において重要な優先事項であると認識されている。同様に，人生早期における経験の能力が幅広く認められるようになり，その結果，なかでも心理学者と心理療法家は，社会的な責任や自尊心をもった地球の住民という意識が発達するためにはそういった経験が重要であるということについて，保護者，教育者，政策立案者に対してますます発言をするようになってきている。

より広範な背景での評価

もしここでこういったより広範な背景の発展に照らして認知行動療法と構成主義心理療法を省察することに戻るならば，いくつかの興味深い観察が促される。たとえば，権威主義的な認識論が影を潜めたことから始めるが，このことは，認知的アプローチと構成主義的アプローチとの間の提唱された区別に関してきわめて重要な問題であり続けた，とみなすことができる。後者は前者をおしなべて権威主義的であると批判してきた。いいかえるならば，構成主義者（筆者自身を含む）は，精神病理と心理療法の理論の土台として形式的な合理性を重視することに対して問題を投げかけてきた。アルバート・エリス（第5章）のような合理主義者は，「合理的（rational）」が意図する意味を明確にしたり，詳述することに加えて，構成主義者によって採用されてきたあまり正当的でない認識論と明確に連携することで応答してきた。

伝統的である「客観的」および「主観的」な研究の方法論間において，よりバランスをとるような方向に向かっている進行中の転換について検討することで，また別の興味深い点が浮かび上がってくる。客観的な研究の圧倒的多数は，アーロン・ベックの認知療法と認知行動的な治療という多様な混成の療法によって（あるいはそれらと関連して）生み出されてきた。構成主義者は症例の例示や臨床場面の描写を引用するが，彼らの研究の基盤と「正当性」は，量的あるいは普遍的というよりも，むしろ明らかにより概念的，質的，個性記述的な

点にあった (Neimeyer & Mahoney, 1995)。これは, 発展における今後の軌跡に関する重要な問題を浮き彫りにし,「認知－行動 (cognitive-behavioral)」療法にあるこのハイフンへのかたくななこだわりのなぞを解明する。もちろん, そのこだわりには以下のように歴史的そして観念的なものもいくつかある。認知的な治療法の中には, 初期の行動の概念化から出現したものもあり, また多くの認知主義者は心理的変化を促す能動的な行動実践の役割に敬意を表し続けた。しかし, ハイフンには, それ以上のものがあると私は考えている。少なくとも, こだわりの一部は, 行動療法家によって確立された科学における体面とつながったままでいたいという願望から生じている。

　私の発展的軌跡に関する予想は次の通りである。認知療法および認知行動療法はたいてい, 主流の研究成果によって, 治療システムとして重要視されることを目指して努力をしてきた。彼らは伝統的な客観主義者が行う研究法を採用してきており, 当初の焦点はプロセスよりも結果に当てられていた。しかし, 次第に認知研究者たちは,「変化のメカニズム」(これは, 変化に関する機械論的なモデルに対する暗黙の抗議であることから, 隠喩の選択として興味深い)を検証する方向に向かって進んできた。この転換は本書の中の多くの章で明白であり, 認知主義者の心理療法において"プロセス"("結果"と同様に)にいっそうの興味が向けられていることを示唆している。

　一方, 構成主義者は, ほとんどもっぱらプロセスを強調し続けており, 自分たちのアプローチの有効性を示す主要な効果研究に進むことはまだできない (Neimeyer, 11章, Neimeyer & Mahoney, 1995)。そうできないことは, おそらく心理学的影響を測定する伝統的な方法論や測定のための道具の意義について彼らが懐疑的であることに関連しているのだろう。それにもかかわらず, 構成主義者の伝統に効果研究がないことは, 主流にいる学者による評価に影響を与えるようである。構成主義者が心理療法に関する自分たち自身の見方を普及させ広めようとする限り, この問題に取り組むのを余儀なくされるだろう。ここで注目するべきことは, 構成主義者は, 多くの彼らの同僚たちよりも, 伝統的に普及活動にあまり興味をもってこなかったように思われてきたことである。たとえば, ジョージ・ケリー (George Kelly) の支持者たちは, 他の治療の伝統において盛んであったような公的な組織 (内規, 役員, 広報担当を備えた組織) を形成することはこれまで一度もなかった。同様に, 心理療法における構成主義に関する国際会議は, 1990年にメンフィス (アメリカ), 1991年にバル

セロナ（スペイン），1992年にブラガ（ポルトガル），1994年にブエノスアイレス（アルゼンチン）で開催されているが，そういった組織が生み出されたのはごく最近になってからである。少なくとも，参加者の一部の人々は，この動向が不完全であり形式的でないところにある種の誇りを抱いているようにも思われる。

将来の構成主義者は，より形式的に組織され，治療マニュアルを発展させ，認知療法と認知行動療法が発展させたものと同じような共同的な効果研究を遂行することになるのであろうか？　これが必然的なシナリオでないにせよ，私は類似のものになると考えている。さらに，このような発展が落とし穴になる可能性があるにもかかわらず，私はそういった発展が価値ある明白な説明と貢献を最終的にもたらすことになると考えている。私の考えでは，この落とし穴には，構成主義的メタ理論のある基礎的な側面にできる限り妥協することばかりでなく，組織化によるお役所的な後遺症も含まれる。構成主義のこのような弱点としては，法則定立的というより個性記述的なものを強調すること，機械的に規定にしたがうというよりも，規定を道しるべととらえること，一般的に普及している推測統計から得られた仮説の多くに認識論的な課題を見出すことなどがある。しかしながら，私はこれらの落とし穴を避けられないものとしては考えておらず，主流の心理療法研究に参加する構成主義者の数が増えることで生じるであろう対話から得るものは多いと考えている。予備調査の結果はそのようなかたちでの参加の潜在的な価値を十分に示している，とするロバート・ニーマイアー（Robert Neimeyer, 11章）に私は賛同する。

心理学における原動力論の後退と，精神の身体化へのムーブメントに関しては，構成主義者は，認知主義の研究者よりも比較的進歩し，また貢献してきたと私は考えている。ここでは，複雑性および非線形の力学の問題が主である（Jantsch, 1980; Kauffman, 1993; Pattee, 1973; Salthe, 1985; Waldrop, 1992; Weimer, 1987）。これらは構成主義者の著書の中でより頻繁に述べられている問題であり，その中にはこれらが彼らの方法論の中心的な側面であると主張するものもある。それほどの段階ではないが，同じことが人権の問題についてもいえるかもしれない。おそらく，ポストモダンの哲学との交流により，構成主義者は，フェミニスト理論，文化的多様性，人間の差異に関する非病理学的説明の発展に，より調和するようになってきた（Gergen, 1991; Kvale, 1992; McNamee & Gergen, 1992）。

心理療法の統合というムーブメントに関与することに関して，認知主義者と構成主義者の両者は際立った活動を成し遂げる可能性がある（構成主義者はまた，心理療法統合学会（the Society for Psychotherapy Integration）と心理療法における構成主義に関する国際会議（the International Conference on Constructivism in Psychotherapy）の1994年の大会が，ブエノスアイレスで共催されたことに，誇りをもって言及するであろう）。両グループの代表者は，心理療法の統合に対する各々の関連性を主張し，さらに重要なことだが，他の伝統的治療法の代表者との生産的な対話に加わってきた。

　価値の問題は認知主義者よりも構成主義者によってより広範に述べられてきており，これはまた，グローバライゼーションという現象とその課題についても同様である。これもまた，構成主義とポストモダニズムの概観が類似していることから生ずる必然的な結果であるかもしれない。しかし，心理療法における信仰心と霊性に関する問題の領域においては，認知主義者そして構成主義者のどちらもが，とらわれなく自由であり続けてきたとか，貢献してきたと主張することはできない。実際に，信仰心と精神病理学の相関関係についてのアルバート・エリスの見解が，認知主義者一般のものと考えられている限りでは，認知的心理療法はこの領域においては懐の深いイメージとしては浮かび上がってこない。

　認知主義者，構成主義者の双方は，自我心理学の再出現に貢献してきた。しかしながら，その貢献はまったく異なったかたちをとってきた。認知主義者は「スキーマ」の重要性を強調する傾向があり，その用語の意味は，テンプレートのような心的表象から抽象的な秩序プロセスにまで及ぶようである。構成主義者は前者よりも後者を強調し，また個人のアイデンティティについての概念化において明らかにより進歩的でもあった。これらの差異は，特に子どもの治療に対するアプローチにおいて明らかである（Meichenbaum, 2章）。認知主義者は子どもの思考の中の「欠陥」や「歪み」を同定し修正することの重要性を強調し，さらには介入の結果に関する多くの論文を公表してきた。まれな例外を除いて，構成主義者は人間の発達における人生早期の経験の重要性を強調してきたが，彼らは子どもの問題に関する理論および実践のどちらに対しても主要な貢献をあまりしてきていない[2]。

結　語

　さて，このことは私たちに何を残すだろうか。この最後の章で，認知行動療法と構成主義心理療法を扱った著書に期待されるかもしれない以上に，批判的と思われるかもしれない所見と評価をあえて述べてきた。もし余分な含意のいくばくかがなかったとすれば，列聖調査審問検事（devil's advocate）の役割を私が引き受けてきたとさえいう人もいるかもしれない[3]。私はこれらの心理療法の強い支持者であるが，認識論における批判および弁証法的転換の役割を信ずる者でもある（Bartley, 1984; Weimer, 1977）。私がここで分かち合ってきたことは，これらの心理療法に25年間関与してきた私の個人的な省察と本書を準備してきた3年近くにわたった活動であった。構成主義者であることを自認する者として，自分が気づいたことには限界があり，必然的に評価的であることは十分承知している。そうではないとは私はいわない。私の所見は，認知行動療法と構成主義心理療法の発展を理解し促進するために私自身が行った試みを，書面によって表明したものである。

　ジョージ・ケリーのケルト族の心を心底喜ばせてきたであろう覚え書きで，私は本章および本書を終えることにする。これは，私たち人間は対極性に依存している生き物であり，私たちにとって重要な対極性のほとんどは，二者択一の二分法という形式を採用するということを思い出させてくれる覚え書きである。この事実についての私の好きな説明として，世界には次の2種類の人がいるという議論がある。（1）世界には2種類の人がいると信じている人たち，そして（2）それを信じていない人たち，である。この簡潔な短い格言は単な

　2）ここで特筆すべき例外はイスラエルのテルアビブ大学のTammie Ronenによる研究であり，その研究の大半はヘブライ語によってのみ入手可能である。子どもに対する構成主義心理療法の重要な貢献が他にあるかもしれないが，私はそれらについての知識をもっていないことをここで告白しておく。

　3）ローマカトリック教会においては，列聖調査審問検事とは，列聖（聖人の位に列すること）の候補者にとって不都合である可能性のあるあらゆる情報を批判的に検討することで，信仰の純潔を保護する役を担った人のことを指す。私は，認知行動あるいは構成主義のどちらの領域内でもそのような候補者は一人も知らず，また私は信仰の保護者という役割を担うことを志望する者ではまったくない。

る言葉遊びにとどまらない。それは，私たちは常に意味を求めて努力をするということと，私たちに対話を可能にする次元を創造するために私たちは対極を用いるということの覚書きである。認知行動療法と構成主義心理療法間で交わされる対話はきわめて価値のあるものであり，私は再びそれに参加する機会を得たことを感謝している。

文 献

Allman, L. S., de La Rocha, O., Elkins, D. N., & Weathers, R. S. (1992). Psychotherapists' attitudes toward clients reporting mystical experiences. *Psychotherapy, 29*, 564-569.

Altman, I. (1987). Centripetal and centrifugal trends in psychology. *American Psychologist, 42*, 1058-1069.

Balibar, E., & Wallerstein, I. (1991). *Race, nation, class: Ambiguous identities.* London: Verso. 若森章孝，須田文明，岡田光正，奥西達也（訳）(1997) 人種・国民・階級：揺らぐアイデンティティ．大村書店.

Bandura, A. (1986). *Social foundations of thought and action.* Englewood Cliffs, NJ: Prentice-Hall.

Bartley, W. W. (1984). *The retreat to commitment.* LaSalle, IL: Open Court. (Original work published 1962)

Bergin, A. E. (1991). Values and religious issues in psychotherapy and mental health. *American Psychologist, 46*, 394-403.

Bernstein, R. J. (1983). *Beyond objectivism and relativism: Science, hermeneutics, and praxis.* Philadelphia: University of Pennsylvania Press. 丸山高司，品川哲彦，木岡伸夫，水谷雅彦（訳）(1990) 科学・解釈学・実践：客観主義と相対主義を超えて．岩波書店.

Bower, G. H. (1993). The fragmentation of psychology? *American Psychologist, 48*, 905-907.

Bowlby, J. (1988). *A secure base.* New York: Basic Books. 二木武（監訳）(1993) 母と子のアタッチメント：心の安全基地．医歯薬出版.

Campbell, D. T. (1975). On the conflicts between biological and social evolution and between psychology and moral tradition. *American Psychologist, 30*, 1103-1126.

Cushman, P. (1993). Psychotherapy as moral discourse. Journal of Theoretical and *Philosophical Psychology, 13*, 103-113.

Fisher, D. (1989). Boundary work: A model of the relation between power and knowledge. *Knowledge: Creation, Diffusion, Utilization, 10*, 156-176.

Gergen, K. J. (1991). *The saturated self Dilemmas of identity in contemporary life.* New York: Basic Books.

Guidano, V. F. (1987). *Complexity of the self A developmental approach to psychopathology and therapy.* New York: Guilford.

Guidano, V. F. (1991). *The self in process: Toward a post-rationalist cognitive therapy.* New York; Guilford.

Jantsch, E. (1980). *The self-organizing universe: Scientific and human implications of the emerging paradigm of evolution.* New York: Pergamon. 芹沢高志，内田美恵（訳）(1986) 自己組織化する宇宙. 工作舎.

Johnson, M. (1987). *The body in the mind: The bodily basis of meaning, imagination, and reason.* Chicago: University of Chicago Press. 菅野盾樹，中村雅之（訳）(1991) 心のなかの身体：想像力へのパラダイム転換. 紀伊国屋書店.

Kauffman, S. A. (1993). *The origins of order: Self-organization and selection in evolution.* Oxford: Oxford University Press.

Kelly, T. A., & Strupp, H. H. (1992). Patient and therapist values in psychotherapy: Perceived changes, assimilation, similarity, and outcome. *Journal of Consulting and Clinical Psychology, 60,* 34-40.

Koch, S. (1993). "Psychology" or "the psychological studies"? *American Psychologist, 48,* 902-904.

Korzybski, A. (1924). *Time-binding: The general theory.* Lakeville, CT: Institute of General Semantics.

Kovel, J. (1991). *History and spirit.* Boston: Beacon Press.

Kvale, S. (Ed.). (1992). *Psychology and postmodernism.* London: Sage. 永井務，織田孝裕，村沢啓，安藤哲郎，田脇宗宏（訳）(2001) 心理学とポストモダニズム：社会構成主義とナラティヴ・セラピーの研究. こうち書房.

Leder, D. (1990). *The absent body.* Chicago: University of Chicago Press.

London, P. (1964). *The modes and morals of psychotherapy.* New York: Holt, Rinehart & Winston.

Lyotard, J. F. (1984). *The postmodern condition.* Minneapolis: University of Minnesota Press. 小林康夫（訳）(1986) ポスト・モダンの条件：知・社会・言語ゲーム. 書肆風の薔薇.

Madison, G. B. (1988). *The hermeneutics of postmodernity.* Bloomington: Indiana University Press.

Mahoney, M. J. (1991). *Human change processes: The scientific foundations of psychotherapy.* New York: Basic Books.

Mahoney, M. J. (1995a). The continuing evolution of the cognitive sciences and psychotherapies. In R. A. Neimeyer & M. J. Mahoney (Eds.), *Constructivism in psychotherapy.* Washington, DC: American Psychological Association.

Mahoney, M. J. (1995b). The psychological demands of being a constructive psychotherapist. In R. A. Neimeyer & M. J. Mahoney (Eds.), *Constructivism in psychotherapy.* Washington, DC: American Psychological Association.

Mahoney, M. J. (1995c). *Constructive psychotherapy.* New York: Guilford.

Mahoney, M. J. (in press). *The bodily self in psychotherapy.* New York: Guilford.

Mato, D. (Ed.). (1993). *Diversidad culturaly constructión de identidades.* Caracas: Fondo Editorial Tropykos.

Maturana, H., & Verden-Zöller, G. (1993). *Amor y juego: Fundamentos olvidados.de lo humano.* Santiago, Chile: Instituto de Terapia Cognitiva.

McNamee, S., & Gergen, K. J. (Eds.). (1992). *Therapy as social construction.* London: Sage. 野口裕二，野村直樹（訳）(1997) ナラティヴ・セラピー：社会構成主義の実践. 金剛出版.

Merleau-Ponty, M. (1962). *Phenomenology of perception* (C. Smith, Trans.). London:

Routledge & Kegan Paul. 中島盛夫（訳）(1982) 知覚の現象学. 法政大学出版局.
Messer, S. B., Sass, L. A., & Woolfolk, R. L. (Eds.). (1988). *Hermeneutics and psychological theory: Interpretive perspectives on personality, psychotherapy, and psychopathology.* New Brunswick, NJ: Rutgers University Press.
Montero, M. (1991). *Ideología, alienatión e identidad nacional.* Caracas: Universidad Central de Venezuela.
Neimeyer, R. A., & Mahoney, M. J. (Eds.). (1994). *Constructivism in psychotherapy.* Washington, DC: American Psychological Association.
Park, C. L., & Cohen, L. H. (1993). Religious and non-religious coping with the death of a friend. *Cognitive Therapy and Research, 17,* 561-577.
Pattee, H. H. (1973). *Hierarchy theory: The challenge of complex systems.* New York: George Braziller.
Payne, I. R., Bergin, A. E., & Loftus, P. E. (1992). A review of attempts to integrate spiritual and standard psychotherapy techniques. *Journal of Psychotherapy Integration, 2,* 171-192.
Salthe, S. N. (1985). *Evolving hierarchical systems.* New York: Columbia University Press.
Sampson, E. E. (1993). *Celebrating the other: A dialogic account of human nature.* New York: Harvester Wheatsheaf.
Sperry, R. W. (1988). Psychology's mentalist paradigm and the religion/science tension. *American Psychologist, 43,* 607-613.
Stolorow, R. D., & Atwood, G. E. (1992). *Contexts of being: The intersubjective foundations of psychological life.* Hillsdale, NJ: Analytic Press.
Tarnas, R. (1991). *The passion of the Western mind.* New York: Ballantine.
Vaughan, F. (1991). Spiritual issues in psychotherapy. *Journal of Transpersonal Psychology, 23,* 105-119.
Wachterhauser, B. R. (Ed.). (1986). *Hermeneutics and modern philosophy.* Albany: State University of New York Press.
Waldrop, M. M. (1992). *Complexity: The emerging science at the edge of order and chaos.* New York: Simon & Schuster. 田中三彦, 遠山峻征（訳）(1996) 複雑系. 新潮社.
Weimer, W. B. (1974). Overview of a cognitive conspiracy. In W. B. Weimer & D. S. Palermo (Eds.), *Cognition and the symbolic processes* (Vol. 1, pp. 415-442). Hillsdale, NJ: Erlbaum.
Weimer, W. B. (1977). *Notes on the methodology of scientific research.* Hillsdale, NJ: Erlbaum.
Weimer, W. B. (1987). Spontaneously ordered complex phenomena and the unity of the moral sciences. In G. Radnitzky (Ed.), *Centripetal forces in the sciences* (pp. 257-296). New York: Paragon House.
Zaner, R. M. (1971). *The problem of embodiment.* The Hague: Martinus Nijhoff.

監訳者あとがき

　この本は，マイケル・J・マホーニー（Michael J. Mahoney）編の"Cognitive and Constructive Psychotherapies: Theory, Research, and Practice"（Springer Publishing Company, 1995）の全訳である。ちなみに，訳者6名は，マホーニーの指導のもとで学んだ菅村玄二はもとより，全員がマホーニーと交流や面識があった者である。

　本書の執筆陣には，認知行動療法と構成主義心理療法の領域を代表する，アルバート・エリス（Albert Ellis），アーロン・T・ベック（Aaron T. Beck），ドナルド・マイケンバウム（Donald Meichenbaum），マホーニー，ヴィットリオ・F・グイダーノ（Vittorio F. Guidano），ロバート・A・ニーマイアー（Robert A. Neimeyer）らが名を連ねている。

　編者のマホーニーは，1946年にアメリカ合衆国のイリノイ州で生まれた。アリゾナ州立大学で心理学を学んだ後に，スタンフォード大学大学院で心理学を専攻し，そこで博士（Ph. D.）の学位を取得した。大学院における指導教授は，モデリングの理論とセルフエフィカシーの理論で世界的に著名なアルバート・バンデューラ（Albert Bandura）であった。博士号を取得した後に，マホーニーは，ペンシルバニア州立大学で，助教授，准教授，教授を務めた。その後，カリフォルニア大学サンタバーバラ校教授，ノーステキサス大学教授・セイブルック大学院特別顧問教授（兼任），サルヴィレジーナ大学教授の職を歴任し，2006年に他界した。

　マホーニーは，行動主義から出発したが，その後認知主義に転じた。彼は，エリス，ベック，マイケンバウムらと並んで，1970年代中頃から盛んになった認知行動療法の開拓者の一人であった。しかしその後，さらに構成主義に転じ，構成主義の立場から，合理主義・客観主義に立脚する認知行動療法を批判した。そうした批判に答える形で，エリスの論理情動行動療法，ベックの認知療法，マイケンバウムのストレス免疫訓練はいずれも，構成主義の要素を取り入れて変化をとげていった。

　マホーニーが生前最後に辿り着いたのは構成主義であった。1996年には，構成主義に対する国際的な関心の高まりに呼応して，国際学会であるSociety for Constructivism in the Human Sciencesが設立され，専門誌"Constructivism in the

Human Sciences" が創刊されたが，マホーニーはその中心的役割をになった。"Constructivism in the Human Sciences" は，世界30カ国以上で購読されている。この学会と雑誌を通して，マホーニーは，心理学にとどまらないさまざまな分野での国境を越えた対話を実現したのである。

この本の構成と各章の概要については，マホーニーによる「序文」にゆずることとして，ここで監訳者なりに，本書の内容に関連した若干の解説を行うとともに，本書の意義について述べることにする。

心理療法のある分野でのことではあるが，行動療法から認知行動療法へ，さらには構成主義心理療法へと，治療体系の変化が起こった。それは，理念や認識論の観点からすれば，行動主義（経験主義・客観主義）から認知主義（合理主義・客観主義）へ，さらには構成主義への変化でもあった。

このような潮流のなかで，先にも触れたように，論理情動行動療法，認知療法，ストレス免疫訓練といった代表的な認知行動療法は，いずれも構成主義的になっていったのである。このことからすれば，認知主義（合理主義・客観主義）と構成主義，換言すれば，認知行動療法と構成主義心理療法の融合は，すでに始まっている，といえるかもしれない。

しかし，構成主義は，客観主義とは異なり，人の個人的・社会的現実は客観的に存在するのではなく，人が現実を構成する（創造する），ととらえる認識論である。そこでは，合理主義においては当然の，論理的（合理的・理性的）な考え方といったものは容認しない。たとえば，「私は誰からも愛されなければならない」というような，一見不合理にみえる思考であっても，その思考をもっているがゆえに，緊張感のある日常生活を送ることができて，その人にとっては助けになる，ということもありうる。マホーニーの主張のように，思考の合理性（妥当性）よりも有用性（生存可能性）のほうが，むしろ重要なのである。

合理主義・客観主義と構成主義の違いは，他にも多々みられる。たとえば，合理主義・客観主義の立場では，強い不安や抑うつなどの感情はコントロールするものと考えるが，構成主義の立場では，人間は自己組織化する存在，一生涯をかけて成長（発達）していく存在であるという観点から，こうした感情を自然なものとみなし，まずはコントロールするべきものとはとらえない。また，合理主義・客観主義の立場では，クライエントの「抵抗」は問題視されるが，構成主義の立場では，それを，中核的な秩序化のプロセスを保護するためのもので，自然なことだ，と理解する。

こうしたことからすれば，合理主義・客観主義と構成主義の対立，あるいは，認知行動療法と構成主義心理療法の対立は，避け難いのかもしれない。

現に，認知行動療法に関する研究においては，多数のサンプルを対象として，量的研究法（統計解析の手法）を適用し，一般的原理・原則を抽出することをめざす傾向が強い。一方，構成主義心理療法に関する研究では，少数のサンプルに，質的研究法を適用し，人の個性の理解をめざす傾向が強い。

そして，認知行動療法の実践においては，精神疾患を，DSM-IV-TRやICD-10といった，いわば客観的な診断基準で診断する。また，「エビデンス・ベースト」を強調し，疾患別の治療マニュアルに基づく治療を推奨する。しかし，構成主義心理療法の実践では，いわゆる客観的な診断は必ずしも重視しない。また，「ナラティブ・ベースト」を強調し，治療法のオリエンテーションや技法にこだわらず，その個人に合ったアプローチをとる。

さて仮に，ここにDSM-IV-TRに基づいて「強迫性障害」と診断されたクライエントが二人いるとする。その場合，この二人は同じ問題をもっていることになるのだろうか？　確かに，共通性はあるが，たとえ同じ診断名が与えられていても，違うところも少なくないはずである。こうしたクライエントに対しては，認知行動療法がよいだろうか？　あるいは，構成主義心理療法がよいだろうか？　むろん，どちらも向かないこともあるだろう。その場合は別として，一般的原理・原則が適用できる部分もあると同時にその個人の特有性も反映している，個人の問題を理解し，それにアプローチするためには，認知行動療法と構成主義心理療法のどちらをとるかを考えるよりは，双方を活かす道を探るほうが賢明だろう。

結局，合理主義・客観主義と構成主義の対立，あるいは，認知行動療法と構成主義心理療法の対立はあるものの，臨床心理学の研究と実践においては，認識論的な議論にこだわって合理主義・客観主義と構成主義の対立点を強調するのではなく，両者の相互補完や融合をめざしていくことが求められるのだろう。

マホーニーは，こう述べている。「行動主義，認知主義，構成主義といったラベルはあまり重要ではない。重要なのは，特定の分野の内外での真の対話を実現することだ」。マホーニーによる「序文」にある，本書が編まれた経緯からもうかがえるように，本書はまさにそのような対話から生まれたもので，また，そのような対話を促す書物といえるだろう。

ところで，ニーマイアーは，第11章「構成主義心理療法の評価」において，構成主義心理療法に位置づけられる治療法として，パーソナル・コンストラクト療法，

構造発達認知療法，ナラティヴ・セラピー，家族療法を例示している。本来，構成主義は認識論の一環であり，特定の治療法や技法と結びついている訳ではないので，構成主義心理療法には，他にも，解決志向アプローチ，交流分析など，多様な治療法が位置づけられる。これらの構成主義心理療法のうち，ナラティヴ・セラピー，家族療法，解決志向アプローチ，交流分析などについては，邦文で読むことのできる書籍も数多くある。しかし，邦文の書籍のなかでは，ジョージ・ケリー（George Kelly）のパーソナル・コンストラクト療法，グイダーノやマホーニーの構造発達認知療法をカバーしたものはほとんどないと思われる。

パーソナル・コンストラクト療法は，認知行動療法の形成に大きな影響を与えただけではなく，今日の構成主義心理療法の先鞭をつけたものでもあるだけに，それについて，日本でも理解が広がることが期待される。

構造発達認知療法は，人の自己組織的発達における愛着関係を重視するものである。近年日本でも，愛着（アタッチメント）障害やその治療の観点から，ジョン・ボウルビィ（John Bowlby）のアタッチメント理論があらためて注目されている感がある。ただし，構成主義心理療法とアタッチメント理論に接点があるということについては，あまり知られていないだろう。

このような現況からすると，本書は，日本において，認知行動療法と構成主義心理療法の領域の掛橋になるだろうという大義を有することはもとより，これまでそれほど知られているとは思われない，パーソナル・コンストラクト療法や構造発達認知療法の存在，構成主義心理療法とアタッチメント理論の接点などを知っていただく契機となるという意味でも，価値があるものと思う。

本書を通して，さまざまな読者が，認知行動療法や構成主義心理療法についての知識を得て，この両者の相互補完や，融合の可能性などについて考え，研究，臨床実践，日常生活などに活かしてくださることを，切望する次第である。

最後になったが，金剛出版代表取締役の立石正信氏と同社編集部の藤本柳子氏には，この本を刊行するにあたって，言葉には尽くせないほどお世話になった。この場をお借りして，厚くお礼申しあげたい。

2008年　初秋

　　　　　　　　　　　　　　　　　　監訳者を代表して　　　根建金男
　　　　　　　　　　　　　　　　　　　　　　　　　　　　　菅村玄二

事項索引

あ行

アイデンティティ‥‥‥‥‥‥23, 67, 228
アタッチメント理論‥‥‥‥20, 113-114
怒りのコントロール‥‥‥‥‥‥‥‥‥59
意味の記号化‥‥‥‥‥‥‥‥‥‥‥208
意味の創造‥‥‥‥‥‥‥‥‥‥‥‥208
意味論‥‥‥‥‥‥‥‥‥‥‥‥‥‥222
隠喩（「メタファー」もみよ）‥‥‥‥179
　　――化‥‥‥‥‥‥‥‥‥165, 181
　　代わりの――‥‥‥‥‥‥180-181
うつ病‥‥‥‥‥‥‥‥‥‥42, 58, 64
エクスポージャー‥‥‥‥‥‥‥59, 63
円環的質問法‥‥‥‥‥‥‥‥‥‥‥204
オートポイエーシス‥‥‥‥‥‥128-130

か行

解釈学‥‥‥‥‥‥‥‥18, 162, 222-223
回避性パーソナリティ障害‥‥‥‥‥‥46
回避的アタッチメント‥‥‥‥‥‥‥‥71
過小視‥‥‥‥‥‥‥‥‥‥‥‥‥‥‥56
仮説検証スキル‥‥‥‥‥‥‥‥‥‥‥66
家族の情動表出‥‥‥‥‥‥‥‥‥‥‥48
家族問題の再構成‥‥‥‥‥‥‥‥‥204
家族療法‥‥‥‥‥‥‥‥‥‥‥‥‥204
過大視‥‥‥‥‥‥‥‥‥‥‥‥‥‥‥33
活動記録‥‥‥‥‥‥‥‥‥‥‥‥‥‥57
過度な一般化‥‥‥‥‥‥‥‥‥‥‥‥56
代わりのストーリー‥‥‥‥‥‥‥‥202
代わりの物語‥‥‥‥‥‥‥‥‥‥‥182
感情
　‥‥‥‥72, 141, 144, 147-148, 150, 154, 156
　　――と経験の構成‥‥‥‥‥‥‥151
　　――の受け入れ‥‥‥‥‥‥‥‥157
　　――の役割‥‥‥‥‥‥‥‥‥‥72
　　――を押しこめること‥‥‥‥‥35
記号論‥‥‥‥‥‥‥‥‥‥‥‥‥‥222

客観視‥‥‥‥‥‥‥‥‥‥‥‥‥‥165
　　――すること‥‥‥‥‥‥‥‥‥169
　　――する態度‥‥‥‥‥‥‥‥‥170
客観主義‥‥‥‥‥‥‥‥‥‥‥‥‥123
強迫性障害‥‥‥‥‥‥‥‥‥‥‥46-47
協力的経験主義‥‥‥‥‥‥‥‥‥‥‥57
クライエントの愛着関係‥‥‥‥‥‥200
クライエントの構成システム‥154, 157-158
グローバライゼーション‥‥‥227-228, 232
傾聴‥‥‥‥‥‥‥‥‥‥‥‥‥‥‥155
系統的論理再構成‥‥‥‥‥‥‥‥‥‥90
原型の物語‥‥‥‥‥‥‥‥‥‥168, 170
現象学‥‥‥‥‥‥‥‥‥‥‥‥‥‥223
構成主義‥‥‥‥‥‥16, 107, 121, 188-189
　　――心理療法‥‥‥‥‥‥‥‥‥188
　　――的‥‥‥‥‥‥‥‥‥‥‥‥‥19
　　――的ナラティヴ（物語）‥‥‥‥34
　　――的家族療法‥‥‥‥‥‥‥‥203
　　――的な認識論‥‥‥‥‥‥‥‥224
　　――と解釈学の類似点‥‥‥‥‥‥18
　　――の認識論‥‥‥‥‥‥‥203, 211
　　――の枠組み‥‥‥‥‥‥‥‥‥108
　　――的メタ理論‥‥‥‥‥‥121, 131
構造主義‥‥‥‥‥‥‥‥‥‥‥‥‥127
構造的手がかり‥‥‥‥‥‥‥‥176, 181
構造発達アプローチ‥‥‥‥‥‥‥‥200
構造発達認知療法‥‥‥‥‥‥‥‥‥199
行動リハーサル‥‥‥‥‥‥‥‥‥‥‥57
合理主義者‥‥‥‥‥‥‥‥‥‥‥‥‥16
合理的思考‥‥‥‥‥‥‥‥‥‥‥‥‥91
交流的‥‥‥‥‥‥‥‥‥‥‥‥‥‥‥33
コーピング・スキル‥‥‥‥‥‥‥‥‥16
コネクショニズム（連合主義）‥‥‥‥17

さ行

サイコドラマ‥‥‥‥‥‥‥‥‥‥‥197
自己概念‥‥‥‥‥‥‥‥‥‥‥‥‥146

自己関係づけ・・・・・・・・・・・・・・・33, 56
自己認識の再体制化・・・・・・・・・・・・114
支持的療法・・・・・・・・・・・・・・・・・・44
自尊心・・・・・・・・・・・・・・・・・・・・163
自動思考・・・・・・・・・・・・・54, 56, 193
支配的なナラティヴ・・・・・・・・・・・・202
自分のストーリー・・・・・・・・・・・・・・36
「自滅的」な考え・・・・・・・・・・・・・・92
社会的学習理論・・・・・・・・・・・・・・・31
社会的スキル訓練・・・・・・・・・・70, 96
修正された情動体験・・・・・・・・・・・・25
主観視・・・・・・・・・・・・・・・・・・・・165
象徴化・・・・・・・・・・・・・・・・・・・・174
　──の過程・・・・・・・・・・・・・・・・173
情動・・・・・・・・・147, 149-150, 153, 225
　──の気づき・・・・・・・・・・・・・・154
　──のコントロール・・・・・・・・・・・13
　──を喚起させる・・・・・・・・・・・・73
情動的・経験的プロセスの再評価・・・・16
情動の構成・・・・・・・・・・・・・・・・・174
情緒的な絆の形成と崩壊・・・・・・・・・20
情動的な物語の構成・・・・・・・・・・・173
情報処理・・・・・・・・・・・・・・・32, 161
進化論的認識論・・・・・・・・・・・・・・130
心気症・・・・・・・・・・・・・・・・・・・・・47
神経系の統合的活動・・・・・・・・・・・・18
深層構造・・・・・・・・・・・・・・・・・・126
心的外傷後ストレス障害・・・・・・・・・47
心的表象・・・・・・・・・・・121, 124, 134
心理療法の統合・・・・・・・16, 25, 226, 232
スキーマ・・・・・・・・33, 54-55, 57-58, 61
　67, 70, 172, 232
　──回避・・・・・・・・・・・・・・・・・・69
　──の変容・・・・・・・・・・・・・・・・73
　──補償・・・・・・・・・・・・・・・・・・69
　「周辺」──・・・・・・・・・・・・・・・・67
　深層──・・・・・・・・・・・・・・・・・・68
　対人関係──・・・・・・・・・・・・・69-70
　対人的──・・・・・・・・・・・・・・・・201
　中核──・・・・・・・・・・・・・・・67-68
すべき思考・・・・・・・・・・・・・・・・・・56

精神の身体化・・・・・・・・・・・・・・・231
性犯罪者・・・・・・・・・・・・・・・・・・・47
摂食障害・・・・・・・・・・・・・・・・・・・45
セルフモニタリング・・・・・・・・・36, 58
選択的抽出・・・・・・・・・・・・・・・・・56
全般性不安障害・・・・・・・・・・・・・・・43
双極性障害・・・・・・・・・・・・・・・・・46

た行

対人関係療法・・・・・・・・・・・・64, 206
大切な他者との別離や死別・・・・・・・201
段階的課題割り当て・・・・・・・・・・・57
注意集中・・・・・・・・・・・・・・・・・・13
統合失調症・・・・・・・・・・・・・・・・・48
読書療法・・・・・・・・・・・・・・・・・・86

な行

ナラティヴ（物語）・・・・・・・・・・・・36
　──心理学・・・・・・・・・・・・・・・・35
　──の再構築・・・・・・・・・・201, 203
二者択一の二分法・・・・・・・・・・・・233
二分法的思考・・・・・・・・・・・・・33, 56
認識
　──の暗黙的レベル・・・・・・・・・・111
　──の進化・・・・・・・・・・・・・・・115
　──の発生・・・・・・・・・・・・・・・108
　──プロセスの組織化・・・・・・・・112
認識論・・・・・・・・・・・・・・・193, 223
認知・・・・・・・・・147-148, 154, 156
　──の三徴・・・・・・・・・・・・・・・・55
　──の歪み・・・・・・・・・・・・・・54-55
認知革命・・・・・・・・16-17, 22, 31, 84, 224
認知行動変容・・・・・・・・・16, 31, 36, 223
認知行動療法・・・・・・・・・・・・・13, 222
認知的誤り・・・・・・・・・・・・・・・・・33
認知的家族療法・・・・・・・・・・・・・・・48
認知的集団療法・・・・・・・・・・・・・・・48
認知的心理療法・・・・・・・・・・・・14, 20
認知的スキーマ・・・・・・・・・・・・・・・22
認知的ナラティヴ・セラピー・・・・161, 163
　──構造・・・・・・・・・・・・・・・・・165

認知的物語を構成すること・・・・・・・・・・・173
認知的ワーク・・・・・・・・・・・・・・・・・・・・・・・174
認知プロセスの能動性・・・・・・・・・・・・・・・122
認知療法・・・・・・・・・・・・・・・・・・・・・16, 41
　――と薬物療法の併用・・・・・・・・・・・・・58
　――の限界・・・・・・・・・・・・・・・・・・・・・・64
　――の評価・・・・・・・・・・・・・・・・・・・・・・54
ネガティブ思考の再構成・・・・・・・・・・・・・60
ネガティブな自己評価・・・・・・・・・・・・・・・63
ねばならない・・・・・・・・・・・・84-86, 89-90

は行

パーソナリティ障害・・・・・・・・・・・・・・59, 65
パーソナル・コンストラクトアプローチ・・・16
パーソナル・コンストラクトの心理学・・・・・14
パーソナル・コンストラクト療法・・・・・・・141
パーソナル・コンストラクト理論・・・・・・・197
破局視・・・・・・・・・・・・・・・・・・・・・・・・・・・56
発達心理療法・・・・・・・・・・・・・・・・・・・・・207
パニック障害・・・・・・・・・・・・・・・・・・・・・・44
非機能的信念・・・・・・・・・・・・・・・・・・・・・85
表象・・・・・・・・・・・・・・・・・・・・・・・・132-133
表層構造・・・・・・・・・・・・・・・・・・・・・・・126
不安アタッチメント・・・・・・・・・・・・・・・・・71
不安管理訓練・・・・・・・・・・・・・・・・・・・・・43
不安定な自己評価・・・・・・・・・・・・・・・・・153
フィードフォワード・メカニズム・・・・・・・125
夫婦療法・・・・・・・・・・・・・・・・・・・・・・・・70
フォーカシング・・・・・・・・・・・・・・・・・・・174
　――過程・・・・・・・・・・・・・・・・・・・・・・172
フォローアップ分析・・・・・・・・・・・・・・・・・42
不合理な信念・・・・・・・・・・・91-93, 96, 193
　――のアセスメント・・・・・・・・・・・・・・・94
振り返り・・・・・・・・・・・・・・・・・・・・・・・167
プロセス
　人間の認識――・・・・・・・・・・・・107, 122
　認識の――・・・・・・・・・・・・・・・・・・・109
防衛過程・・・・・・・・・・・・・・・・・・・・・・・・69
方向づけ的手がかり・・・・・・・・・・・176, 181

ホームワーク・・・・61, 65, 167, 170, 174, 180
ポジティヴ思考の重要性・・・・・・・・・・・・・14
ポストモダン・・・・・・・・・・・・・・・・・・・・・189

ま行

無意識・・・・・・・・・・・・・・・・・・・・・・・・・126
　――に関する認知的な解釈・・・・・・・・・22
　――のプロセス・・・・・・・・・・・・・・・・・21
無意識的プロセス・・・・・・・・・・・・・・・・・110
瞑想・・・・・・・・・・・・・・・・・・・・・・・・・・・13
メタファー（「隠喩」もみよ）・・・・32, 34-35
メタ理論・・・・・・・・・・・・・・・・・・・・・・・122
モデリング・・・・・・・・・・・・・・・・・・176, 179
物語（「ナラティヴ」もみよ）
　――の隠喩化・・・・・・・・・・・・・・・・・175
　――の客観視と主観視・・・・・・・・・・・182
　――の修復・・・・・・・・・・・・・・・・・・・・35
　――の重要性・・・・・・・・・・・・・・・・・164
　――の主観視・・・・・・・・・・・・・・・・・171
　――の想起・・・・・・・・・・・・・・・・・・・166
　――のリハーサル・・・・・・・・・・・・・・182
　――を思い描くこと・・・・・・・・・・・・・178
問題解決・・・・・・・・・・・・・・・・・・・・・・・・57
　――アプローチ・・・・・・・・・・・・・・・・・16

や行

薬物乱用・・・・・・・・・・・・・・・・・・・・・・・・46
役割構成レパートリー・グリッド・・・・・・・152
　――法・・・・・・・・・・・・・・・・・・・・・・・199
抑うつ・・・・・・・・・・・・・・・58, 147, 151, 153

ら行

ライフ・レビュー・・・・・・・・・・・・・・・・・・201
ラポール・・・・・・・・・・・・・・・・・・・・・・・155
リラクセーション・・・・・・・・・・・・・・・・・・57
霊性（spirituality）・・・・・・・・・・・・・・・・227
ロゴセラピー・・・・・・・・・・・・・・・・・・・・・16
論理情動療法・・・・・・・・・・・・16, 19, 20, 83
　――の評価・・・・・・・・・・・・・・・・・・・・89

人名索引

A

Adler A. アドラー･････････････････34
Agnew J. アグニュー･･･････････････146
Agras W. S. アグラス･･････････････45
Alexander P. C. アレキサンダー･･････206
Anderson J. R. アンダーソン･･･189, 191, 193
Arciero G. アルシエロ･････････････6
Arnkoff D. B. アーンコフ･･････････66

B

Bacon F. ベーコン････････････････14
Baldwin J. M. ボールドウィン･･･････130
Bandura A. バンデューラ･････････31, 33
Bannister D. バニスター･････146, 149, 205
Barlow D. H. バーロウ･･････････33, 65
Bartlett F. C. バートレット･･･122, 198
Bartley W. W. バートリー･･････123, 130
Beck A. T. ベック･･･････5, 16, 20, 31, 33, 43-48, 54, 56-57, 60, 63, 67-68, 72-73, 84, 94, 98, 190, 223, 229
Berchick R. J. バーチック･･･････････44
Bernard M. E. バーナード･･････････91-92
Beutler L. ビュートラー･･････････4, 207
Bishop S. ビショップ･････････････42
Blackburn I. M. ブラックバーン･･････42
Blackmore J. ブラックモア･･････････123
Block P. ブロック･････････････････69
Borkovec T. D. ボルコヴェック･･･････43
Boscolo L. ボスコロ･････････････204
Bowlby J. ボウルビィ･･･････6, 20, 114
Breger L. ブレガー･･･････････････31
Brentano F. ブレンターノ･････････122
Brewer W. ブリュワー･･･････････31
Brown G. K. ブラウン･･･････････45
Bruner J. ブルーナー･･････････17, 35, 201
Butler G. バトラー･････････････････44

C

Cassirer E. カッシーラー･･････････34
Caine T. M. ケイン･･････････････206
Cambell D. キャンベル･･･････････130
Carnegie D. カーネギー･･････････14
Cecchin G. セッチン･･･････････204
Clark D. M. クラーク･･････33, 45, 47, 63
Clarke K. M. クラーク･･････････208
Coie J. D. コイエ･････････････････33
Coyne J. C. コイン･･･････････････66
Crites S. クライツ･････････････179
Cromwell R. L. クロムウェル･･･147-148, 151

D

Dahlheimer D. D. ダールハイマー･････191
Dattilio F. M. ダッティリオ････････49
Davison G. C. デビソン･･･････････5, 97
Descartes R. デカルト･･････14, 124, 224
Dember W. デンバー･･･････････31
DeRubeis R. J. ドリュバイス･････60, 62
Dobson K. ドブソン･････････42, 58
Docherty J. P. ドハティ･･･････････98
Dodge K. A. ドッジ･････････････33
Dubois D. L. デュボワ･･･････････31
Dyck M. J. ダイク･････････････42

E

Edwards D. J. A. エドワーズ･･･････73
Eigen M. アイゲン･････････････129
Ellis A. エリス･･････5, 14, 16 19, 31, 89-92, 96-99, 190, 223, 229, 232
Elspie C. A. エルスピー･････････43
Emmelkamp P. M. G. エメルカンプ･････96
Epstein S. エプスタイン･･･････35, 47
Epston D. エプストン･･････35, 202-203
Ernst D. エルンスト･･･････････42

Erskine N. アースキン･････････････35
Eunson K. M. ユンソン･･･････････42

F

Fairburn C. G. フェアバーン･･･････････45
Feeley M. フィーリィ････････････････60
Feixas G. フェイシャス･･････････35, 193
Fennell M. フェネル･････････････････44
Fieve R. R. フィーヴ････････････････69
Fine C. G. ファイン･･･････････････47
Fisher D. D. V. フィッシャー･････････150
Fishman B. フィッシュマン････････････46
Folkman S. フォークマン･････････････33
Frank J. フランク･････････････････35
Frankl V. フランクル･･････････16, 35
Freeman A. フリーマン･･･････････････49
Freud S. フロイト･････････22, 50, 126

G

Gamsu T. V. ガムス･････････････････43
Gelder H. ゲルダー･････････････････44
Galen ガレノス････････････････････12
Gergen K. J. ガーゲン･･･････････････23
Goldfried M. R. ゴールドフリード･･････57
Gonçalves Ó. F. ゴンサルベス･････････6
Goodman N. グッドマン･･････････････34
Gordon J. R. ゴードン･･･････････････33
Gotlib I. ゴトリブ･････････････････66
Greenberg L. S. グリーンバーグ
････････････････････72, 172, 208
Greenberg R. L. グリーンバーグ･･････44
Greer S. グリア･･････････････････49
Guidano V. F. グイダーノ･･･････6, 23, 128,
131, 163, 193, 200, 228

H

Haaga D. A. F. ハーガ･･････････5, 42, 97
Harter S. ハーター････････････････206
Harvey J. H. ハーヴェイ･･･････････201
Hayek F. A. ハイエク･･････110, 125-126,
131, 134

Hayes A. M. ヘイズ･･･････････5, 66
Hoffman L. ホフマン･･････････････203
Hole R. W. ホール････････････････48
Hollon S. D. ホロン･････33, 42, 58, 62, 94
Homme L. ホム･･････････････････32
Hood E. M. フッド･･･････････････43
Howard G. ハワード･･････････････164

I

Imber S. D. インバー･･････････････62
Ivey A. E. アイヴィ･･････････････207

J

James W. ジェームズ･････････････14
Jerrom D. W. A. ジェロム････････････44
Johnson M. ジョンソン････････131, 175

K

Kanfer F. H. カンファー････････････31
Kant I. カント･･････14, 34, 121-122, 192
Katz R. カッツ････････････････････150
Kelly G. ケリー･･･････････6, 14, 16, 31,
34, 122, 141, 143-148, 150-151, 153-154,
158, 197-199, 201, 209, 230, 233
Kiesler D. J. キースラー･･･････････33
Kingdon D. G. キングドン･･････････48
Koch C. コッホ･･････････････････206
Korzybski A. コージブスキー･･････････197

L

Lackoff G. レイコフ･･･････････131, 175
Lakatos I. ラカトス･･････････････200
Lazarus A. ラザラス･･････････31, 33
Lazarus R. ラザラス･･････････････31
Lindsay W. R. リンゼイ････････････43
Liotti G. リオッティ･････････････71, 200
Loosen P. T. ルーセン････････････58
Luckmann T. ラックマン･･････････117
Lyddon W. J. リドン････････････････35
Lyons L. C. ライアン･･･････････････95

M

Mahoney M. J. マホーニー
　　……31, 35, 66, 131, 167, 192-193, 196
Mair M. メア………………………201, 210
Mancuso J. C. マンキューソ……………149
Markus H. マーカス……………163, 179
Marlatt G. A. マーラット…………………33
Mathews A. マシューズ……………………43
Mattick R. P. マチック……………………63
Maturana H. R. マトゥラーナ……20, 123, 129, 131-134, 204, 212
McCann I. L. マッキャン…………………35
McGaugh J. マックガー……………………31
McKeachie W. マッキーチ…………………31
McLaughlin E. マクラフリン……………43
Meichenbaum D. マイケンバウム
　　…………………………5, 31, 35, 84, 223
Mersch P. P. A. メルシュ…………………96
Miall D. S. ミアール………………149-151
Mischel J. L. ミシェル……………………31
Miller H. M. ミラー…………………………6
Miranda I. ミランダ………………………72
Mitchell M. J. ミッチェル………………44
Moorey S. ムーリー…………………………49
Moreno J. L. モレノ………………………197
Mulkay M. J. マルケイ…………………211

N

Najavits L. ナジャヴィッツ………………42
Neimeyer G. J. ニーマイアー……………196
Neimeyer R. A. ニーマイアー
　　………………6, 35, 193, 196, 206, 231
Newman C. F. ニューマン……………45-46
Norman V. P. ノーマン……………………14
Norman W. H. ノーマン…………………64
Novaco R. ノバコ……………………………33
Nurius P. ヌリアス…………………………163

O

O'Hara M. オハラ…………………………189

P

Patterson K. M. パターソン………………33
Peale N. V. ピール…………………………14
Periman L. A. ペリマン……………………35
Persons J. B. パーソンズ…………………72
Peselow E. D. ペズロウ……………………69
Peters L. ピータース………………………63
Piaget J. ピアジェ……35, 108, 111, 115, 122, 127, 129, 198, 207
Polkinghorne D. ポーキングホーン……184
Pollack J. B. ポラック……………………132
Popper K. R. ポパー……13, 125, 130, 212
Power K. G. パワー…………………………44
Prata G. プラタ……………………………204
Prigogine I. プリゴジン…………………129

R

Rich A. R. リッチ…………………………191
Rigazio-DiGilio S. A. ディジリオ………207
Robins C. J. ロビンス……………5, 57, 69
Robson P. ロブソン…………………………44
Rogers C. ロジャーズ…………………87, 95
Rorer L. G. ローラー……………………93-94
Rotter J. ロター……………………………31
Rush A. J. ラッシュ………………………48
Russell R. L. ラッセル……………………164
Ryle A. ライル……………………………206

S

Safran J. D. サフラン……………67-72, 172
Salkovskis P. M. サルコフスキス………47
Salmon P. サーモン………………………145
Sanderson W. C. サンダーソン…………43
Sanfilipo M. P. サンフィリポ……………69
Segal Z. V. スィーガル……………67, 69-71
Selvini-Palazzoli M. パラツォーリ……204
Sewell K. W. スーウェル……………………6
Shafer R. シェーファー……………………37
Shanon B. シャノン………………………132
Shaw B. F. ショウ……………………65, 67
Shea M. T. シア……………………………43

Shelton R. C.　シェルトン·············58
Sherrington C.　シェリントン···········18
Simpson R. J.　シンプソン·············44
Skinner B. F.　スキナー···············32
Smith T. W.　スミス··················93
Sokol L.　ソコル·····················44
Space L. G.　スペイス················151
Spence D.　スペンス···············36-37
Spencer H.　スペンサー···············130
Sperlinger D. J.　スペルリンガー········153
Steenbarger B. N.　スティンバーガー····211
Swanson V.　スワンソン················44

T

Thase M. E.　テーズ··················59
Thorndike E. L.　ソーンダイク··········17
Thurlow R.　サーロウ················163
Tran G. Q.　トラン···················45
Turkington D.　ターキントン···········48

V

Vaihinger H.　ファイヒンガー··········192
Vallis T. M.　ヴァリス··············65, 67
van den Broek P.　ヴァンデンブローク···163

Varela F. J.　ヴァレラ······20, 123, 129, 131, 134, 204, 212
Vico G.　ヴィーコ··········14, 120, 122, 192
Viney L.　ヴァイニー·················209
von Foerster H.　フォルスター··········204
von Glasersfeld E.　グラザースフェルト···204

W

Wachtel P. L.　ワクテル···············33
Waltz D. L.　ワルツ·················132
Weimer W. B.　ワイマー·······18, 109, 123, 131, 134, 164
Whisman M. A.　ホウィスマン···········63
White M.　ホワイト···········35, 202-203
Wijesinghe O. A. B.　ヴィジェシンハ···206
Winograd T.　ウィノグラード··········132
Winter D. A.　ウィンター·············206
Woods P. J.　ウッズ··················95
Wright F. D.　ライト·················44
Wright J. H.　ライト·················48
Wundt W.　ヴント················34, 122

Y

Young J. E.　ヤング········65, 67, 69, 72

【監訳者紹介】

根建金男（ねだて・かねお）（2, 10章担当）

早稲田大学人間科学学術院教授。臨床心理士。
1982年早稲田大学大学院文学研究科心理学専攻博士後期課程満期退学。博士（人間科学）。
広島大学総合科学部助手，早稲田大学人間科学部（現人間科学学術院）専任講師，助教授を経て，1996年より現職。
著書：『人間の行動コントロール論』（共著）川島書店，2004，『「健康福祉」人間科学』（分担執筆）朝倉書店，2008，他。
訳書：『ストレス免疫訓練』（共訳）岩崎学術出版社，1989，『ストレス対処法』（監訳）講談社，1994，他。

菅村玄二（すがむら・げんじ）（序文, 8章担当）

関西大学文学部総合人文学科心理学専修助教。臨床心理士。
2001年早稲田大学大学院人間科学研究科修了。ノーステキサス大学心理学部学術研究員などを経て，2008年博士（文学）取得。
著書：『身体性・コミュニケーション・こころ』（分担執筆）共立出版，2007，『ナラティヴと心理療法』（分担執筆）金剛出版，2008，他。
訳書：『マインドフルネス認知療法：うつを予防する新しいアプローチ』（分担訳）北大路書房，2007，『喪失と悲嘆の心理療法：構成主義からみた意味の探究』（分担訳）金剛出版，2007，他。

勝倉りえこ（かつくら・りえこ）（謝辞, 1, 5, 6, 12章担当）

原田メンタルクリニック・東京認知行動療法研究所・臨床心理士。
2004年早稲田大学大学院人間科学研究科修士課程修了。修士（人間科学）。
著書：『Horizons in Buddhist Psychology: Practice, Research & Theory』（分担執筆）Taos Institute Publication, 2006，『強迫性障害治療ハンドブック』（分担執筆）金剛出版，2006，他。
訳書：『マインドフルネス＆アクセプタンス：認知行動療法の新次元』（分担訳）ブレーン出版，2005，『症例から学ぶ統合失調症の認知行動療法』（分担訳）日本評論社，2007，他。

【訳者紹介】

関口由香	聖徳大学人文学部	（1, 5, 6, 12章担当）
伊藤義徳	琉球大学教育学部	（3, 4章担当）
長江信和	福岡大学人文学部	（7, 9, 11章担当）

認知行動療法と構成主義心理療法
理論・研究そして実践

2008年11月20日　印刷
2008年11月30日　発行

編　者　マイケル・J・マホーニー
監訳者　根建　金男
　　　　菅村　玄二
　　　　勝倉　りえこ
発行者　立石　正信
印刷・製本　あづま堂印刷
発行所　株式会社　**金剛出版**
〒112-0005　東京都文京区水道1-5-16
電話03-3815-6661　振替00120-6-34848

ISBN978-4-7724-1051-9 C3011　　Printed in Japan ©2008

喪失と悲嘆の心理療法
構成主義からみた意味の探究
R・A・ニーマイアー編／富田拓郎・菊池安希子監訳
A5判　340頁　定価5,040円

　本書は，愛する人を失った人への心理的援助（グリーフ・カウンセリング）について，構成主義とナラティヴ・セラピーの知見を取り入れ，さらに社会心理学的概念を援用しながら包括的かつ実践的に述べたものである。死別，喪失，悲嘆といった問題にかかわる心の専門家，愛する人を失った後の人生の変遷に向き合う遺族を支援する臨床心理士，カウンセラー，ソーシャルワーカー，緩和ケアやホスピスの専門職の人々が現場で使うことのできる臨床書。

子どもと若者のための
認知行動療法ガイドブック
上手に考え，気分はスッキリ
ポール・スタラード著／下山晴彦訳
B5判　190頁　定価2,730円

　不安障害，恐怖症，抑うつ，強迫性障害，PTSDなど子どもに多く見られる疾患や問題を対象に，従来の認知行動療法的技法に加え，イメージやリラクゼーション，お話作りなどの技法を合わせ，子ども向きのCBTをパッケージング。また，子どもの特性，背景にある理論，実際の臨床場面で使用できる付属のワークシート，「親訓練プログラム」の詳しい解説などを加え，より包括的な援助ができるようになっています。
　個人面接だけでなく，教室などのグループを対象とした心理教育や予防活動などにも幅広く応用できる，実用的な1冊です。

方法としての行動療法
山上敏子著
四六判　232頁　定価2,730円

　行動療法は，それだけではたんに技術の体系にすぎない。しかしそれらの「方法」を臨床の目的に向けて，具体的に，ていねいに，患者とともに考え，個別に工夫して用い，役立てることで，初めて精神療法としての意味や価値を生ずるのだ，と著者は述べる。本書には，行動療法理解の基本，身につけるべき技法，治療の進め方等が豊かな症例とともに平明な言葉で詳述されており，著者ならではの行動療法治療の実際を学ぶことができる。

（価格は税込（5％）です）

認知療法の技法と実践
精神療法の接点を探って
大野　裕著

Ａ５判上製　276頁　定価3,780円

　本書は，精神分析的治療から統合的治療の中における認知療法へと到達した著者の精神療法経験を集大成したものである。第Ⅰ部で，認知療法・認知行動療法の理論的基礎を解説し，第Ⅱ部では，うつ病，パニック，強迫性障害，パーソナリティ障害，社会不安障害，身体表現性障害，対象喪失への臨床的応用の実際について述べている。
　科学的根拠に基づく精神療法を学ぶことの必要性を理解し，クライエントとの安定した治療関係を形成するための精神療法技法を身につけるための優れた臨床書と言えよう。

子どもと若者のための
認知行動療法ワークブック
上手に考え，気分はスッキリ
ポール・スタラード著／下山晴彦監訳

Ｂ５判　212頁　定価2,730円

　本書は，認知行動療法を子どもや若者に適用するために，発達段階に合わせて，彼らが理解しやすく，楽しんで課題に取り組めるように工夫をしたものである。まず，認知行動療法の基本的な考え方を，日常の具体例や噛み砕いた喩えを多用して非常にわかりやすく説明する。続くワークシートでは，実際に子どもや若者がそこに絵や文字を書き込むことで，自分の気持ち，認知，行動をつかみ，その関連性を理解し，感情や行動をコントロールする練習ができるようになっている。

認知行動療法入門
短期療法の観点から
Ｂ・カーウェン，Ｓ・パーマー，Ｐ・ルデル著／下山晴彦監訳

Ａ５判　248頁　定価3,360円

　本書は，心理援助の専門活動に関わる人々のための認知行動療法の入門書であり，それを短期に応用するための実践書でもある。認知行動療法，短期療法の基本的な考え方を概説した後，ひとつのケースを丁寧に追うことで，初回から終結までの各段階において使われるさまざまな方略や技法が示され，介入の進め方がわかりやすく解説されている。また，具体的なガイドラインやワークシートなどは，臨床の場ですぐに役立つことだろう。

（価格は税込（5％）です）

強迫性障害の行動療法
飯倉康郎編著
A5判　260頁　定価3,990円

　著者らが所属する肥前精神医療センターと九州大学精神科は，強迫性障害に対する行動療法の臨床研究を行っている数少ない医療機関の一つであり，20数年にわたって強迫性障害患者への行動療法の適用について模索してきた。長年の実践で培ってきたその技術が，ここにまとめられた。
　本書では，より理解しやすいよう図表を多用し，行動療法の詳細についてきわめて具体的かつ丁寧に解説した。強迫性障害の行動療法による治療を実践するための必読書である。

臨床心理学レクチャー
認知行動療法ケースフォーミュレーション入門
M・ブルック，F・W・ボンド編著／下山晴彦編訳
A5判　288頁　定価3,990円

　認知行動療法を健全に導入するために必要となるのが，個別性を重視し，その事例の個別状況における問題や障害の学習メカニズムに注目するケースフォーミュレーションの手続きである。このような実証的な手法に基づくことで，複雑な事例に対しても有効な介入が可能となる。本書では，ケースフォーミュレーションの考え方からその手続きまで，具体的な事例を通して書かれている。これから認知行動療法を実践していこうとする臨床家，もっと自由に認知行動療法を広げていきたい実践家に最適の1冊。

機能分析心理療法
徹底的行動主義の果て，精神分析と行動療法の架け橋
R・J・コーレンバーグ，M・サイ著／大河内浩人監訳
A5判　250頁　定価3,990円

　FAPは，「第三世代（認知行動療法の次の世代）の行動療法」の中心的存在である。そして本書は，その創始者であるコーレンバーグとサイが自ら，彼らだけで書き下ろした最初の本格的な理論書であり，詳細な治療マニュアルガイドラインである。
　ここでは，これまでもっぱら精神分析学派が貢献をしていた重篤な自己の障害を取り上げるとともに，スキナーを源流とする行動分析を徹底的に追究した果てに，FAPが精神分析と最新の行動療法との間隙を埋めるユニークなアプローチになっていることを例証している。

認知行動療法
理論から実践的活用まで

下山晴彦編
A5判 252頁 定価3,360円

　本書では，まず認知行動療法の理論とその歴史的発展，最近の動向を概観した上で，導入の手続きから病態別の介入の実際，日本での臨床実践に基づいて発展してきたプログラムが詳述されている。
　メンタルヘルスの領域においてもっとも有効な介入法として広く用いられている認知行動療法について，必要な理論について深く理解できるだけでなく，第一線の治療者たちによる日本の臨床現場における認知行動療法の実際を知ることができる，理論と実践の橋渡しをする1冊である。

弁証法的行動療法
思春期患者のための自殺予防マニュアル

A・L・ミラー，J・H・レイサス，M・M・リネハン著／高橋祥友訳
A5判 480頁 定価6,825円

　本書は，思春期自傷行為や自殺行動にとくに効果のある「弁証法的行動療法（DBT）」についての最新の解説書（技法マニュアル）である。自傷と自殺だけでなく，境界性パーソナリティ障害，うつ病，薬物乱用，摂食障害，行為障害，不安障害等，さまざまな問題を抱えた思春期患者に応用可能な治療プログラムが詳しく紹介されている。さらに巻末には，スキル訓練やマインドフルネス練習のためのパンフレットやプログラムなど，臨床に役立つ豊富な付録も収録されている。

弁証法的行動療法実践マニュアル
境界性パーソナリティ障害への新しいアプローチ

マーシャ・M・リネハン著／小野和哉監訳
A5判 302頁 定価4,410円

　「弁証法的行動療法」（Dialectical Behavior Therapy：DBT）の開発者マーシャ・M・リネハンが，この治療法の実践を，段階を追って詳述。さらに，患者たちと話し合うべきトピック，ドロップアウトや自殺的行動を防ぐためのコツやルールの設定など，治療上役立つ注意点についても丁寧に触れられている。
　また本書の後半は，患者に配る宿題シートや資料となっており，トレーニングに使いやすいように工夫がされた，極めて実用的な1冊。

認知療法臨床ハンドブック

A・フリーマン，J・プレッツァー，B・フレミング，
K・M・サイモン著／高橋祥友訳
A5判　460頁　定価7,665円

　本書では，認知療法面接の構造，原則に始まり，臨床評価，そして，うつ病，不安障害，自殺行動，人格障害への治療方針，特別な技法が実際のやりとりを交えながら解説されている。特筆すべきは第Ⅲ部である。ここでDSM-Ⅲ-Rの診断分類に基づき，各々の人格障害をどのように評価し，症例を概念化し，介入方針を決定し，認知療法技法を応用するかを詳述している。巻末には付録として，実践における自己評価のための「認知療法尺度（CTS-R）」を収載した。ペンシルバニア大学認知療法センターにおける，最新の臨床的研究の成果をここに公開するものである。

認知行動アプローチと臨床心理学
イギリスに学んだこと

丹野義彦著
A5判　324頁　定価5,040円

　著者は，現在の臨床心理学の主流である認知行動アプローチの最前線を直に見，学び取り，国際会議へも赴く。それらの体験をもとに，日本の臨床心理学のさらなる進化発展に寄与せんとする試みの集大成が本書である。
　本書によって，読者は認知行動アプローチの真髄と，日本の臨床心理学をエンパワーする新たな知の創出に出会うことだろう。日本の臨床心理学の未来にとって，何が不足し何が真に必要であるかの道筋を指し示し，その高みへとわれわれを誘う，著者渾身の書。

構成主義的心理療法ハンドブック

M・F・ホイト編／児島達美監訳
A5判　338頁　定価5,880円

　普遍的な客観性，合理性，道徳性といった近代主義的認識に疑問を投げかける新しい心理療法が，さまざまな形で発展してきている。個々の臨床課題やセラピストのスタイルによって，具体的な技法や重点の置き方は千差万別だが，構成主義的心理療法の傘の下に集う世界的に著名な臨床家が，事例に基づいてその多彩な実践を精緻に描き出しており，各流派の異同を明確に把握し，実践応用のためのガイドブックとなっている。

スキーマ療法
パーソナリティの問題に対する統合的認知行動療法アプローチ
J・E・ヤング，J・S・クロスコ，M・E・ウェイシャー著／伊藤絵美監訳
A5判　488頁　定価6,930円

　スキーマは，その人の認知や長年培われてきた対処行動などを方向づける意識的・無意識的な「核」であり，〈中核信念〉とも訳される。本書は，幼少期に形成されたネガティブなスキーマに焦点を当て，その成長が健康的ではなかった境界性パーソナリティ障害や自己愛性パーソナリティ障害をはじめとするパーソナリティの問題をケアしていくスキーマ療法の全貌を述べたものである。リネハンの弁証法的行動療法とともに，パーソナリティ障害をはじめとする人格の問題にアプローチする最良の方法の一つであり，理論的な入口の広さから多くの臨床家に読んでもらいたい1冊である。

子どもの対人スキルサポートガイド
感情表現を豊かにするSST
小林正幸・宮前義和編
A5判　200頁　定価2,625円

　基本的な対人スキルからさまざまな問題の解決方法の身につけ方まで，行動のみのソーシャル・スキルにとどまらず，子どもたちの感情・思考へのアプローチもふまえたサポート方法を詳述。
　各章では，対人スキルのアセスメント方法から，学習メカニズムの理論，そして心理療法の視点をふまえ，教室でできるソーシャル・スキル・トレーニング（SST）をわかりやすく解説した。また，現役学校教員による，教室ですぐに使える指導シナリオ集・対人スキルのアセスメント器具も収載した。

学校におけるSST実践ガイド
子どもの対人スキル指導
佐藤正二・佐藤容子編
A5判　210頁　定価2,625円

　経験豊かなエキスパートによる，現場で働く人々のためのエビデンスに基づいた実践ガイド。引っ込み思案の子ども，攻撃的な子ども，知的障害をもつ子どものケースを提示し，その上で，学習障害（LD）や注意欠陥多動性障害（ADHD）など，近年SSTの新たな対象となってきた子どもたちへの最新の臨床的成果を紹介し，さらに学校現場に特有のいじめ，不登校へのアプローチ，近年盛んに実践されつつある集団SSTについても，幼稚園，保育園，小中学校の事例を交えて解説している。

犯罪・災害被害遺族への心理的援助
E・ライナソン著／藤野京子訳　Retelling（語り直し）という斬新な介入法を用いて、暴力死に遭遇した被害遺族を支援するための介入法を述べた実践書。　3,570円

必携 臨床心理アセスメント
小山充道編著　国内で利用される100弱の心理テストについて、詳細な解説と例、ワンポイント・アドバイス等が示された心理テストの大全集。　8,925円

臨床心理アセスメント入門
下山晴彦著　臨床心理アセスメントの進め方を、最新の知見も交えて解説しており、総合的に心理的問題を把握するための枠組みが理解できる入門書。　3,360円

やさしいベイトソン
野村直樹著　ベイトソン本人から学んだ人類学者が、その巨人グレゴリー・ベイトソンのものの見方・考え方をわかりすく解説する。　2,100円

子育て支援と世代間伝達
渡辺久子著　乳幼児期～思春期の各段階で起こる問題を、母子の関係性の障害とし、「世代間伝達」の視点から捉えることで問題の理解と支援を説く。　3,360円

精神分析の変遷
M・M・ギル著／成田善弘監訳／杉村共英、加藤洋子訳　卓抜した論理的な思考力を持ち、誠実な臨床家であったギルを理解するための優れた臨床書。　3,570円

軽度発達障害
田中康雄著　「軽度発達障害」という深刻な「生きづらさ」に、ともに繋がりあって生きることを目指してきた児童精神科医の中間報告。　3,990円

ナラティヴと心理療法
森岡正芳編　臨床心理におけるナラティヴをユング派的な物語論から思想最前線にある構成主義まで多岐にわたって考察した論者を集めた最高の一冊。2,940円

発達障害と少年非行
藤川洋子著　事件を多角的に見ることによって不可解さの要因を解明し、非行少年の適切な処遇につなげたいとした著者渾身の論文集。　3,360円

解決志向アプローチ再入門
T・ピショー、Y・M・ドラン著／三島徳雄訳　初心者にもわかりやすく、経験者にも数々のヒントが得られる、SFTの入門書にして実践の手引き書。3,990円

ナラティヴ実践再訪
小森康永著　小児から緩和ケアにいたる著者の実践をなぞるように読みすすむことで、ナラティヴ・セラピーへのより深い理解が得られる。　2,730円

解決のための面接技法〈第3版〉
P・ディヤング、I・K・バーグ著　桐田弘江他訳　解決構築の技法をどう使用し、どんな言葉で面接するかを詳述。大幅改定と増補がなされた第3版！　5,040円

ロジャーズ辞典
K・チューダー、T・メリー著／岡村達也監訳　ロジャーズの思想とパーソン中心アプローチの全体像を厳選された見出し語と有機的な構成により描き出す。　3,780円

心理療法と生活事象
村瀬嘉代子著　クライエントのためにという視点を優先し、百花繚乱の心理療法において屹立する、著者の統合的アプローチへ到る思索と実践の軌跡。　3,360円

臨床心理学
最新の情報と臨床に直結した論文が満載
B5判160頁／年6回（隔月奇数月）発行／定価1,680円／年間購読料10,080円（送料小社負担）

精神療法
わが国唯一の総合的精神療法研究誌
B5判140頁／年6回（隔月偶数月）発行／定価1,890円／年間購読料11,340円（送料小社負担）

価格は消費税込み（5％）です